Salvador Compán
Cuaderno de viaje

Finalista Premio Planeta
2000

PLANETA DeAGOSTINI

Colección Premio Planeta
Director editorial: Virgilio Ortega
Coordinación: Asunción Vilella
Realización: Macarena de Eguilior
Diseño cubierta: Hans Romberg
Realización gráfica: Noemí Reyes

Ilustración de la cubierta: «La vereda» de Carlos de Haes, Museo de Bellas Artes, Málaga (foto Oronoz)

ISBN: 84-395-9026-1
Depósito legal: B. 42.148-2001

Imprime: Cayfosa-Quebecor, Santa Perpètua de Mogoda (Barcelona)
Distribuye: Logista
Aragonés, 18 - Polígono Industrial Alcobendas
28108 Alcobendas (Madrid)
Printed in Spain - Impreso en España

I

Llegué a Aroca sin propósitos definidos. Ni siquiera puedo justificar el hecho de haber venido aquí con los consabidos argumentos de la felicidad campestre porque no me gustan los pueblos de sierra ni soy dado a los entusiasmos naturalistas. Me inclino a creer más bien que lo artificial es lo que marca la altura de las personas, que la técnica, los modales o el dominio de la lengua nos han ido separando de la naturaleza para concedernos la zona de dignidad donde los hombres nos asentamos. Por otra parte, temo a los viajes, al frío y a casi todo lo espontáneo. Así que no sé muy bien por qué vine a Aroca.

Mi nombre es tan vulgar que es casi inútil escribirlo pues en seguida queda confundido con otros nombres semejantes, intercambiables con el mío. Me llamo Juan García. Mi segundo apellido, Martínez, sólo logra añadir al conjunto otra nota de atonía.

Hasta no hace mucho, he luchado contra mi nombre valiéndome de un par de seudónimos, tal vez ridículos, para firmar mis escritos. Sin embargo, en el presente, he aceptado el anonimato hacia donde me inclinan mis apellidos y no volveré a caer en el intento de apropiarme con postizos de más entidad de la que pueda corresponderme.

Soy, por consiguiente, un hombre lo suficientemente joven o iluso como para haber confundido hasta hace poco la piel con el maquillaje, la mano con el guante, y haber puesto la vista en brillos sin sustancia. Ahora en cambio me esfuerzo por merecer mi nombre, ese Juan García Martínez tan neutro que casi no existe, que me acompaña como una funda transparente y que en cierto modo me hace más libre pues nada añade, ni quita, al hombre que debajo de él vive.

Me mantengo soltero con la pretensión, seguramente inútil, de así defenderme mejor del acoso numérico del calendario. Me ha consolado creer que la soltería pudiera ayudarme a esquivar convenciones y mínimas ataduras que a la postre pueden terminar clavándote en una cruz. En una cruz ajena porque un buen día descubres, y ya es tarde, que tú no eres ése cuyos pies y manos están sujetos a los leños de la ramplonería y de los compromisos sin regreso. En el mismo sentido, tiendo a creer que el hecho de vivir en soledad puede ayudar a no olvidarse de algunas ideas primarias, como la necesidad de negar a quien te niega o la de intentar colocarte a trasmano de las manos del poder.

En cuanto a mí, puedo añadir algunas noticias más, posiblemente igual de poco aleccionadoras: he invertido gran parte de mi vida cultivando cosas tan improductivas como la pintura, la independencia de juicio y las especulaciones redentoristas, y, aunque me veo obligado a acudir a trabajos ocasionales, mantengo mi intención de comer sólo del periodismo y de la literatura sin más consecuencias que la literatura cada día me come un poco a mí.

Lo digo sin orgullo, pero también sin sentido de la derrota. La novela por entregas de tema obrerista, a la cual me dedico, no da para mucho. Tampoco, el periodismo cuando se hace a contrapelo de esas empresas de papel, de papel de banco, que suelen sustentar a revistas y diarios.

Pero no pretendo centrar estos apuntes sólo en mi persona sino también en algo que me rodeó en la infancia en forma de difusos comentarios oídos a mi madre, que siguió creciendo sin mí y que, a partir del 3 de enero de 1874, volvió a atraer mi interés y a imponerme modos de conducta.

Ese 3 de enero, el mismo día en el cual el caballo de Pavía hollaba el Parlamento y coceaba la cara de la República, recibí una carta remitida desde Aroca por Margarita Seisdedos donde me decía que su marido, Cándido Espejo, deseaba entrevistarse conmigo por asuntos de mi interés. El cuerpo central del escrito era ocupado con algunas precisiones sobre el mejor modo para llegar a Aroca y sobre la despreocupación que yo debería tener por los gastos de viaje, estadía o por cualquier cuestión relacionada con el dinero. Se remataba el texto con la recuperación de la idea, no del todo aclarada, de que me sería de gran provecho acudir y aún se añadían un par de lamentos más bien de trámite en recuerdo de mi fallecida madre.

Hay hechos u objetos parecidos a un golpe de viento en el trayecto de una vida. Esa carta lo fue: un tirón inexplicable que vino a torcerme la derrota hacia uno de los múltiples infiernos sobre los cuales pisamos sin saberlo. Infiernos donde, casi no hace falta decirlo, también se sigue celebrando el gozo de la existencia.

Cuando rompí el lacre del sobre, casi había olvidado quién era Cándido Espejo pero el apellido de su mujer, Seisdedos, me trajo el recuerdo preciso de la cautela de los labios de mi madre al pronunciarlo. Lo decía con un punto de retraimiento. Recuerdo las tres sílabas rompiéndose en su lengua como tres latidos de superstición o de miedo. Un resquemor oscuro por su boca, Seisdedos, y mi cabeza de niño iluminada con una palabra que la abría hacia las sugestiones del mito.

Cándido Espejo fue uno de los parientes de fortuna de mi madre. Conocía de él apenas un par de datos: ejerció como juez en Úbeda, y despertaba ese rencor, mal camuflado de admiración, con el cual las ramas pobres de las familias suelen referirse a las que han despuntado hacia el dinero y el prestigio. Su matrimonio le quitó la toga y lo hizo ínfimo al meterlo bajo el fulgor que la familia de Margarita, su mujer, desprendía en las narraciones de mi madre. Eso era todo, pedazos de frases a medio coser, llegados desde la infancia. Nada con excesivo sentido ni con la suficiente entidad como para justificar un viaje.

Así pues, se me invitaba a pasar una temporada en un lugar sin duda inhóspito, se me hablaba de dinero, de vagos asuntos de familia y de alguna otra ambigüedad. La suma de todo ello era calderilla y, no obstante, lejos de tirar la carta, la releí muchas veces intentando rastrear un futuro intuido en aquella sucesión de renglones, hechos con la letra regular y apocada, como temerosa de salir de sí misma, de Margarita Seisdedos.

Busqué el nombre de Aroca en el mapa donde el dibujo de la sierra de Segura se asemejaba a un puño de nudillos encrespados o a un desagradable cerebro coloreado en ocres concéntricos, parecidos a la sangre reseca. Allí debería estar la aldea pero lo único que encontré fue una sensación de tierra rota por escarpes, previsiblemente boscosa y fría. Mientras miraba el mapa, presentí que en ese punto, ignorado por el cartógrafo, residía una historia de desmesura y, a pesar de ser un hombre dado al comedimiento, en el acto decidí venir a Aroca.

Es posible que el hecho de escribir se asemeje a salir a pasear al Prado o a comportarse de un modo parecido a esas damas analfabetas que van al teatro. Escribir es que te vean. Por eso, cuando escribimos, solemos dejar en casa las deudas, los pantalones viejos y las ojeras del insomnio para andar entre las gentes repeinados y con la sonrisa de los días de sol. No quisiera que estas notas cayeran en ese paseo de máscaras.

En todo caso, no quiero esconder que, aparte de la carta de Margarita Seisdedos, hubo otros motivos que pudieron ser decisivos para empujarme a hacer el viaje.

No eran aires de bonanza los que se respiraban ni en Madrid ni en el resto de la ya muerta República. Malos tiempos para la vida, tiempos de artilleros y charreteras, en los cuales Castelar había legalizado la pena de muerte o Martínez Campos, Ripoll o Pavía arrasaban a cañonazos el movimiento cantonal mientras la guerra carlista y cubana no cesaban —ni cesan aún, ¿hasta cuándo?— de traernos sus carretadas de cadáveres. Malos tiempos también para las circunstancias que, por entonces, componían lo que yo era.

Dos meses antes de recibir la carta de Margarita Seisdedos, en noviembre de 1873, se me pidió que dejara mi trabajo como tipógrafo en *La Moda Elegante*. Cuando quise saber las causas, ni siquiera fui recibido por el editor de la revista ni pude obtener otra explicación ni otros argumentos con más criterio que un sobre con cinco piezas de oro de las de a cien reales.

Existía, además, una mujer casada y tan cansada de estar casada que me enloquecía el oído con despropósitos y se agarraba a mí con la exaltación de las vírgenes. Era, así la recuerdo, parecida a todo lo relacionado con el agua —la mirada verdosa, sin apenas resistencia; húmeda al tacto, llena de brillos y de cadencias envolventes— y quizá por eso empezaba a sumirme en esas espesuras oceánicas, tan propias de ciertas mujeres, que otras veces yo había buceado con la entereza del buscador de perlas, ganando el oxígeno de la superficie en los momentos necesarios. Pero al empezar el año, apenas si tenía fuerzas para regresar de ella y a ella le sobraban para anclarme en su mundo submarino.

Por otra parte, una serie de letreros, rotulados con la pintura amarilla de los proscritos, habían ido apareciendo en el zaguán de mi casa. Los escribían de noche, con la mano precisa de la furia, en el anonimato que hace alguien a los canallas. Vendepatrias, Impío, Traidor. Tales eran las leyendas trazadas con la parsimonia de quien apunta un fusil emboscándose en la impunidad para disparar al descuido de la víctima.

Aunque considero el miedo algo dominable y trato de reducirlo a una simple categoría de imágenes sin más realidad que la prestada por los vacíos de razón de quien lo padece, llegaron a desasosegarme los letreros cuando atravesaba el portal de mi casa de la cuesta de Areneros y me encontraba de frente con la pintura amarilla componiendo una especie de catafalco sobre el cual se quería colocar mi cabeza.

Hay algo de perverso, de imprevisiblemente monstruoso, en una mano incapaz de golpear a la luz pero sí al cobijo de la noche. En esos dedos, que apuntan sin cara, se oculta el horror de algo mutilado o incompleto que utiliza el anonimato como única sementera para extender el dominio de sus taras.

Sólo una determinación paralela a la ruindad de quienes por las noches escribían pudo librarme del desequilibrio. Esa firmeza me vino del convencimiento sobre el origen de los anónimos. Procedían sin duda de mercaderes con intereses en Cuba y pretendían cortar la serie de artículos firmados por mí en la segunda página de *El Voto Nacional*. En ellos, alentaba a Céspedes y a los secesionistas cubanos mientras subrayaba las palabras para atacar la esclavitud y pedir la abolición de las quintas, dos hechos que aún siguen alimentando una guerra al servicio de comerciantes, como Zulueta o Manzanedo y su camada esclavista del Centro Ultramarino de Madrid.

Ésa es la voz que pretendían tapar con pintura, aunque lo único que taparon fueron mis dudas sobre la conveniencia de airear más nombres y pedir con más fuerza la victoria definitiva de los esclavos sobre la metrópoli y sobre la otra metrópoli interior de los criollos quienes ya engrasan los látigos de sus capataces para el día en que Cuba consiga su independencia.

De esta manera, todo empezó por una carta, por una mujer parecida al agua y por algunos hechos indignos de memoria. Nada que, en sí mismo, significara búsqueda o huida pero lo cierto es que respondí a Margarita Seisdedos a correo vuelto, puse en orden mis menguados asuntos y, el 14 de enero, tomé el tren para dirigirme hacia el sur. Me sorprendieron los pasos que, más que yo, daba mi conducta porque, después de tantos años de inmovilidad, me dispuse a dejar Madrid sin sensación de pérdida o extravío e incluso estuve haciendo los preparativos del viaje con el prurito de la esperanza. Pero ya lo dije al principio: no sé muy bien por qué vine a Aroca.

El viaje fue como esperaba, intenso y penoso.

En la estación de Atocha, pisé por vez primera la escalera de un tren y los sentidos reconocieron lo ya sabido: el poder del caparazón de hierro, el confort de los calentadores de vapor o el aire de cuartos de estar, tan provisionales, tan de juguete, de los departamentos. El tacto o la mirada se apropiaban de consistencias y formas pero, una vez superada mi liviandad ante las sacudidas de esa mole con algo de animal prehistórico o la sensación de que las cosas van a contra tiempo al escurrirse sobre un horizonte como de manteca, todo se me convirtió en impaciencia.

Pronto, el paisaje fue un yermo, perdió la referencia de los primeros planos y se hizo lineal, demasiado parecido a sí mismo como para transmitir el sentido de fuga que nos había acompañado hasta Aranjuez.

Me sacó del tedio una sorprendente conversación originada por las supersticiones de un matrimonio de hacendados murcianos, compañeros de viaje, quienes sostenían que el paso del tren enloquece al ganado y que, si se consiguiera aumentar aún más la velocidad de la máquina, los ojos de los viajeros no aguantarían el baile de las imágenes y seguramente quedarían ciegos.

También me interesaron algunas precisiones técnicas facilitadas por agentes de la compañía del ferrocarril durante una larga parada de avituallamiento en Alcázar de San Juan.

Allí tuve ocasión de ver la máquina —dotada con el nuevo sistema Crampton que acopla las ruedas motrices detrás de la caldera— y estudiar el mecanismo de frenado a base de aire enrarecido. Me informaron de que eran doscientos cincuenta caballos de vapor los que nos estaban permitiendo rebasar el recorrido de siete leguas a la hora cuando la pendiente lo permitía.

En la cantina de la estación de Alcázar, pude hacer un primer dibujo donde intenté recoger la avidez del matrimonio murciano ante sendos platos de potaje. Es el dibujo que abre esta anotación. Nada, desde luego, extraordinario pero me llamó la atención el modo brusco de cambiar la disposición apacible de las bocas en la charla precedente a la comida por esa ansiedad llena de violencia con la que, en cuanto estuvo el guiso sobre la mesa, adelantaron los labios para absorber las cucharas o embutirse el pan en el fondo de las caras carrilludas.

Lo que en realidad quise hacer fue darle forma de dibujo a una duda: ¿es trasladable a otros terrenos la salvaje voracidad de personas como aquéllas?, es decir, ¿unos dientes capaces de hincarse con tanta agresividad en los vegetales o en el pan no tienen inclinación a hacerlo, con paralela crudeza, en la carne o en las creencias de los otros?

Tal vez debería aclarar que nunca me ha atraído la pintura costumbrista tan tendente a reducir al pueblo a una sonrisa inalterable ni me ha gustado ser un dibujante de ocio y de domingo. Pinto, más bien, para satisfacer algún impulso de la mente, sin método y sin pretensiones. No obstante, al salir de Madrid, me propuse ir recogiendo en el viaje imágenes con algún valor para la memoria quizá porque algo me advertía de que, cuando regresara, todo podría ser borrado por la misma necesidad de olvido que exigen nuestras peores actuaciones en los teatrillos de los días.

Poco menos de diez horas y una buena ración de monotonía nos pusieron en Albacete, donde ya no muere la vía férrea sino que, desde hace poco, sobrepasa la ciudad y va a morir en el puerto de Cartagena.

Al día siguiente, muy de mañana, tomé la diligencia para Jaén y fue cuando realmente le vi la cara al viaje. Compré un asiento de rotonda sin más acompañamiento en esa parte del carruaje que el del frío. Nueve personas más se repartían las plazas de interior y de imperial tan dispuestas como yo a aguantar el aguanieve, que barría los llanos, con la provisional solidaridad propia de los viajeros, acentuada en este caso por los múltiples contratiempos que jalonaron el trayecto. Casi era imaginable el desajuste de las ruedas y algunas otras miserias de camino, como el hecho de romperse la ballesta del eje trasero, pero no que cayera fulminada una de las mulas en plena carrera.

El animal suspendió de repente el trote, se escoró en el aire y rodó rizando el espinazo mientras frenaba al resto del tronco con lo cual el carruaje se torcía, iba a golpear de costado contra una roca y la puerta de esa parte se descuajaba entre una explosión de vidrios, astillas y voces amedrentadas. Cuando el mayoral se hizo con la situación, mostró sin tapujos su vileza. El cuerpo de la mula aplastaba una de sus patas delanteras, el cuello se le arqueaba en un temblor ascendente sin conseguir darle vuelo a la cabeza y el costillar se hundía en el lodo, ganado por una laxitud al parecer definitiva.

—Le ha reventado el corazón —le oí comentar a uno de los zagales de la diligencia.

Sin embargo, el mayoral agarraba a la mula por las bridas y, sin dejar de maldecir, tiraba con desesperación hacia sí mientras le pateaba los hocicos con sus botas herradas.

Después, pareció pisar un escenario porque se volvió con ampulosa autoridad hacia el círculo de viajeros, recogió en una sonrisa de vinagre el protagonismo otorgado por nuestras miradas y formuló su reto:

—Por Dios vivo que ésta se levanta.

Corrió hacia el pescante, tomó su látigo y empezó a descargarlo en el lomo de la mula con una furia que parecía apoyar en la espesura de sus juramentos. El pobre diablo se sentía importante, dueño de una violencia cuyo único mérito era su gratuidad porque a todas luces el animal agonizaba y los latigazos no tenían otro efecto que el de abrir estrías rojas sobre una piel blanqueada por la nieve.

Con una angustia salida de mi incapacidad para comprender lo que estaba viendo, miraba el dibujo del látigo, oía su chasquido y todo se concretaba en mi parálisis y en la cabeza inflamada de la mula: los ojos enormes, dilatados por el resuello interminable, y los ollares palpitando sin sentido, sin función. Luego, sentí que todo volvía al orden porque pude ver cómo las manos de un viajero esgrimían una navaja de poda, se adelantaban hacia el cuerpo caído del animal y le buscaban el corazón a través de los arcos de las costillas.

Ahí cesó aquel episodio de inútil crueldad, degradante para todos los que lo contemplamos, pero se inició una disputa que todavía prolongó los momentos de indignidad porque el mayoral exigía el pago de la mula y aún echaba sus bravuconadas contra los que acudimos a recriminarlo.

No mucho después de rebasar Villanueva del Arzobispo, se encuentra la Venta de la Madera bajo un pueblo, Iznatoraf, de nombre tan quebrado como el escarpe que lo cimienta.

Llegamos allí con la noche apuntando, después de haber transitado sitios donde la obstinación de la nieve había dejado el paisaje sin aristas y lo había fundido todo en un único resplandor, hecho de luna y silencio.

Cené con el resto de los viajeros, en medio de voces, carreras y apremios de última hora con los cuales se quería recuperar el retraso multiplicado desde nuestra salida de Albacete y, en seguida, la diligencia hizo el cambio de postas para seguir su ruta hacia Jaén mientras yo me dispuse a pasar la noche en un cuarto caldeado por un par de braseros incapaces de arrancarme un frío persistente cuyo origen no parecía venir de la nieve sino de percibir que, conforme avanzaba el viaje, me estaba adentrando en alguno de los modos del error.

—Han mandado recado —se me presentó el dueño de la venta apenas pudo identificarme al pie de la diligencia— diciendo que, al amanecer, vendrá un arriero para llevarlo a Aroca.

Era un hombre plácido, de dentadura grande y en orden. Acabada la cena, me alumbró el camino hasta el cuarto mientras me echaba miradas de risueña desaprobación porque sin duda hacía cábalas sobre lo mal que se avendrían mi gabán de paseo y mis hechuras urbanas con los parajes que iba a frecuentar. Una vez que clavó la vela de sebo en el cabezal de la cama y retiró los braseros, vino de nuevo para taponar con estopa las rendijas de los postigos, entregarme una manta más y disculparse por la pobreza de su albergue. Después, me echó una mirada blanda, que tenía algo de cálculo y de conmiseración:

—Procure dormir bien porque necesitará fuerzas para mañana. Los caminos están borrados con el temporal y, para encaramarse donde está el pueblo, hay que echarle riñones a los pedregales y pegarse como un caracol encima de la caballería.

Pasé parte de la noche preguntándome qué hacía yo metido en la incertidumbre de un viaje o qué había en la carta de Margarita Seisdedos para atraerme hacia una situación desconocida. Acaso, me dije, de nuevo había empezado a huir de mi nombre para esquivar esos otros nombres escritos con pintura amarilla en la puerta de mi casa. Acaso yo no era el que creía ser.

Trataba de consolarme con la idea de que romper la continuidad de la conducta supone la obligación de recomenzar, echarse encima algunas gotas de aventura y entrar en una nada momentánea desde donde buscar algún espacio de libertad. Pero este pensamiento no lograba crecer y recuerdo con nitidez que el vendaval acosó durante toda la noche los postigos, que apenas pude dormir y, cuando lo conseguía, despertaba alterado porque los ojos de la mula, inmensos y vulnerables, venían a posarse sobre mis párpados para mirar mi sueño.

En la distancia, Aroca transmite la sensación del poder de la mano del hombre. Encima de un picacho agudo, de difícil acceso por poniente, levanta su caserío geométrico ante las líneas rotas de Peña Corba. La aldea se divisa desde muy lejos a lo largo de un camino que llanea entre sementeras y olivos, cruza el Guadalquivir y luego se encrespa por tierras de pinares para ir a clavarse en los paredones de la sierra de Segura. Desde allí, una trocha zigzaguea para salvar la considerable vertical y poner al viajero a la altura de la aldea.

Una línea de casuchas blancas forman un semicírculo para abrir hueco a la plaza que mira al valle y se cierra en su parte del fondo por una iglesia de obra barroca y techos desfondados. Por encima del pueblo y como alzando el vuelo sobre él desde una meseta rocosa, se impone la cortijada de los Seisdedos, cuya puerta principal es un torreón horadado, único resto de un castillo que en el siglo XIII marcó frontera del avance de Castilla hacia el sur. En el interior, se suceden corrales y patios, tapias y cuerpos de edificios, trenzando volúmenes y vanos hasta componer una especie de laberinto de cal y tejas albarizas.

Margarita Seisdedos es grande y coja, y en su cuerpo carnoso destaca una cabeza llena de proporción, firme y de rasgos apretados, que parece vivir aparte, autónoma, lejos de la blandura del cuello o de la redondez del torso. Me recibió con un ponche de vino, un contento dulcificado por sus ropas de luto y frases de acarreo en donde apenas cabían sus continuas sonrisas y un patente deseo de agradar. Sin embargo, exceptuando una porción de comentarios sobre la alegría de poder hospedar a un pariente después de tanto tiempo, apenas pude conseguir los primeros datos sobre las costumbres de la casa y enterarme de que su marido, Cándido Espejo, no podía recibirme por el momento.

Es difícil quitarle legitimidad a las primeras impresiones, impedir que ellas marquen quizá de un modo equivocado el sentido de orientación en la nueva realidad. Mi primer contacto con El Torreón —así llaman los lugareños al caserío de los Seisdedos— me produjo la inquietud de entrar en los grandes espacios inútiles: pasillos de longitud inusual, escaleras que conducen a escaleras, patios que preludian patios o ventanas donde la vista se enhebra, como en las lentes de un catalejo, sobre nuevas ventanas. Casi imposible imaginar el porqué de tanto desperdicio.

Toda la parte delantera de la vivienda, la que flanquea a la torre y se cierne sobre el pueblo y el valle, transmite la sensación de anomalía porque hay una incongruencia difícil de asimilar entre la rudeza de la piedra exterior y las habitaciones enteladas, las chimeneas francesas o las lámparas de gas que imponen en el interior su inesperada burbuja de civilización y sosiego.

La parte trasera ondula sus tapias para adaptarse al relieve y arropar en su base los últimos tajos de Peña Corba. Es la zona destinada a las familias de peones quienes componen un mundo de trastienda a la espalda del escaparate, hecho de un lujo deshabitado, que ocupan Cándido Espejo, Margarita Seisdedos y cuatro o cinco criados.

No vi a Cándido Espejo hasta dos semanas después de mi llegada, el hombre estaba enfermo y esa circunstancia había impuesto una vida de penumbra, de sahumerios y de pasos asordados en toda la casa. Un médico de Cazorla, instalado en una habitación contigua a la suya, le cuidaba un mal incierto del cual había temido que fuese la peste:

—Cuando me llamaron, desprendía un sudor insoportablemente fétido, el característico olor a paja podrida de los apestados. Por eso encontrará el cortijo más hospitalario de lo que fue: hice poner cebos para ratas en cada rincón y matar hasta el último perro del contorno.

Me miraba con aire de triunfo, como saturado de un placer que le alzaba los pómulos y hacía de los ojos dos líneas de brillo bajo los párpados esponjados.

—¿A los perros? —me extrañé sin querer darle réplica a su sonrisa.

—Las pulgas. —Juntó los bordes de las uñas para expresar pequeñez—. Sí, las pulgas, esa cosa diminuta. Ellas podrían ser las responsables de las grandes epidemias de peste. Habría que hacer un concierto mundial para acabar con ellas y con cualquier bicho con sangre para alimentarlas.

Lo dicho por el médico podía tener alguna base, según había leído recientemente, aunque no desde luego sus métodos inclementes y aún menos su forma satisfecha de exponerlos. Pregunté no sé si con desprecio pero sí con ese tartamudeo que me suele afectar cuando la inquietud no me cabe en la garganta:

—¿Pero por qué matar a los perros?, ¿no abandonan precisamente los parásitos a los cadáveres para buscar otros cuerpos vivos?

Ante una observación tan pueril el hombre perdió pie. Parecía no haber reparado en algo tan simple, se tambaleaba el engallamiento con el que había recrecido su estatura y ahora los ojos miraban sueltos, sin precisión, buscando a través del parpadeo algo convincente para armar su respuesta.

—La cuestión no es ésa —repetía mientras se paseaba por el cuarto tratando de arreciar sus pasos de hombre de apenas cinco arrobas, como si quisiera afirmar su perdido prestigio en la dudosa solidez de sus pisadas. Por fin, se paró ante mí y sacudió el cuerpo en un ademán de decisión o audacia—: La verdadera cuestión es que nuestro paciente, por fortuna, no tiene la peste: no hay bubas, los ganglios no están hinchados y los pulmones parece que resisten.

Se calló de golpe, estudiando mi grado de condescendencia que debió de parecerle suficiente pues, al volver a hablar, su dicción fue perdiendo lastre mientras sus ademanes adquirían desenvoltura. Recobraba su facilidad de palabra, y yo mi desconfianza hacia las gentes que la tienen. Giró la cabeza para acompañar el vuelo en círculo de su mano:

—Así que hemos hecho una cacería de perros no del todo inútil porque hemos ganado en tranquilidad —cuando la mano acabó su planeo ya se había encendido del todo esa especie de plenitud de ánimo que parecía sostenerlo—, pero casi estamos en el principio ya que, sencillamente, es imposible saber lo que tiene al juez con un pie en el estribo.

El doctor era un hombre solemne e insignificante, bizco y enjoyado, con el pelo contenido por pomadas. Como se aburría en el caserón, me arrastraba a frecuentes partidas de ajedrez, que siempre me ganaba, o bien dormitaba durante horas en un sillón de donde se levantaba, de repente activo, para en seguida languidecer en largos paseos papando viento por la cortijada; sin embargo, para sacar adelante a su paciente sólo parecía contar con la medicina de la espera o con ese silencio de alfombras, de voces sin fuelle y de campanillas enteladas, ordenado por él con la cautela de quien dispone la defensa de una plaza ante el asedio de algún enemigo tan poderoso como invisible.

Le gustaba al médico canturrear óperas, tomar tisanas de poleo y hacer frases amaneradas, llenas de volutas y de vacío. Solía hablar como con los oídos puestos en su propia voz y con una evidente satisfacción por lo que de sí mismo escuchaba:

—Al juez se lo comen los años —se entristecía mientras cobraba mi rey con un inocente peón— y uno puede poner en marcha estrategias para destruir enfermedades o piezas de ajedrez pero no puede dar jaque a alguien que está hecho de paciencia, sabe de antemano tus movimientos en el tablero y no comete errores en el juego. Quiero decir —y levantó mi rey en el aire con un gesto mezquino de victoria— que no se puede dar jaque al tiempo.

Antes, pues, de ser recibido por Cándido Espejo, tuve un par de semanas de inactividad y de nieve. Eché de menos hábitos y personas, sobre todo a aquella mujer de quien hablé, las tertulias en el Suizo Viejo y su rueda de rumores que muchas noches desgranaba con compañeros, periodistas y tipógrafos, entre anatemas, vasos de vino y de algo semejante al entusiasmo.

El día 10 de enero, un día antes de que yo saliera de Madrid, el nuevo gobierno de Serrano había disuelto la Internacional, donde tenía conocidos, y me preguntaba qué clase de país iba a ser el mío si empezaba a temer al poder de las palabras y se dejaba encañonar por los artilleros de Pavía. Ignoraba todo de la nueva situación a causa de que los periódicos, cuando llegaban a la aldea, sólo traían noticias muertas porque derramaban su actualidad entre los cascos cansinos de las cabalgaduras de los correos. De tal modo que el primer periódico que pude leer en Aroca, *La Voz del Santo Reino,* me informó de lo ya presenciado por mí en Madrid hacía tres semanas. Como si la realidad tartamudeara y repitiera sin fin las mismas sílabas, volví a enterarme de que entrábamos en un período de persecución y mutismo —«de orden», escribía el articulista— porque el caballo de un general, unos cuantos disparos y un revuelo de uniformes en el edificio de las Cortes habían maniatado a la República.

Como se me evidenciaba el absurdo de haber llegado sin causas a ninguna parte y el consiguiente malestar de que me vivían mi vida, sentí la necesidad de recordarme, evocar lo dejado en Madrid, escribir a los amigos, revisar mis notas de periodista truncadas por el viaje o releer los dos únicos libros que traje conmigo, *Madame Bovary*, de Flaubert, y el inagotable *Ensayo de una biblioteca de libros raros y curiosos*, de Bartolomé Gallardo.

Pero me costaba trabajo evitar la sensación de ser un mero espectador del goteo del tiempo y de que cada uno de sus trozos era también un trozo de mí que caía sin uso en algún sitio que no era la memoria. Horas sin peso fluyendo en un espacio apenas ocupado por el silencio doble de la casa y de la nieve, y por el olor del espliego que, cumpliendo la voluntad del médico, ardía sin cesar en pebeteros repartidos por muebles y alféizares desde donde llenaban con sus vaharadas todos los rincones de la vivienda.

En consecuencia, dejaba pasar los días sin estar del todo metido en el presente, sin ni siquiera saber qué estaba esperando en Aroca y si, al final, me recibiría un animoso pariente de mi madre o cuatro hachones alumbrando a un cadáver.

En esa espera tan hecha de sucedáneos de la vida, compartí ratos de charla y ocasionales cigarros de papel con los trabajadores so pretexto de hacer algunos bocetos de la tahona, la serrería o los establos. Procuraba orientarme en la nueva situación. No obstante, apenas pude hacerme cargo de algo más que de las dimensiones del espacio y de que mis preguntas despertaban recelo.

—Lo nuestro —me resumió su postura un carretero— es quitarle fuerza a la lengua para echársela a los brazos.

Por otro lado, evité al médico de los perros y me acerqué a Margarita Seisdedos en quien encontré parecidas evasivas al interesarme por el sentido preciso de mi viaje:

—Cándido mismo te lo dirá cuando esté en condiciones de recibirte. No es nada extraordinario, ya lo verás, no te alarmes por eso, pero prefiero no intervenir en sus asuntos.

No obstante, he pasado con Margarita, y sigo pasando, un buen puñado de horas de excepcional sosiego que no sé exactamente cómo se van construyendo, aunque sólo puede ser con las cosas mínimas entre las que ella se mueve: bordados y cenas laboriosas; flores secas que va coleccionando, veladas por papel de seda, en delicados álbumes de cordobán; observaciones y preguntas de mujer orillada del mundo. Me aproximé al principio con cuidado a Margarita, intentando buscarle los lados débiles, pero no tardé mucho en darme cuenta de que todos sus lados son débiles. Debajo de su aparente indefensión no hay sino indefensión. Es como si estuviera hecha de una masa de candor llena de agujeros.

Lo cierto es que, junto al de Margarita, se me ha ido agrandando otro nombre, el de su hermano, Rafael Seisdedos, cuya ausencia aplasta todavía la vida de El Torreón.

Tuve las primeras noticias de él por indicios, por sus libros de agricultura presentes en varios estantes de la biblioteca o por sus trajes, inmunes a la polilla, alineados con rigor en un armario de la habitación donde duermo, que fue la suya. Son levitas, redingotes o paletoes de tejidos excelentes, siempre blancos o de tonos claros, cortados con la ampulosidad de hace treinta años. En los cajones de las dos cómodas gemelas, fronteras a la cama, se ordenan camisas de lino bordadas con escrúpulo, corsés y ungüentos de petimetre.

Cuando los vi, tuve un recuerdo instantáneo de mi padre ante un lejano tocador acicalándose para ir al teatro. Mi madre le ayuda a ceñirse un corsé de ballenas de madera, muy parecido a los de Rafael Seisdedos. Yo, aún en la edad del asombro, miro la escena con una especie de quemazón prolongada hasta que llegué a saber que ella no quería dañarlo. Ni él suplantarla. Sólo cumplían los ritos de una moda que injustamente hizo equívoco a mi padre ante mis ojos como hoy —y en este caso con más razón— el talle fajado del conde de Ánsares lo hace equívoco ante una sociedad cuya *imago mundi* parece aquilatarse en la redondez de la barriga.

Pero fue el hecho de ver el retrato de familia que pintó Rafael lo que me llevó a sentirle cercana la respiración, el aliento acezante de un hombre cuando lucha sin armas por atrapar algo que se le escapa.

Hay un guiño, un sentido oculto que une a los amantes despechados o a quienes cultivaron, sin fortuna, cualquiera de las artes. Comprendo profundamente a quienes aman la pintura sin que la pintura se les rinda porque, en esa pasión no correspondida, me reconozco. No voy a adobar mucho esta idea: he sido, soy, un pintor con los pinceles cortos. Cualquiera que hojee este manuscrito y vea los bocetos que lo acompañan sabrá a lo que me refiero. La mano no me llega a donde me llega la voluntad, cada cuadro es un fracaso aunque no una derrota, un intento de dominio tanto más malogrado cuanto mayor es el esfuerzo, y el esfuerzo se multiplica en la medida que se acerca el miedo a la equivocación y se alejan los resultados. Decía Quevedo del voluminoso *Tesoro de la Lengua* de Covarrubias que allí el papel es muy superior al resultado; de mis cuadros, puedo decir que en ellos hay más horas que pintura.

He escrito lo anterior porque, al ver los dibujos de Rafael Seisdedos, vi mi propia mano sobre muchos trazos de su pluma, la misma intensidad inútil, la misma dedicación desengañada que dibuja, más que un tema, su propia impotencia. Sin embargo, y ahí está la trampa, esa pluma es capaz de obtener hallazgos ocasionales para seguir aguijoneando la codicia del buscador de oro.

Fue Margarita quien al ver mis bocetos me remitió a los de su hermano aunque ocultándome los más significativos. Las razones de este escamoteo no las supe hasta algunos días más tarde: en El Torreón, quieren mutilar una vida, la de Rafael, limpiándola de pasión y extravío. Como no pueden evitar al hombre, intentan corregir sus hechos. O suprimirlos.

—Éste era el lugar de refugio de mi hermano —me explicaba Margarita mientras le daba vueltas a la llave para abrir la habitación más alta de la torre.

Entrábamos en una especie de estudio o desván, con algo de sacristía: un espacio rectangular, de bóveda de nervios, encalada al igual que los sillares de las paredes a causa de la ciega higiene ordenada por el médico de los perros. Todo estaba despejado en su interior, ganado por el orden y por el polvo. Al fondo, una mesa al arrimo de la ventana de ojiva; ocupando las paredes más largas, dos líneas de armarios y, a mi derecha, extendido desde el mismo marco de la puerta hasta el rincón, un inmenso lienzo sobre el cual las cabezas de los Seisdedos, a tamaño natural, parecían surgir de la superficie blanca.

—Ése es el retrato de familia que no pudo acabar Rafael. Le llevó tres años de trabajo y sólo pudo pintar las caras.

El cuadro estaba sostenido sobre ese arte tenaz e insuficiente del cual hablé, esplendoroso en su fracaso. Parecía copiar un sueño porque los cabellos y los rostros estaban coloreados mientras los cuerpos eran esquemas de carbón componiendo un andamiaje de líneas casi borradas por el tiempo. Debido a eso, las cabezas aparecían como flotando en el lienzo, decapitadas.

Miré de cerca aquellos retratos en donde por sistema la buena factura de una nariz, por ejemplo, se malograba en la convivencia de un ojo estrábico, o una boca casi perfecta no conseguía asentarse bajo unos pómulos tan elaborados como irregulares en su volumen.

Vi por primera vez el rostro correoso de Rafael, marcado por el desprecio o la angustia. Aparecía junto al de su hermana Margarita de ojos fieles a los del presente, inquietos y brillantes, parecidos a peces apresados entre los párpados.

Sobre ellos, dos mujeres me encaraban, la mayor con su cabeza de leguminosa seca y un musgo blancuzco por cabello; la menor, coronada de rosas y con una sonrisa que no conseguía superar a su aire de infortunio.

—Son mi abuela Nieves y mi madre, a quien sólo puedo recordar así, sonriendo, como la pintó Rafael.

Las dos mujeres hacían de base a dos cabezas rotundas, emparejadas por sendas narices de roca y por similares barbas abiertas en un oleaje cetrino.

Margarita traqueteó su cuerpo cojo hasta ponerlo debajo del lienzo. Se movía haciendo crujir el armazón metálico que le da fuerza a su pierna derecha y, al hacerlo, escoraba el torso hacia el otro lado para apoyar la mano en la cadera, como si se agarrara a un pretil para salir de sí misma. A pesar de esta dificultad para andar, su constancia en la superación o en la coquetería —rebasará la cincuentena— le vedaba el uso de bastón. Señaló a los dos rostros barbados:

—Este de la derecha es mi abuelo Saturio Seisdedos y el otro, el de los ojos más grandes, es mi padre, que se llamaba Elías.

Un segundo antes de que dijera sus nombres, creí recordarlos y, cuando los pronunció, fue como volver a oír el antiguo estremecimiento con el cual resonaban en la boca de mi madre. Los Saturios Seisdedos. Así los llamaba, en plural, abarcando con esa multiplicación de eses a las dos cabezas montaraces que ahora yo contemplaba: los Saturios Seisdedos.

—Rafael los pintó de memoria pero eran así, casi iguales.

Me extrañó, en efecto, la semejanza de rasgos pero había algo inverosímil en que parecieran de la misma edad. Insuficiencia de pinceles, pensé. Dije:

—Es difícil saber quién es el padre y quién el hijo.

—Se llevaban diecisiete años, pero me contaba mi abuela Nieves que el abuelo Saturio hasta parecía más joven que mi padre y ella equivocaba sus ropas, sus andares o sus navajas de afeitar. Le gustaba decir a la abuela que no acertaba a saber si se había casado con dos maridos o tenía dos hijos gemelos.

Margarita era dada a las imprecisiones, hablaba del pasado con inconsecuencia, como si el tiempo fuera un tejido adaptable a la temperatura de su ánimo. Sin embargo, luego pude saber que ni los retratos de Rafael eran tan inexactos, ni tan errático el recuerdo de su hermana porque Saturio y Elías Seisdedos eran uno solo en la memoria de los lugareños, una especie de dios bifronte que se aunaba o dividía para arreciar su poder o multiplicarles la desdicha.

En las dos líneas de armarios del desván se disponían enciclopedias y carpetas, bustos de escayola y objetos diversos para utilizarlos como temas de bodegones, maquetas de máquinas agrícolas y un buen número de cuadros sin enmarcar cuyos cantos regulares semejaban libros en una estantería. Casi todos ellos eran paisajes que, con la apatía de lo previsible, abundaban en las carencias de su autor, o bien obsesivos autorretratos igualados por trazos tan infructuosos como apasionados.

De pronto algo, no sabía qué, disonó entre mis manos. Se trataba de una de esas sensaciones de excepción o de oasis, de que algo escapa a lo esperado, rompe la atonía de una serie y te exalta con la afirmación de su diferencia. Tenía en mis manos un lienzo que se separaba de los otros. Pleno, contundente, preciso. Pintada al óleo, aparecía una adolescente en el momento de quitarse un vestido negro; se inclinaba hacia adelante con los cabellos abiertos en una estela de ocres y su desnudez era visible en un muslo, en la sombra de los pechos y en el movimiento del hombro izquierdo, de blanda consistencia. Una mirada clara, un pelo vivo y matizado y el milagro de la textura exacta de la carne: sienas, marfiles y bermellones adensándose o licuándose para armar el volumen y componer el esplendor de la piel.

La escena recordaba ese tipo de cuadros que en la centuria pasada pintaron Boucher o Fragonard, carne de tocador para el consumo de una burguesía rijosa, pero, en este caso, más que de una estampa se trataba de una verdad, de una mujer próxima, melancólica y real, cuya belleza se imponía con la timidez de alguien sorprendido en el acto secreto de desnudarse.

—¿Quién lo pintó? —pregunté dando por hecho que el óleo no podía ser de Rafael por la misma razón que los efectos suelen tener causas conocidas.

Margarita Seisdedos había sido una presencia bonachona junto a mí, un conmovedor ruido ortopédico que me precedía a fin de abrirme los armarios y apartar luego sus muchas libras para facilitarme la inspección de aquel museo de la ineptitud o de la insignificancia pero, cuando toqué el cuadro de la adolescente, sentí cómo ella se rebullía detrás de mí y cómo su solicitud se cambiaba por una urgencia que le amontonó las palabras:

—Lo pintó mi hermano, todo lo que hay aquí lo pintó Rafael.

Al volverme, la encontré luchando por dominar su azoramiento, la cara removida por contracciones, vacilando entre la acritud y la disculpa por esa acritud.

Al instante, supe que no podía seguir preguntando porque ciertos gestos son un límite para señalar el comienzo de lo propio, telones que a veces bajamos cuando alguien pretende avanzar hacia nosotros. Margarita se disculpaba, se había hecho tarde, decía, mientras colocaba el cuadro en su sitio y el lienzo mostraba su canto idéntico al de los demás, de repente confundido en la uniforme mediocridad de los otros. Cuando cerró el armario, todavía me miró con un rebullir de pupilas, temerosa, vulnerable aún a la pregunta sobre la identidad de la muchacha que yo no llegué a for mular.

De los muchos apuntes que he hecho estos días, sólo he decidido pasar a este cuaderno el que figura en la página anterior. Esa aldea es Aroca. Utilicé el sombreado de líneas paralelas, a plumilla, para potenciar la idea de verticalidad que ofrece el pueblo cuando se ve desde la plaza. Intencionadamente, reforcé el claroscuro de las casas en su ascenso en abanico hacia el caserío de los Seisdedos y angulé la luz sobre las callejas para darles ese aire de geométrico abandono que bien pudiera resumirse en la silla y el gato del primer plano, tumbado al sol imposible de enero. Aroca tuvo cerca de dos mil habitantes a principio de siglo y, hoy, no es más que un panorama de deterioro donde la vida, no obstante, no es tan escasa como refleja mi dibujo.

Me pregunto si estoy cayendo en fáciles simbolismos, en dibujos postizos, hechos para la tramoya más que para la memoria, a la manera de los viajeros que nos visitan en una búsqueda casi religiosa de la diferencia, gentes de la Europa del frío cuyas obsesiones se centran en recortar de nuestra realidad lo más cálido para sus ojos —soles desmesurados entre improbables palmeras, pedazos de oriente o de una edad media que les resuena a pasión— a fin de ilustrar sus guías de viaje y venderlas en comercios de Londres o París con el orgullo de quien ha empaquetado un pueblo en un libro y lo refleja en los espejos de unos cuantos grabados.

Miro mi dibujo de Aroca y me doy cuenta de que reproduce los mismos fraudes que critico. Todo él está virado hacia lo que me interesó expresar y no hacia la fidelidad de lo expresado. Hay aquí, en Aroca, una vida aislada pero razonable, existe un camino de rueda para unir, por el sur, el pueblo con Cazorla, el caserón de un carpintero que hace las funciones de casa de carruajes, una taberna, un horno de pan, dos carbonerías, una iglesia casi sin techo pero que se abre los domingos y un buen número de campesinos, llenos de una moderada actividad con la que explotan huertas y bosques. Y, sin embargo, ¿qué transmite mi dibujo?, ¿qué es Aroca para un observador sin más datos que los que yo he recogido en él?: desolación, un vacío de misterio, una verticalidad demasiado ganada por la idea de dominio de la torre de los Seisdedos, como un inmenso rejón clavado en el dorso de la aldea. Soy consciente de que tengo que acudir a metáforas de tahúr —*rejón, dorso de la aldea*— para explicar la truculencia de mi dibujo. Juegos de dados, gritos en vez de voces para hacer valer mi criterio y tenderle trampas a la verdad.

No obstante, he sido yo quien ha eliminado todo lo que me estorbaba en el dibujo, personas atravesando la plaza, niños jugando, objetos tirados por el suelo, incluso, he hecho desaparecer algunos árboles interpuestos entre mi mirada y el pórtico de la iglesia. He buscado ahorrarme complicaciones técnicas pero también subrayar algo previo a la hora de ponerme a trazar líneas sobre un papel: mi conocimiento del peso de El Torreón sobre Aroca.

Ahí está, pues, ese dibujo que me gusta pero que sé falso porque es exagerado en sus líneas ascendentes, en la dureza de sus sombras y, sobre todo, en su quietud de espacio sin habitantes. Desde que tenemos dentro la enfermedad del Romanticismo, estamos sustituyendo la realidad por una estética abusiva, escribimos o pintamos pasiones más que ideas puesto que hemos dado en utilizar los colores subidos de los cartelones de ciego y en manejar la lengua con las mañas de los trileros.

Habría que intentar un arte que no usurpe interesadamente a su objeto, que presentara los seres al lado de los seres, sin aislarlos en lo posible de su medio, a no ser a la manera de los hombres de ciencia. Un arte que fuera como esas formaciones de hongos parásitos que envuelven las cosas para absorberles su sustancia y florecer a su costa.

En una estética como la que imagino, no cabría, desde luego, este dibujo engañoso de Aroca. Sirvan las anteriores palabras para atenuar la contradicción de que, a pesar de lo dicho, figure en este cuaderno. Y de que me siga gustando.

Inesperadamente, Cándido Espejo mejoró. En el duermevela de un amanecer, oí desde la cama sonidos de pasos, voces despreocupadas y presentí más allá de la puerta de mi dormitorio una luz de balcones abiertos que imaginé traspasando la casa, barriendo el humo de los sahumerios y haciendo más intensos los colores.

Encontré al médico rodeado de fuentes de castañas, de naranjas y nueces, dando el último mordisco a un trozo de bizcocho aún humeante. Apenas me saludó en la distancia, se puso a canturrear algo afanoso e incompresible —tenía un oído endiablado para la música— y a bromear con la sirvienta, quien le ofrecía con éxito una nueva taza de chocolate. Se había dado un baño y estaba todo él húmedo y rojizo, tenía su baúl a un costado del sillón donde se sentaba y el capote de viaje dispuesto sobre el apoyabrazos. Al ocupar mi sitio en la mesa, me recibió con una de sus frases de hojarasca:

—Hoy tenemos un día de resucitados, por fin se ha dejado ver el sol y de qué modo, ¿ha echado un vistazo al valle?, pero, sobre todo, oiga esto: el juez está sin fiebre y quiere verlo. Anoche superó la crisis, milagros del bromuro amónico, los pediluvios y el caldo de chorizo, o quizá no, quizá la recuperación venga menos de la ciencia que de algo en lo que él invierte como en un valor en alza: las ganas de vivir.

Desayuné con prisa en tanto el médico de la peste escribía una lista con instrucciones para la convalecencia del juez. Los anillos de sus manos dibujaban ondas sobre el pliego y él parecía brillar con el prestigio reflejo que le venía del oro de los dedos y ponía brillos por su cara al afilar las plumas y mirar luego sus puntas con una especie de metálica concentración. Estudiaba el corte, comprobaba su sesgo pasándole la yema del pulgar y, contrariado, volvía a repasar la cuchilla con esa minuciosidad inútil con la que parecía hacerlo todo.

Cuando dio por acabado el escrito, se puso en pie y apresuró los preámbulos de los adioses sin poder olvidar del todo su natural ceremonioso. Junto a Margarita, lo acompañé hasta el patio de la entrada donde lo esperaba un birlocho en cuyo rastrillo empezaron a atar su baúl. El hombre estaba contento, descentrado, y resolvía su impaciencia con paseos en torno al carruaje. En un aparte de última hora, me sorprendió con un susurro inesperado:

—Hágame caso, sea lo que sea lo que lo ha traído aquí no lo demore en exceso.

Incomprensiblemente, esto fue lo que me dijo, unas cuantas frases llenas de secretismo y de ambigüedad, desgajadas de la relación que había compartido con él y con la casa. Hay personas a quienes les gusta inventar expectativas o ser portadores de noticias por el mero hecho de que así creen subrayar su presencia, gentes que se te aproximan y te sueltan alguna ocurrencia envuelta en un manoseo de misterio, pasará esto, te dicen, sé de buena tinta que ocurrirá tal cosa o, hágame caso, no se demore en este lugar. Escrutan a su alrededor, como él hizo, achican la voz, te desconciertan con alguna fantasía y se dan la media vuelta satisfechos, reprimiendo esa indigestión de creída importancia por haber alterado tu ánimo o por haber intervenido en la mínima historia de lo cotidiano.

Aún me pregunto por qué el médico de los perros me

dijo aquello cuando, ni en los días precedentes ni sucesivos, encontré nada que pudiera justificar sus palabras.

Sorprendido, considerando aún el alcance de su frase, lo vi girarse, sacudir el cuerpo con ligereza para besar la mano de Margarita, parecido a un ave que picotea su presa, y subirse luego al carruaje, nervioso, resbalando en el pescante, muy ocupado en ordenar su capote de viaje para no arrugarlo cuando se sentara.

Pocas dudas me caben hoy de que el médico pertenece a esa ralea de individuos con una presencia tan escasa como grandes son sus ganas de tenerla, personas que, de algún modo, viven en la orilla de los demás y actúan a la manera de las obsesivas pulgas de nuestro hombre: de un modo parasitario para absorberte, si no la sangre, sí al menos unos momentos de atención.

Pero lo cierto es que su comentario se me quedó sin sitio en la mente, no supe dónde colocarlo, y me mantuvo en una alerta ridícula hasta que llegué a comprender la estupidez, o la debilidad, del individuo en cuestión. Tanto logró influirme aquel descriteriado que, cuando el arco de la torre se tragaba al birlocho, tuve la sensación de quedar atrapado en un laberinto cuyo límite estaba en la puerta de la cortijada. Braceaba el médico revolviéndose en el asiento para gritarme su adiós, «¡Espero que en nuestro próximo encuentro haya mejorado su ajedrez!», y todo su cuerpo convulsionado sobre el carruaje me pareció hecho con la alegría de los excarcelados, como si al salir recuperara algo de sí mismo mientras perdía la disciplina de sus modales, desbaratados de golpe por el simple contacto con el aire abierto.

Hasta que se me hicieron los ojos a la penumbra, entré tanteando en el dormitorio de Cándido Espejo, un anchurón azul, empequeñecido por un buen número de muebles y por columnas pintadas al temple en las paredes. Antes de llegar a la cama y al bulto allí recostado entre cojines, se me adelantó la voz:

—¡Juan García Martínez!

Otra vez mi nombre, en medio de la penumbra, me pareció ajeno.

—¡Juan García Martínez!

Su grito, más animoso de lo esperable, tenía sin embargo caídas y ascensos descompensados.

—Acércate que te vea y perdona la poca luz, ya sabes cómo son los doctores, locos llenos de poder y de manías.

Di unos pasos pisando alguna baldosa suelta, entrando en un olor a botica.

—Sí, sin duda eres tú, el mismo porte ganchudo que la pobre de tu madre, el sesgo de la boca y ese negro de los ojos, tan intenso.

Hay una idea que, tal vez porque tiendo a exagerarla, no puedo separar de mí: cada persona a quien conocemos nos determina, nos añade o nos quita algo, nos va haciendo con el flujo de sus palabras y gestos en un acarreo envolvente. Y, en ese sentido, es igual aceptar o rehuir las acciones de los otros porque de todas formas acabarán modificando nuestro ánimo en una mecánica de atracciones o rebotes irremediable. Si eso es así, o lo es en el grado en el cual a veces lo pienso, la presencia de Cándido Espejo me iba a disminuir.

Después de interesarse por las circunstancias de la muerte de mi madre y de dar un mínimo rodeo en torno a mis impresiones sobre la espera en Aroca, me preguntó:

—¿Tienes una idea concreta de a qué has venido?

Intenté una respuesta lo más concisa posible para ganar en ambigüedad:

—Recibí una carta. Parece ser que hay aquí un trabajo para mí.

—Un trabajo de treinta mil reales, ¿te escribió eso mi mujer? Treinta mil reales, supongo, es dinero suficiente como para fabricarse una memoria.

Yo ignoraba casi todo lo que había en torno a esa cifra que, efectivamente, figuraba en la carta de Margarita junto a frases indefinidas pero recordadas por mí con exactitud: «asuntos de su interés», «llevar a cabo una tarea en beneficio mutuo».

—¿Fabricarse una memoria? —pregunté.

—Conque no sabes, entonces, a qué has venido —se decepcionó virando el tono hacia la impaciencia para abrir, luego, un silencio en medio del cual se hizo sentir la energía de su cabeza adelantándose en la sombra para escrutarme.

—¡Cómo es posible! —comentó todavía para sí.

Los redondeles de sus anteojos me encaraban. Parecían palpitar en la penumbra. Posiblemente, estaba juzgando mi desconcierto como una consecuencia de la dudosa moral de un hombre que actúa sin convicciones, al mero dictado de acontecimientos o intereses. Su mirada me medía, me trasladaba sus dudas y estaba haciendo que yo mismo me planteara si acaso no habría acudido a Aroca al reclamo del dinero.

—Está bien, sobrino, empecemos a examinar la cuestión porque las cosas deben estar claras desde el principio.

Me llamaba *sobrino* —es primo segundo de mi madre— con tanta inexactitud como énfasis, buscando con ello un acercamiento que, no obstante, yo intuía impostado.

—Vamos derechos al grano. Llevo meses oyendo junto a mi almohada el jadeo de la muerte y no puedo permitirme andar con rodeos porque tengo setenta y cuatro años, los mismos que el siglo, y eso me deja poco tiempo para todo y me obliga a ir por los atajos, así que ahorrémosnos palabras y equívocos.

A pesar de que el balcón lo metía en el contraluz, empezaba a verlo con cierta definición. El tupé blanco y los lentes de cerco negro daban aspecto de rapaz a una cabeza altanera que se movía a tirones cuando hablaba y luego, en los silencios, se quedaba retemblando, con los ojos fijos en mi boca, como si fuera la madriguera de alguna presa. El barbero habría venido a primera hora porque tenía la piel marcada por esa indefensión rosácea tan característica después del rasurado de una barba de muchos días. Su aspecto exultante, casi conminatorio, se reforzaba por un bigote aderezado con ungüentos y abierto en dos rizos cuya geometría hacía pensar en la acción reciente de las tenacillas. Ahí, pues, tenía por fin ante mí a Cándido Espejo, arrodajado sobre la cama, tragándose a bocanadas la vida, sin rastros visibles de haber sido rescatado de ninguna agonía.

Se giró sobre los almohadones para alcanzar de la mesa de noche un folleto que reconocí al instante.

—Eres escritor, ¿no?

Esgrimía el cuadernillo en la mano izquierda y repasaba el índice de la derecha por la portada, acariciándola.

—Con esto —continuó—, con sólo los catorce versos que hay aquí, sería suficiente para atestiguarlo.

Lo que tenía en las manos era la edición de un poema mío de adolescencia, premiado en 1859, creo, en unas justas líricas convocadas en Zaragoza para exaltar la eucaristía. Un soneto desorbitado en las ideas y plano en la escritura. Sobre el fondo pardo de la cubierta, relucían los oros de una custodia desprendiendo rayos de luz; abajo, con el mismo tamaño y tipo de letra, figuraban mi nombre y el del arcediano Isasi Zavala, quien introducía mi texto con una dedicación tal que su prólogo ocupaba tres de las cuatro páginas del opúsculo.

—Te podría recitar este soneto de memoria, con sus acentos y pausas precisos, pero sé muy bien que tú prefieres que no lo haga porque ahora tu inspiración es muy distinta, ¿no es cierto?, ahora escribes novelones sobre Pérez del Álamo, ese veterinario de Loja empeñado en inventar la revolución, o te fijas en lo peor de Espronceda para publicar su vida disoluta en las entregas semanales de la editorial Huracán.

Tal vez sus palabras estaban a la altura de mis merecimientos porque era evidente que mi desventaja salía de mí mismo, de la ligereza de haber emprendido un viaje cuyo objeto ignoraba. Sin embargo, también se me hacía evidente que no iba a tolerar por más tiempo el tono recriminatorio del juez. Pensé en decir algo más definitivo, pero sólo comenté:

—Supongo que no he hecho un viaje de tres días y, después, he estado esperando dos semanas nada más que para oír algunos asertos sobre literatura.

—Ni yo te he llamado para que los oigas. Son sólo reflexiones al paso que pueden interesar a nuestro asunto. ¿Escribes aún poesía?

—Hace tiempo que no. Es conveniente dejar que la poesía la hagan los poetas.

—En fin, allá tú y tus errores de apreciación, pero tampoco es poesía lo que quiero de ti sino prosa.

—¿Biografía? —me anticipé, comprendiendo de golpe sus intenciones.

—Digamos que sí, si llamamos biografía a lo que suele ser, relatos de vidas más bien imaginarios, aliñados con algunas mentiras y una pizca de olvido.

—Para fabricarse una memoria —completé.

—Mira, sobrino, las cosas no son como son, sino como se recuerdan.

—O como se cuentan.

—Así es.

Pareció abatido un momento y cerró los ojos para replegarse en los cojines y tragar aire, pero apenas había caído cuando volvió a incorporarse con ese vigor sorprendente, salido, al parecer, de la debilidad de su agonía:

—Aunque también es verdad que mientras uno vive todavía tiene vigilancia sobre su vida, puedes atajar rumores o crearlos, hacer cosas o aparentarlas, inventarte a ti mismo y hacerte creíble; en fin, es como tener en las manos una masa que tú moldeas, cocinas y sirves a los otros en un plato tan adornado como te es posible. Pero llega la muerte y uno queda desnudo, indefenso ante los demás, ¿me entiendes?, sin posibilidad de remiendos ni escamoteos, en manos de los saqueadores.

Quise apurar sus razonamientos para acentuar su lado ruin:

—Sí, la muerte nos hace públicos y eso sólo es bueno para los hombres intachables, que siguen creciendo después de morir, pero los demás tenemos que dejar bien sellados nuestros secretos en la tumba y ponerle encima una lápida con bonitas frases de bronce.

—¡Exacto! —se entusiasmó.

Sin embargo, en seguida pareció reflexionar sobre lo que yo acababa de decir:

—Bueno, no hay que ser tan crudo con el lenguaje. Y tampoco es que haya muchos hombres sin tacha. Los que nos han llegado como tales posiblemente sea por la labor de los exégetas, gente que filtra las vidas y testimonia abriendo o cerrando la boca para llevar el agua a su molino.

Se le vio satisfecho con este pensamiento. Rebulló el cuerpo, incómodo, mientras se abría, como expandiéndose, las solapas de la bata. En el acto, empezó a desprenderse un fuerte olor a mostaza desde su pecho sin vello, cruzado por hilas y emplastos.

—¿Podrías abrirme uno de esos balcones? Estos sinapismos me están matando de calor.

Me quedé unos momentos junto a los postigos, respirando el aire de la mañana, deliberadamente displicente con el juez cuyos ojos, embutidos en la vibración de la cabeza, no dejarían de repasar mi espalda al acecho de cada uno de mis gestos. Me llegó su voz con un matiz nuevo de cautela o adulación, tanteando:

—¿Qué me dices? ¿Estás dispuesto a aceptar esos treinta mil reales?

Me volví. En la habitación dominaban los tonos celestes en contraste con el barniz renegrido de muebles y de cuadros. Un inmenso crucifijo gravitaba sobre Cándido Espejo, cuya cara aparecía ahora de color vinoso, sin apenas arrugas. Sonreía esperando mi respuesta.

Lamenté no poder evitar el tartamudeo. Me pasa, traiciones del cuerpo, casi siempre que quiero darle demasiada rotundidad a las ideas:

—Así que, de aceptar, habría venido hasta Aroca para contar una mentira.

—Bueno, ya te lo he dicho antes: no hay que echarle tanto desgarro a las palabras. Sería, más bien, una tarea de limpieza, quitar las malas hierbas y echar abono donde sea menester.

—¿Por qué yo?

—¿Quién mejor? Tú tienes conocimiento directo de tu madre, de tus tías y de toda la rama de los Martínez. Sabes escribir, al menos, si quieres. Ahí está tu soneto sobre la eucaristía para avalarte: nadie que sea capaz de hacer una cosa así fracasaría a la hora de escribir algo menor como una historia familiar. Además, eres periodista, ¿no?, sabes taquigrafía, ¿no es cierto?, y eso sin duda tendrá utilidad a la hora de recoger datos e investigar ciertos pormenores.

Levantó el brazo sobre su nuca y se quitó el bonete. Era una prenda de tafetán amarillo, rameada en verde, que al quedar sobre su pecho se me antojó una flor de carnaval prendida a la solapa de su mugriento batín. Murmuró:

—Estos emplastos de mostaza me ahogan, debe de hacer un frío que pela y aquí me tienes, asfixiándome.

Me di cuenta entonces de que no había podido ver antes el bonete porque en ningún momento Cándido Espejo me había vuelto la cara ni había dejado de mirarme. Sus ojos me buscaban, despiertos, con una constancia que hacía pensar más en su voluntad de dominio que en el interés o el conocimiento.

—¿Qué es lo que habría que investigar? —pregunté con un despego exagerado, simétrico a mi intensa curiosidad.

—Antes, quiero saber si aceptas.

—Antes —dije—, debo saber lo que acepto.

—Escúchame, sobrino, todo es normal, incluso a veces bastante digno, por el lado de mi sangre. Los Espejos, los Alcaides o los Martínez dan, con alguna excepción, una imagen de compostura, un retrato anodino de buenos burgueses con un montón de pecados veniales a sus espaldas y, si acaso, con uno mortal, uno solo, el de parecerse tanto unos a otros para, todos juntos, matarse entre sí de aburrimiento. Pero un hombre se casa y la familia de su mujer puede arrastrarlo al descrédito. Ahí está la deshonra encima de ti, manchándote, y uno no tiene más posibilidad de limpieza que la que te estoy proponiendo.

Los Saturios Seisdedos, pensé, mientras la idea de aceptar se me hizo de repente antigua, inevitable, como si viniera de muy lejos para encontrarme.

—En la familia de Margarita, mi mujer, ha habido sucesos que me salpican, iniquidades y depravaciones, muertes violentas, aún impunes. Y, antes de que me lleve esta maldita enfermedad, quiero imponer olvido sobre algunos hechos, conocer detalles de otros y que, luego, me escribas esa historia limpia de sangre y de vergüenza. Tú me buscarías algún dato que desconozco y yo te facilitaré otros. No muchos, sólo los necesarios: los que la prudencia y el decoro aconsejen. Después, cuando me hayas puesto todo eso en buena prosa, echaré en la mano de algún editor de postín los duros necesarios para publicar con campanillas tu trabajo.

Cándido Espejo, sin saberlo, me estaba brindando una novela. Ese tipo de texto, matriz de otros muchos, que se hace con trozos profundos de realidad y reduce al narrador a un simple minero capaz de bajar a las últimas galerías para arrancar las vetas nunca vistas, transportarlas a la superficie y exponer al sol sus mejores irisaciones.

Si realmente había correspondencia entre el valor de lo que me quería ocultar y su deseo de hacerlo, yo sólo tendría que apropiarme de esos hechos subterráneos para darle la vuelta a la propuesta del juez y ponerlos en evidencia.

—Sería una obra sin pretensiones —dejó todavía rodar las sílabas, quitándoles aristas, buscando vencer mi aparente indecisión—, ya que yo no tengo importancia, pero suficiente para acallar las habladurías de la comarca. Un escudo o una mordaza contra murmuradores. En una o dos generaciones, yo sería otro.

—¿Qué interés puede tener un relato centrado en odas a allegados y parientes?

—Mucho. De ti depende. Te estoy hablando de gentes borrascosas que por mucho que se limen tendrán siempre el atractivo de lo perverso.

El conocimiento de los hechos que el juez quería tapar se me presentaba no sólo como la posibilidad de obtener un material narrativo lleno de realidad sino como una deuda con los mitos de mi infancia. Con premeditación, con un cálculo minucioso en el proceso de elegir las palabras, intenté presentar mi mejor cara y sacar partido de mi suerte:

—Si me hago cargo de eso, difícilmente podré luego hacerme cargo de mí.

—¿Qué andas insinuando?

Lo miré despacio y, despacio, troceé las sílabas:

—Es inmoral.

Quería dejar claro lo que yo sacrificaba para ponerme en condiciones de exigir. Su respuesta desbarató mi ampulosidad, atropellando la frase sobre la que acababa de subirme:

—Ya veo, sobrino, que estás volviendo grupas pero no sé todavía si es porque tienes el alma chica o la avaricia larga, ¿te parece poco treinta mil reales?

Al instante, pensé que me sobraban razones para el cinismo y que era necesario darle un giro a mis argumentos. El juez debería creer encontrar en mí a quien buscaba, un hombre de moral laxa, una pluma sin escrúpulos, una entrega proporcional al precio para conseguirla. Y saqué aplomo de esa idea y de mi deseo de no malograr la novela presentida.

Hay un imperativo en la literatura que a sus acólitos nos hace irredentos fuera de su dominio. Se puede llegar a extremos de indignidad con tal de conseguir una historia. Una historia. Algo perfectamente inútil o de discutible provecho, en todo caso una causa mínima para tanta solicitud. Pero hay hechos sostenidos sólo en la razón de su existencia y, sabiéndolo, me dispuse a no marrar el disparo:

—Llevará su tiempo recopilar datos, ordenarlos luego, expurgarlos, darles una capa de brillo final. Estoy hablando de muchos meses de trabajo, tal vez de un año o dos, depende del número y de la enjundia de los protagonistas.

Cándido Espejo se impacientaba:

—¿Dónde quieres llegar?

—A cuarenta mil reales.

Lo vi retraer instantáneamente la cara, como si se defendiera del avance de las palabras, y, en seguida, una especie de chispazo se la volvió a adelantar hacia la zona de luz. Parecía inminente su furia aunque algo lo retuvo y, en el último momento, se decidió por adoptar un aire de aflicción:

—No esperaba oír hoy desatinos. Hoy no. Y, mucho menos, de ti.

—Por debajo de cuarenta mil reales, un trabajo así sería inaceptable, aunque no es eso lo fundamental. Podría decir que lo fundamental es que la mentira nunca es inocente y si voy a dedicarme a difundirla debería, al menos, saber el peso de mi culpa y, en consecuencia, exigir garantías para conocer toda la verdad.

Desorientado, se quitó los lentes de un manotazo, se pasó luego las yemas de los dedos por los párpados y sus ojos, vigorizados por la fricción, se dilataron en una mirada redonda, nítida, llena de énfasis y de desprecio.

—Sin embargo —añadí—, más que de una cuestión moral se trata de una necesidad técnica: cualquiera que haya escrito dos letras sabe que lo que aflora en un texto es sólo una parte de un todo que necesita tener bien asentadas sus raíces, so pena de nacer muerto o sin la savia suficiente. Quiero decir que unos renglones de escritura sobre algo necesitan muchos renglones de conocimiento sobre ese algo.

Mantenía su silencio buscando una salida, haciendo y deshaciendo sus respuestas, mientras su enfado se evidenciaba en la progresiva trepidación de su cabeza. Cuando volvió a hablar, su tono fue de rabia disciplinada, parecido a un mordisco que apenas pudo amordazar:

—Tendrás que conformarte con treinta mil reales y con saber lo que yo juzgue necesario, casi con lo justo que quepa en ese libro.

Tan seguro estaba de que él cedería que me permití hacer de mi ventaja una conclusión de la entrevista y caí en la bajeza de golpear en la herida del vencido:

—No se hace venir a nadie desde tan lejos para imponerle una sarta de exigencias y, puesto que ése es el caso, parece que no me queda más que agradecer la hospitalidad y disponerme a hacer el viaje de regreso.

Le tendí la mano con el propósito de obtener no una despedida sino su avenencia. Pero Cándido Espejo se mantenía incrédulo e inmóvil. Miraba mis dedos firmes en el aire sin poder hacerse cargo aún de la urgencia del impuesto desenlace, tratando de averiguar en qué se había equivocado. En el momento de girarme para salir, me llegó por la espalda su grito de contrariedad:

—¡Juan García Martínez!

Cuando lo encaré de nuevo, sus labios silabeaban sin sonido, como si la ira o el orgullo le impidieran el uso del lenguaje. El juez se ahogaba en su propia indecisión en tanto yo lo miraba con la certeza de que cuando articulara algún sonido éste sólo podría significar la primera página de mi novela.

—¡Juan García Martínez! —volvió a gritar con una convicción tan resolutiva que comprendí que con esa llamada no iba a abrir su respuesta sino otro paréntesis donde ganar el tiempo necesario para elaborarla.

Esperé condescendiente, sin verdaderamente mirarlo, sin ni siquiera querer mostrarme como un observador de sus titubeos.

—¡Vete! —chilló al fin extendiendo el índice convulso hacia el fondo de la habitación.

Salí con medida discreción, ocultando cualquier signo de victoria, escrupuloso en las acciones de inclinar el torso para saludar o de alejarme hacia la puerta cuya hoja cerré muy despacio para encajarla en su marco con una suavidad sin sonido. Miserable, pensé, mientras andaba por el pasillo sin saber exactamente si esa palabra resumía mis impresiones sobre Cándido Espejo o sobre mí mismo aunque más bien, terminé aceptando, era el adjetivo adecuado para abarcarnos a los dos.

Bastida es un gigantón ensimismado, rubio, tajante en el trato. A menudo, lo había visto instruir a los peones o deambular por la casa transportando bandejas, ajustando muebles u ocupándose del arreglo de cosas diversas. Suele tallar a navaja ramas de fresno cubriéndolas por entero con motivos geométricos y obsesivos, a modo de bastones tribales.

Al día siguiente de la entrevista con el juez, ya con el equipaje hecho, esperaba que amaneciera. Me planteaba si yo no habría sabido medir la naturaleza de Cándido Espejo y el mal que lo aquejaba no era tanto el de la poquedad como el de la soberbia. Quizá, según dijo, él buscaba pagarse una falsa biografía con la única pretensión de aclarar las sombras de otras figuras, y no, como yo había estado seguro de deducir, para usurpar su propia identidad agrandándola en las páginas de un libro. En ese caso, yo habría cometido un error de cálculo ya sin posible reparación y sólo me quedaba emprender el viaje de regreso.

Pero no, mis apreciaciones no estaban equivocadas: el mal del juez era el de la nadería.

Serían poco más de las seis de la madrugada cuando Bastida llamó a mi puerta con golpes tan desproporcionados que parecían dados por un sordo. Fue la primera señal de que Cándido Espejo buscaba esconder su debilidad, y su derrota, en la insolencia.

Enorme, rebrillándole la cara maciza a la luz de la vela,

Bastida taponaba la puerta. Incomprensiblemente, no hacía ningún gesto y dejaba sin sentido la frase que, sin mediar ningún saludo y casi sin mover los labios, acababa de decir:

—De parte de don Cándido.

Lo animé a entrar tratando de romper la situación, ese silencio incómodo por injustificado de un hombre cuya misión parecía agotarse con su simple llegada intempestiva. Pero aún dejó pasar algunos segundos antes de adelantar su manaza de mamífero peludo para ofrecerme un sobre y de volver a exhibir el esplendor de su lenguaje:

—De parte de Don Cándido.

Al intentar cerrar la puerta, Bastida interpuso su cuerpo con una autoridad que no podía venirle de la montaña de sus músculos ni de su cara angulosa, sin expresión, como hecha de materia muerta y tallada a bisel con la misma navaja con la cual elaboraba sus bastones. Aunque ya no volvió a hablar, intuí que esperaba una respuesta y que su actitud imperativa era una consecuencia del estado de ánimo del juez y un anuncio del contenido del sobre.

Cuando se fue Bastida con un mensaje mío donde una única frase de aceptación acompañaba a mi firma, volví a releer la extensa nota del juez. En ella, su enojo era patente no sólo en lo quebrado de la letra sino en la redacción misma, llena de exigencias en lo secundario y de términos pretenciosos bajo los cuales quería esconder sus concesiones en lo fundamental.

En definitiva, el juez se plegaba a mis peticiones no sin antes salpicar su escrito de advertencias y de alguna recriminación. Me citaba para después del desayuno a fin de concretar todos los aspectos de lo que llamaba un pacto de honor consistente, en esencia, en que me sería franqueado cualquier dato a cambio de la obligación por mi parte de mi absoluta reserva y de ir sometiendo cada fase de la redacción del libro a su escrutinio y a su ulterior aprobación.

La misiva de Cándido Espejo era copiosa en asuntos de

dinero. Precisaba pagos por capítulo y por página concluidos, y establecía una cláusula, así la llamaba, según la cual el monto del trabajo quedaba fijado en treinta mil reales. Únicamente pagaría cuarenta mil si, acabada la obra, la encontraba de su absoluta complacencia.

Por lo demás, su texto se remataba con una reflexión sobre los móviles de su biografía, contradictorios con lo que el día anterior me había dicho, en absoluto verosímiles y, por ello, indignos de mención.

Sus exigencias, pues, eran tan inaceptables que no dudé en asumirlas. La distancia entre sus pretensiones y las mías era la idónea para que no hubiera escrúpulos ni interferencias: Cándido Espejo tendría su libro y yo tendría el mío.

La segunda entrevista con el juez fue irritante y afanosa. Desde que volví a entrar en su dormitorio, me hizo notar que la nueva relación establecida entre los dos me reducía a un escritor a sueldo y casi al dictado. Ése a quien ayer llamaba sobrino era ahora para él una mano asalariada movida por un oído solícito a su voz. Realmente quiso hacerme sentir, y lo consiguió, el extrañamiento de aquellos cuya vida es vicaria porque no pasa de ser un mero territorio para empresas ajenas.

—¿Sabes taquigrafía, supongo? —me recibió hosco señalándome una silla y una mesa baja dispuestas junto a su cama.

Asentí arrastrado por la misma inutilidad de su pregunta puesto que los dos sabíamos que conocía la respuesta.

—¿El método Gabelsberger?

—El sistema de Boada.

—Bien —se alegró abriendo una sonrisa casi imposible en sus labios descarnados, convexos, semejantes a pico de gorrión—. Eso nos da ciento treinta o ciento cincuenta palabras por minuto y todas las necesito, así que sólo te queda firmar mis condiciones y empezaremos el trabajo ahora mismo.

Lo que Cándido Espejo llamó sus condiciones no era sino un pliego, dispuesto ya sobre la mesa, donde se recogía con interminables pormenores y en el lenguaje correoso de los juristas lo ya expuesto en la carta entregada por Bastida.

Después de firmar mi compromiso, entramos en los preparativos del libro, cinco o seis horas de trabajo en las cuales no llegué a sentir el pulso a mi voluntad. Retahílas de nombres, agrupaciones de sangres y caracteres o ramificaciones genealógicas que me llenaron la mañana de cansancio.

Cándido Espejo administraba la información en un discurrir desordenado, roto por enmiendas, digresiones y saltos en el tiempo. Sus recuerdos eran precisos pero no tenían el anclaje de las fechas y mis anotaciones iban reproduciendo una espiral de divagaciones que me costaría un buen tiempo poner en orden.

A las dos, entró Bastida con una bandeja donde había caldos, drogas y un plato con pollo hervido. El juez comió mientras hablaba y, al sumar las dos acciones, parecía masticar los recuerdos, revueltos con la carne, en la cavidad de su boca gelatinosa. Antes de acabar la comida, interrumpió de golpe su monólogo y se quedó dormido. Una banda de baba y de materia orgánica le empastaba el mentón en tanto sus dedos retenían un trozo de pan, empapado en caldo, que se deshacía resbalando hacia las sábanas.

Sentí vivamente que el decoro es una tierra común, que no basta con levantarlo en torno a la propia persona porque tiene la cualidad de los espejos y lo que degrada a un hombre, de algún modo impreciso pero cierto, acaba humillando a los demás. Con una servilleta, limpié la cara del juez, sus manos, le subí el embozo y salí del dormitorio recordando aquella frase del *Lazarillo* en la que se dice que muchas veces huimos de los otros porque en ellos nos vemos a nosotros mismos.

Lo último que he escrito sucedió anteayer, 5 de febrero de 1874, día en el cual cumplí treinta y un años. La triste celebración de ese día pudiera haber sido entrar en la subordinación a otro, el no poder de pronto justificar la evidencia de sentir mi mano vendida, rápida y dócil en las operaciones de acudir al tintero, hacer nacer los signos en el papel, espolvorear el talco de la salvadera. Una mano como articulada a la voz del juez para dibujarla, enajenada por una causa que, por el momento, en nada me interesaba.

Sin embargo, la tarde me trajo la tranquilidad suficiente como para empezar estos apuntes y disfrutar de un sol blancuzco que empastaba los verdes del valle y velaba los cárdenos y azules de la línea de las montañas. La peña de Iznatoraf, a cuyo cobijo está la Venta de la Madera donde me hospedé la víspera de mi llegada, aparecía con la contundencia de un cuerpo sólido que flotara en el cielo, semejante a un inmenso pedrusco incrustado en la nata de la tarde.

Comencé a tomar estas notas arrastrado tal vez por la convención de que los cumpleaños tienen un carácter de balance de lo vivido y por la necesidad de encontrar en la escritura una depuración de los hechos que, casi como un sujeto pasivo, estoy protagonizando. Busco que el papel me los devuelva con la distancia que necesita mi mirada para comprenderme.

Por consiguiente, aplacé las memorias del juez para escribir sobre el presente mientras observaba el atardecer desde mi habitación, bebía casi medio azumbre del Jerez añejo que me proporciona Margarita y fumaba un despacioso veguero de Vuelta Abajo. Por otra parte, el azar me trajo precisamente anteayer noticias de aquella mujer de Madrid de quien dije que se parecía al agua.

El postillón del correo llegó por la tarde con su carta llena de calor, de deseos y de memoria. El estado de agitación que me produjo fue tal que mientras leía lo allí escrito inventaba a la mujer oculta tras los renglones, la adivinaba y me mentía, falsificándola.

En la carta me llegó su recuerdo entero pero magnificado por la pasión con la cual ella lo vivía o deseaba prolongarlo en el futuro. Venían también evocaciones sobre amigos comunes, anécdotas, frases recuperadas por ella para mí, cosas en fin de poca importancia pero leídas con el exceso de voluntad de quien necesita oírlas.

Se puede amar a alguien en un momento si amar es reconocer que ese alguien te devuelve la armonía y tú, reconciliado, quieres integrar en ella a quien originó esa revolución de placidez y de exactitud. Sentir que lo disperso se aúna en un espacio donde las cosas toman sentido y que todo ese equilibrio nace de una cama revuelta, del sudor de una piel, de una lengua raseando por tu garganta o de un sexo de mujer donde parece rizarse la totalidad del mundo.

Saturio y Elías Seisdedos tuvieron una muerte sucia, indigna, quizá merecida. Hubo una saña tan brutal en el modo de asesinarlos que casi se hace incomprensible. Cada uno de ellos recibió un número de cuchilladas sin determinar aunque la mayoría de los testimonios hablan de cifras exageradas y, por consiguiente, sin valor para consignarlas. Sin embargo, lo que se me hace más difícil de aceptar no es tanto el número de las heridas sino que fueran casi todas inútiles, porque lo que el cuchillo de monte tajaba una y otra vez no era la resistencia de los miembros o el rebullirse de unos músculos con vida sino la carne yerta de dos cadáveres.

—La muerte debió de ser instantánea. Dos tajos precisos en las gargantas. Cuando un hombre fuerte mete una hoja de media vara en el cuello, el corte sesga sin dificultad las arterias, los tendones, el esófago y sólo se detiene, si lo hace, en las vértebras. Eso supone una parálisis súbita del corazón y una agonía fulminante. Mi experiencia en casos criminales me ha enseñado que los degollamientos son acaso muertes sin dolor pero aparatosas, faltas de compostura, manchadas por un caudal de sangre tan abundante que todo recuerda en ellas al trabajo de los matarifes.

Para llegar a las últimas palabras que acabo de transcribir, Cándido Espejo había interrumpido unas anodinas recreaciones de su infancia mientras hacía sonar la campanilla con el fin de pedir un par de copas de vino añejo y unas chacinas. En la espera, se había levantado de la cama para intentar unos pasos por la habitación que se le derrotaron antes de llegar a la chimenea. Se sentó en una butaca, sudando:

—Maldita salud.

Me encaraba con las cejas tirantes y una boca que se sumía dentro de sí y hacía que su bigote se descolgara en una raya oblicua. Era su modo teatral de imponer autoridad en lo que iba a decir. Tragó un aire ansioso y añadió:

—Recuérdalo: tienes el compromiso de acabar mi biografía, aunque la vida no me llegue para contártela.

De ahí, del miedo a la muerte, venía su desorden a la hora de dictarme y no, como creí al principio, de una memoria a la deriva o de un afán rencoroso de dificultar mi tarea. Quería el juez que yo tuviera un esbozo de todos los acontecimientos por si le faltaba tiempo para completar la narración pormenorizada de cada uno de ellos y eso le hacía moverse entre personajes y acontecimientos en itinerarios azarosos.

Llevábamos doce mañanas de trabajo. Mañanas intensas y letárgicas, hechas con sus evocaciones, a menudo sin puntos de interés pero siempre propicias a la autoaclamación. Más que una historia de familia, lo que salía de su boca era el cuerpo de un gigante bonachón, el de Cándido Espejo, multiplicado en actos afables y extendido como un soplo de clemencia por las páginas que crecían sobre la mesa de mi cuarto, donde yo trabajaba por las tardes.

En varias ocasiones había intentando discutir con él los problemas de verosimilitud derivados de tanta bondad para un solo personaje; de seguir así, le dije, su biografía sería una especie de libro sagrado y él una línea blanca sin más matices que los de su propio resplandor. La última vez que le hablé de ello, me conmovió con una respuesta que expresaba su modo, quizá no tan ingenuo, de dividirse. Lo dijo sin pudor, acaso porque en esos momentos debió de sentirse especialmente solo:

—Imagíname tú pequeñas insidias, alguna que otra debilidad comprensible, algún juguete medio malvado medio cómico, eso no estaría mal, pero no me pidas que sea yo el que rompa mi retrato.

Nunca, sin embargo, discutió la conveniencia de que en los tipos literarios hubiese contradicción y cambio. Al contrario, apoyaba esta idea con una sensatez ausente luego a la hora de aplicársela porque, con cada día que pasaba, el juez vivía cada vez más de ese modo desdoblado propio de los confesonarios, borrando con la mente lo hecho por la mano, negándose o aniquilándose, envolviendo el pasado con el papel de seda del deseo:

—Me es imposible recordarme de otro modo porque no puedo impedir que mi memoria sepa que me puede inventar, ¿comprendes?, que tiene la posibilidad de crearme a su voluntad.

Así pues, la primera vez que me habló de la muerte de los Saturios, interrumpió su piadoso monólogo sobre sí mismo, pidió vino y anduvo sin mucho éxito por la habitación.

—Deja esa condenada taquigrafía. Nada de lo que te voy a decir ahora es para meterlo en los papeles sino para darlo al olvido.

Sin embargo, lo que un poco después me contaría no añadió nada nuevo a lo por mí conocido porque, por entonces, el pacto con el juez —que este cuaderno, y la posible novela que de él salga, incumple— ya me había abierto el acceso a los hechos subterráneos que persigo. Desde el día en el cual me convertí en escritor a sueldo, Cándido Espejo se atuvo a lo prometido y no dejó de facilitar mis contactos con los informantes que yo juzgaba necesarios. Resultó especialmente valioso un anciano, vitalista y compulsivo, pastor de la casa, llamado Deza. Pero fue quizá la lengua fácil de Margarita Seisdedos la que mejor llenaba los huecos dejados por el discurseo edificante de su marido.

Cuando llegó el refrigerio, el juez se distendió y me invitó a brindar:

—Por el libro —sonrió—. Por, como tú tal vez estés pensando, acabe pareciéndome a él. O, por lo menos, porque estas memorias acaben siendo mi futuro.

Chocó su copa con la mía, olfateó el vino mientras entrecerraba los ojos, como arropando el aroma bajo los párpados, y titubeó antes de añadir:

—Y por que tú llegues a ser lo que un día fuiste: el escritor útil a la moral que hoy aparentas ser. Es posible que los dos logremos merecer el libro.

Cándido Espejo no terminaba de encontrar la actitud que debería tomar ante mí. En los momentos en los cuales se sentía animoso, trataba de buscar mi complicidad pero, más que mi escurridiza disposición, lo contenía un no estar seguro de quién era yo y un presentir la discrepancia de ese pariente lejano que, con docilidad apenas desmentida por algunas preguntas insolentes, apuntaba la imagen coloreada de su vida y la de sus allegados. Eso le hacía reprimir sus expansiones, embutiéndolas en sonrisas limitadas o en unos ojos de recelo, analíticos e inseguros, que latían un momento para acabar cuajándose en esa especie de desagrado fijo con el cual me sopesaba sin cesar.

Pasado el intento de connivencia, ahí estaban de nuevo sus pupilas inmóviles apuntándome desde el mismo centro de las otras pupilas mayores de los anteojos:

—Lo que te voy a contar ahora es uno de los pozos negros del recuerdo. No quiero que escribas nada. Escucha.

Lo oí narrar la muerte de los Saturios mientras observaba la forma en que hacía avanzar su relato, tanteando con cuidado entre las palabras, ensamblándolas con mimo, regresando sobre ellas para disminuirlas o recrecerlas. Hablaba como quien navega entre arrecifes hasta acabar, casi indemne, con esa consideración técnica ya apuntada del poder de destrucción de un cuchillo de monte sobre el cuello de un hombre.

La distancia entre su narración y la exactitud de los hechos era parecida a lo que media entre la realidad y la forma de percibirla —sin detalles, sin aristas— por los ojos dulces de los miopes.

A Saturio Seisdedos y a su hijo, Elías, los asesinaron una noche de calor y viento en el verano de 1836. Sus muertes tuvieron sin duda un carácter de vindicación de otras muertes. Habían vivido como hongos necrófilos sobre la comarca y lo pagaron de un modo que sorprende por su brutalidad y por algún aspecto de orden sacrificial: entre la proliferación de sangre y de heridas, a todos los testigos les llamó la atención dos ramas de perejil que, semejantes a un vómito verde, brotaban de las bocas de los dos cadáveres. Ese detalle y la disposición casi simétrica de las cuchilladas y de las posturas en las que colocaron los cuerpos hace pensar en un asesino con el odio suficiente como para meter elementos de razón en la muerte y darle el valor de eternidad que tienen los símbolos o los rituales.

—Murieron en una casa de mujeres —me contó el pastor Deza—, encenagados en la tierra del corral, como cerdos. Así se sirven aquí los lechones por las Pascuas, abiertos en canal y con ramos de perejil taponándoles los hocicos.

Fueron asesinados en el prostíbulo de Maribaila, el día 3 de agosto de un año de sequía y de escasez cuando parecía que el calor extremo del verano había aletargado las protestas de los campesinos por la carestía del pan. Los encontraron en el corral, desnudos sobre colchones mugrientos, en posiciones semejantes. Estaban derrumbados sobre las caderas y se daban la espalda, tocándose apenas a la altura de los omóplatos por donde parecía pasar un eje de simetría porque ambos doblaban la rodilla derecha, adelantaban un brazo y acurrucaban las cabezas sobre el esternón como si huyeran el uno del otro, iniciando una carrera hacia algún lugar donde la soledad pudiera con la muerte.

—¿Maribaila? —se entristecía Margarita cuando le pregunté—. Maribaila fue una de las pesadillas de la abuela Nieves porque ella la dejó sin hombres, sin marido y sin hijo, y la hizo más infeliz y menos mujer.

He podido saber que Ernesta Aspitarte, Maribaila, vive hoy en Andújar. Ahora no debe llegar a los sesenta años. En aquel verano del treinta seis, debió de ser una joven hecha de ambición, de lujuria y de certera inteligencia para lo práctico. También, de una belleza cetrina y elástica, montaraz, al parecer incontestable.

—Nombrarla todavía —me comentó el hijo mayor del pastor Deza— es nombrar a la hembra, a las hechuras que deben tener las hembras.

—Mi abuelo Saturio —transcribo palabras de Margarita— se encaprichó de esa mujer. Se la trajo, a ella y a su madre, desde su pueblo, Andújar, a una villa que el abuelo compró a un capitán de dragones, una casa grande y vieja, cercana al camino de Albacete, en las proximidades de Mogón. Nunca he visto ni veré esa casa pero puedo decir que la he imaginado tanto que la conozco casi de memoria.

Saturio y Elías Seisdedos recalaban allí de cuando en cuando, convirtiendo el caserón en una especie de lugar de recreo donde a veces llevaban a amigos y deudos políticos. Con el tiempo, Maribaila pudo romper esa privacidad y llegó a contar con cuatro mujeres, si no bellas, sí avezadas en los artificios de la hermosura hasta el punto de atraer con regularidad a los viajeros o provocar el viaje de una clientela cada vez más ramificada y distante.

Al parecer, aquella noche del 3 de agosto, aparte de los dos escopeteros contratados para defensa, no había más hombres en la casa que los Saturios. El calor los había echado a los corrales donde sacaron los colchones tratando de buscar aire. Dormían uno junto al otro, desnudos, posiblemente satisfechos y borrachos, cuando alguien saltó la barda, los degolló en silencio y se entretuvo en aparejar los cuerpos como si fueran víctimas propiciatorias para algún dios de antropófaga crueldad.

—Uno de los escopeteros que defendían a las mujeres —me contó el pastor Deza— salió esa noche a aliviarse a los corrales. No corría viento y estaba todo tan tranquilo que ni siquiera se oían los grillos. Pero, de pronto, se asustó sin saber todavía por qué hasta que miró al suelo y le pareció que orinaba sangre.

Los dos Saturios tenían los estómagos abiertos y los cuellos tronchados por sendos tajos transversales. La sangre derramada había impreso sobre los jergones la forma de sus cuerpos y se había deslizado hasta empozarse al pie de la cercana barda donde se mezclaba con los orines del escopetero.

—¿Quién los mató?

Cándido Espejo parecía haber estado esperando la pregunta. Pasaba las yemas de los dedos por el borde de la copa y echaba los ojos tristes sobre el vino. Bebió un poco y retuvo el líquido, como masticándolo, en su boca de labios lisos, puntiagudos, que se me antojaron casi óseos en contraste con el bigote. Imposible no pensar en un extraño pájaro embuchando agua. Su cabeza se agitó para mirarme:

—¿Que quién los mató? Seguramente la envidia. O tal vez la ambición. Muchos pudieron sentirse agraviados con mi suegro y su padre, muchos pudieron asesinarlos o pagar a los que lo hicieron. El poder siempre crea infiernos porque para el pueblo es imagen de la gloria.

—¿Anselmo Feliú? —pregunté.

—¿Qué sabes tú de Anselmo Feliú? —se revolvió el juez.

En seguida comprendió que había puesto demasiada sangre en su modo de reaccionar, carraspeó y, conciliador, hizo un esfuerzo por formar una sonrisa de máscara:

—No, no fue Anselmo Feliú. Esa imputación fue la que convino en su momento y así se puso en el sumario. El juez de Villacarrillo, que lo instruyó, prefería los favores y las prebendas a los problemas. Pero Anselmo era un santón, uno de esos predicadores de la revuelta social sin agallas para revolverse contra nadie. Un iluminado sin demasiadas luces en el cerebro, sin nervio para la vida y, menos aún, para la violencia.

El retrato que acababa de trazar el juez de Anselmo Feliú le hace sólo en parte justicia. Por lo que sé, Anselmo debió de tener una inteligencia sólida, un tesón sin paliativos y una sutileza especial para colarse en el ánimo de las gentes. Recorría la comarca haciendo trabajos temporeros y extendiendo el credo de la mundialización de la justicia, unas ideas que, por aquellos años, debían de parecerles a los campesinos pedazos del paraíso y resonarles con toda la pureza de lo nuevo.

Cándido Espejo empleó todavía algunos minutos en dar cuerpo a una reflexión pedestre, construida a base de un par de tópicos sobre el orden natural y la conveniencia de que cada hombre se atenga a su condición y a sus capacidades. Después apuró el vino, se levantó del sillón y se mantuvo en pie con cierto desequilibrio que lo obligó a buscar el sostén del apoyabrazos.

—En el sumario, se dio por definitivo lo declarado por Evaristo Román y sus dos hijos que la noche de los crímenes quemaban rastrojos cerca de la mancebía. Evaristo testificó que fue un solo hombre el que saltó la tapia de la casa de Maribaila y tanto él como sus hijos dijeron haberlo visto correr, ensangrentado y dando tumbos, por la cañada que baja al Guadalquivir. Según lo que los Romanes firmaron en el sumario, el fugitivo era un hombre delgado y rubio, de talla mediana, que amagaba la cara contra el viento sin volverla ni una sola vez en la huida, tropezaba, se retorcía y se estrujaba continuamente la camisa como si tuviera metidas ascuas entre las ropas y el corazón.

Alborotó el juez las manos en torno a su cara para mostrar la fuerza de su disgusto:

—¿Es ése un lenguaje de campesinos?: *Como si tuviera metidas ascuas entre las ropas y el corazón,* ¿acaso habla así un testigo analfabeto? Pero literalmente, lo recuerdo a la perfección, eso es lo que se recoge en las diligencias: *Como si tuviera metidas ascuas entre las ropas y el corazón.* Engañifas, literatura. Fíjate también en esos detalles elegidos como una trampa para transmitir realismo: la carrera, la camisa ensangrentada, las ascuas del remordimiento. Así, con literatura, se construyen las mentiras. No hay más que fabricarse un buen cebo de palabras para que se muerda el anzuelo, sólo, que en este caso, el cebo está demasiado elaborado para que saliera de las manos de un tal Evaristo Román, arrendatario de unas hazas de labor de los Seisdedos. Después, sigue el sumario con la pregunta de rigor, ¿reconoció a ese hombre?, y, uno a uno, Evaristo Román y sus dos hijos responden lo mismo: sí, lo reconocí, era Anselmo Feliú.

Abundó Cándido Espejo en algunas particularidades sobre Anselmo que me interesa recoger. Era hijo único de Antonia Peña, una mujer que, al enviudar joven, se acogió a El Torreón y aquí trabajó como cocinera e hizo las veces de confidente y criada de compañía de Nieves Torralba, la mujer de Saturio Seisdedos. Nieves, la abuela Nieves, como siempre la llaman Margarita y el mismo Cándido Espejo, la protegió sin saber que protegía también un remordimiento porque nadie pudo arrancarle nunca la idea de que Anselmo fue el asesino.

—Pero ya te he dicho que es imposible que ese infeliz matara a nadie. Hay un tipo de redentores, los que verdaderamente lo son, que sólo saben ser víctimas. Es más, parece que Anselmo estaba por entonces herrando las yeguadas de la casa y que esa noche del 3 de agosto de 1836 durmió aquí, en las cocinas de su madre. Eso es, al menos, lo que declararon, a pesar de las presiones, algunos de los peones. Y así debió de ser aunque Rafael anuló esos testimonios con el de los Romanes y con un puñado de testigos que afirmaron lo contrario.

Era la primera vez que el juez nombraba a Rafael Seisdedos, el hermano mayor de Margarita. Cuidadosamente había ido esquivando su nombre en ese su merodeo por el recuerdo de donde regresaba con una colección de patrañas que yo utilizaba para falsificar su vida y, de algún modo, la mía pues soy yo el instrumento de la impostura.

Al instante, recordé la ropa, los ungüentos, las maquetas de máquinas agrícolas y los cuadros de Rafael. Recordé el óleo de aquella adolescente, pintada por él, que se desnuda levantando un movimiento de luz y carne sobre el vestido negro. He pensado muchas veces en ese cuadro, en la precisión de sus volúmenes o de su cromatismo, en la anomalía que representaba junto a la mediocridad de los otros lienzos: una muchacha delicada y hermosa, alguien que consigue ser un verdadero pintor para ella, quizá sólo por unos días, los suficientes para sorprender su frescura en la penumbra de un tocador que es con seguridad el que hoy está en el dormitorio del juez. Aquella pregunta, ¿quién era esa adolescente?, imposible de hacer por entonces a Margarita y cuya respuesta he tratado de ir componiendo a base de frases más o menos esquivas, que apenas puedo hoy hilvanar en un todo completo y de aceptable coherencia.

Por consiguiente, casi pude anticipar con exactitud la reacción de Cándido Espejo antes de hacerle la pregunta:

—¿Por qué compró Rafael esos testimonios?

El juez pareció no oírme. Se levantó del apoyabrazos ordenándose la bata que siempre, incluso en la cama, llevaba puesta, una bata verde, guateada y sucia, cuyos brillos mugrientos hacían pensar en algún error incomprensible al contrastar con la pulcritud de los pijamas y con los destellos del embozo de las sábanas. Dio algunos pasos desorientados y, despacio, levantó una mano, reclamándome:

—Necesito un poco de reposo, ¿podrías tener la bondad de ayudarme?

Al sujetarlo, noté su complexión frágil, hecha de huesos

y cartílagos, que, en seguida, cuando su cuerpo tomó movimiento, se endureció con un vigor inesperado. Aún llevaba encima el olor pantanoso de la enfermedad a pesar de que, cada mañana, el gigantón Bastida lo afeita, lo refriega con la esponja y lo vigoriza con alcoholes aromáticos.

—¿Acaso he dicho yo nada de Rafael ni de compras de testigos? Hablamos y hablamos y, al final, la conversación nos domina y acaba llevándonos a donde ella quiere porque no era mi intención decir nada sobre Rafael. Ya nos ocuparemos de él. En su momento, le dedicaremos un par de páginas con algunos párrafos de relumbre donde se hable de sus estudios de agricultura, de sus manías de ilustrado rezagado y de cosas de ese jaez. Ya te las dictaré.

Estuve ayudándolo a echarse en la cama mientras oía su jadeo. Las gotas de sudor sobre su frente me transmitían una sensación de frío.

—Sigamos —quiso animarse con una voz sin control, removida por el hecho de recostarse sobre los almohadones.

Me senté a la mesa, esperando. Tomé de nuevo la carpeta, la pluma, dispuse el tintero, coloqué a mano la salvadera, y aún estuve aguardando a que se decidiera a recomenzar. Boca arriba, al parecer sereno, el juez miraba al techo. Pero algo le preocupaba, algo que —empezaba a conocer los ciclos de su carácter— en seguida iba a llevarlo a romper la quietud para encararme con el tono desabrido, de neurótica severidad, con el cual redimía sus debilidades:

—Tengo que hacerte una advertencia y, cuanto antes, mejor. Me parece que empiezas a saber demasiado y puede que ése no sea el mejor camino porque es un camino que debes luego desandar, ¿entiendes?, y hay caminos sin retorno. Es fácil que el conocimiento o la memoria nos traicionen. Por eso, tengo que recordarte que tienes el compromiso conmigo de olvidar todo lo que yo no te autorice a meter en mi libro. Recuérdalo: lo demás no existe ni existirá nunca. Has empeñado tu palabra en ello.

—Así es —salté con tanta prontitud que mi cinismo me pareció natural—. Mi palabra y mi firma.

Cándido Espejo perdió de golpe la tensión que se apoderaba de él cuando pretendía exponer algo incontestable, esa manera suya de adelantar exageradamente la cabeza sobre el cuerpo, como una tortuga, batido por temblores en su afán de apoderarse de las cosas.

—Bien —casi suspiró mientras se replegaba—. Dicho queda.

Iba a añadir algo al respecto pero se le vio desconcertado por la contundencia con la cual corroboré mi compromiso.

—Dicho queda —musitó de nuevo.

Y cambió a un registro de urgencia para decir:

—Ahora, ocupémosnos de otra cosa. Tenemos que arreglar esas muertes, la de mi suegro y su padre, sin que pase ni un solo día más. No quiero en mi libro ninguna página manchada de sangre o de venganza, así que hay que sustituir los asesinatos por otro modo más digno de morir. Escríbeme tú un accidente, algo creíble y fortuito, inventa circunstancias, detalles razonables que lo pongan en pie, y me lo traes mañana para mi aprobación. Ya sabes cómo has de hacerlo: que nada parezca deliberado porque tienes que imitar la vida y la vida es siempre azarosa.

Se aclaró la garganta con una tos provocada y se tomó unos segundos antes de concluir:

—Ahora vete y ponte a ello. Por favor.

Por la tarde, en mi cuarto, estuve redactando lo que me pidió envuelto en una sensación de incredulidad porque no había previsto que yo pudiera estar contribuyendo a sus falacias con una disposición de ánimo neutra, mecánica, vacía de interferencias. Tampoco, que el juez quisiera abrir tanta distancia entre los hechos y su representación aunque sabía que en el fondo él ganaría el pulso a la pequeña historia local porque, pasadas una o dos generaciones, la versión de los hechos que viniera desde los testigos sería pura fantasía oral, meras salvas de palabras ante la tozuda fijeza de lo escrito.

Como digo, redacté una versión de las muertes, blanca y vergonzosa, sin mayores problemas de adaptación, admirado de mi eficacia para la mentira y para sobrevivir en este estercolero de la conciencia donde voluntariamente me he metido. Lo que escribía, pensé, era auténtico porque yo llegué a creerlo mientras lo imaginaba y porque está tan lleno de un sentido corrector del desorden de la vida que a todo el que lo lea le convendrá creerlo.

Cuando hube acabado, se me fue imponiendo una idea cada vez con más fuerza: el empeño de Cándido Espejo bien pudiera representar el deseo inconfesado de todo novelista, el de encarnar no una metáfora de Dios sino a Dios mismo, a alguien dotado de potestad para suprimir o rehacer, para ignorar o dar vida, pero no a las sombras de un mundo de letras sino a personas con piel y nombre propio, hechos de una materia real que sus manos, blanquísimas sobre la pringue de su bata, moldean sin tregua agitándose en el trono de la cama.

Vista de lejos, la catedral de Jaén semeja una gigantesca cabeza de piedra emergiendo entre la espuma de la ciudad. Impresiona al viajero la desatinada mole entre las casillas blancas porque en su escala hay algo de desmedido o de avasallador, como si se hubiera hecho para despreciar a quienes la miran o para recordar la miseria necesaria para construirla.

No obstante, toda esa exhibición del olvido de los que no tienen, o del recuerdo de su sometimiento, es también imagen de lo mejor del hombre: la capacidad de crear un espacio aparte, salido quizá del sueño de negar la condición humana, de ser más, de intentar redimirse de la imperfección a través de las proporciones y la belleza. Probablemente, estas obras excepcionales se entienden mejor pensando en la grandeza de un Luzbel, exaltador de sí mismo, que en apocados católicos, exaltadores de su temor al más allá.

En los bocetos de las hojas precedentes, he dejado una mínima muestra de su multiforme armonía. El primero reproduce la fachada principal; el segundo es un ejemplo de la buena ejecución de los relieves que revisten gran parte de su superficie y, en el tercero, puede verse el equilibrio renacentista de la sacristía, debida a Andrés de Vandelvira.

El último dibujo es del puente del Obispo junto al cual la diligencia que me trajo desde la Venta de la Madera hizo una parada para la comida y el cambio de postas. Es un puente renacentista, de piedra sillar, recortado y vigoroso. Está a dos leguas de Baeza, en el valle del Guadalquivir, cercano a una venta deleznable donde hubo que esperar a los viajeros procedentes de los lugares circundantes. Ese lapso es el que aproveché para hacer el bosquejo bajándome a la ribera desde donde los ojos del puente completan su círculo sobre un río remansado. El papel impreso que he dibujado en primer plano es una hoja de la *Ilustración Española y Americana* que casualmente flotaba junto a la orilla, retenida por los juncos. Procuré que en el boceto se vieran los titulares de la noticia: la caída del último cantón que resistía, el de Cartagena, y la de la ya lejana fecha, el 12 de enero, en la cual se produjo.

Me interesó esa imagen de derrota flotando en el Guadalquivir y, en contrapunto, el puente fortificado, con su torre de sillería y sus recios tajamares. Una construcción militar del siglo XVI, intacta a través del tiempo, contrastando con las esperanzas de papel de otra revolución más que se deshacía sobre las aguas.

Ahora tengo delante la noticia de la *Ilustración* que rescaté del río, mientras escribo estas líneas miro el grabado que acompaña al texto donde se ha recogido al general López Domínguez entrando en una Cartagena derruida sobre una jaca blanca, y ese color y su orgullo de jinete victorioso se me hacen incompatibles con las ruinas por donde atraviesa y con los escombros que pisa. Todo es hierros retorcidos, cascotes y derrumbes, y, aunque el grabado quiere reproducir el triunfo de un logos nivelador, duplica una de las caras de la abyección porque lo que pisotea el caballo de Domínguez no es la injusticia ni el abuso ni la diferencia entre los hombres sino la posibilidad de una federación de pueblos atados por la ayuda mutua y por la igualdad social.

En estos doce días que llevo en Jaén, he tenido oportunidad de ir conociendo los últimos acontecimientos de nuestro país con la misma sensación de desencuentro con la cual confirmamos nuestras peores intuiciones. El gobierno de Serrano se mueve hacia donde apunta el sable de Pavía y arranca de raíz la cosecha del verano federal, la Constitución está en suspenso, se prohíben los ataques públicos a la monarquía y los partidarios de Alfonso XII medran mientras a los anarquistas se les van poniendo cepos en las cárceles.

Por otra parte, este régimen, salido de militares que cometieron la villanía de apuntar con sus fusiles a los diputados, es incapaz de acertar con sus tiros a ese mal sueño del carlismo, un puñado de sotanas medievales pastoreando a hombres que piden, sin vergüenza, privilegios para su región. El 22 de enero los carlistas tomaron Portugalete y, ahora, recrecidos, tienen cercada Bilbao. Por el contrario, nuestros fusiles sí parecen tener tino allí donde se levanta cualquier signo de liberación: en Cuba no dejan de ganar batallas a quienes quieren abolir la esclavitud e impedir que la metrópoli los esquilme.

He anotado que llevo doce días en Jaén pero no los motivos de mi viaje. Lo anticiparé en unas cuantas palabras: llegué a Jaén el 19 de febrero buscando una épica para los Seisdedos.

Saturio y Elías Seisdedos estuvieron aquí combatiendo a los franceses en la guerra de la Independencia con tanta fortuna que más tarde basaron parte de su poder en esos hechos de armas y, de ellos, quiere también Cándido Espejo sacar un prestigio colateral y nutrir la parte más pretendidamente gloriosa de su historia de familia, aquella donde abundará la sangre cuyo fulgor en este caso no le parece ominoso sino más bien un estandarte para enarbolarlo en lo más alto de su libro:

—Ya que mi suegro y su padre se destacaron en la defensa de Jaén, quiero hacerlo valer en todo su esplendor. Lucharon allí como auténticos patriotas haciendo tanto daño al enemigo que tomaron fama de feroces, de odiar hasta tal punto al invasor que parece ser que un síndico de la Junta de Jaén les discutió luego las condecoraciones por haberse ensañado con los prisioneros.

Ese halo de gestas rotundas, de violencia bendecida por cruces y banderas, sí le parece al juez encomiable aunque quizá tuviera razón cuando me comentó que la guerra contra los franceses, de la que han pasado apenas sesenta años, tiende a verse hoy como un rito, muy lejano, de salvación colectiva pues las guerras donde hay invasores son guerras con enemigos reconocibles y es el concepto de lo ajeno el que forma el concepto de lo propio. Son los enemigos, reales o imaginarios, los que hacen a las patrias.

—Así que necesito fechas, nombres, lugares y todo tipo de pormenores. Cualquier minucia que puedas investigar nos puede servir. Después, me tendrás que escribir eso con cierta pompa, ya sabes, echarle fanfarrias, incienso o lo que haga falta para sacar un buen puñado de páginas con verdadero aire de poema heroico.

En consecuencia, esto es lo que he venido a hacer en esta ciudad: recolectar los dudosos laureles de los Saturios para coronar a un juez.

Mi empeño por encontrar en Jaén a una persona, que puede justificar el viaje desde mis intereses, está resultando infructuoso.

Vive aquí alguien que tuvo protagonismo en los hechos de Aroca, el padre Expósito. En torno a este personaje, he ido recogiendo numerosas alusiones, aunque a veces repetitivas, contradictorias o inverosímiles, y, a la postre, casi inútiles. Todos se refieren a él llamándolo con tanta constancia padre Expósito que me ha sido imposible averiguar el origen de los apellidos —Ruiz Fuentes— con los cuales figura en todos los registros de la iglesia. Sé que fue párroco de Aroca, protegido del menor de los Saturios, Elías Seisdedos, y casi con seguridad hijo bastardo suyo. Pero ni siquiera el pastor Deza, ni el dinero con el cual compro su información, ha podido añadir apenas más contenidos a lo ya expuesto. No obstante, antes de emprender viaje hacia aquí, Deza vino a verme:

—Si, como me han dicho, va a Jaén, pregunte en la calle del Arrabalejo por Esteban Molina, un pariente mío que es arriero. Él me dijo el año pasado que ese demonio del padre Expósito todavía está coleando en algún rincón de Jaén. Hable de parte mía con Esteban, que él le dará el norte.

El pariente de Deza es, con poco margen de error, uno de los contrabandistas de la localidad que cargan en Linares sus recuas con plomo para munición, lo llevan a Sevilla y regresan con sus mulas sepultadas por fardos de tabaco, no todos con el timbre de las Reales Fábricas.

Desde que llegué a la ciudad he estado yendo cada noche, cuando acabo mi trabajo, a su casa, pero siempre sin resultados.

Me abre la puerta una mujer joven, de pechos temblorosos que parecen tener correspondencia con sus ojos, verdes y como removidos por el recelo. Su marido, me dice, ha ido a Sevilla con sus mulos pero ya tiene que llegar de un día para otro, ¿por qué lo busco?, ¿acaso se ha metido en algún asunto malo? La tranquilizo, le cuento, contesto a su interés por la vida en Aroca, por el pastor Deza y sus hijos, le pregunto, ¿sabe ella tal vez algo de un tal padre Expósito? Al día siguiente, se repiten variantes de la misma escena, ¿por qué tanta insistencia?, ¿de verdad no está su marido metido en cosas con la justicia?

Me gusta esa mujer, sus caderas, su modo de mirarme con chispazos de una ansiedad trasladable a los caprichos de mi deseo, sus brazos, llenos de proporción, que permiten adivinar unos muslos sinuosos o una desnudez blanca, de esbelta energía.

Anoche, cuando iba a su casa, reparé de pronto en mí. Me vi afeitado por segunda vez en el día, vestido con una capa recién planchada y con la levita color tabaco que no me había puesto desde que salí de Madrid; me vi llevando en la mano una libra de bizcochos de almíbar en tanto caminaba hacia la casa de un arriero cuya mujer el día anterior había preparado una tisana para mi resfriado mientras me contaba alguna circunstancia de su vida y me sonreía al decirme su edad. Me pregunté a qué iba realmente, consideré incluso algunas consecuencias negativas que podrían derivarse de mi propósito y por unos momentos estuve a punto de desistir, pero volví a verme de nuevo andando con decisión y, como si temiera al pensamiento y quisiera dejarlo atrás, no dejé de apretar el paso hasta golpear la aldaba de una puerta en seguida abierta por una mujer de pechos temblorosos que parecía haber recorrido un camino convergente con el mío: su pelo, recién peinado, se anudaba con una cinta azul cobalto, de un color similar al de su corpiño nuevo.

A mi llegada a Jaén, me hospedé en una fonda antigua y hermosa, fría, de inaceptables condiciones a no ser por el cuarto donde pude al fin instalarme, una habitación construida sobre unos soportales que hacen volar sus balcones hacia la plaza de San Francisco. Desde mi mesa de trabajo, veo los cambios continuos de la plaza, los cajones llenos de verdura que desbordan al recinto del mercado o los rojos crudos de las reses abiertas en canal en la puerta de la carnicería, oigo el incesante entrecruzarse de voces, el retumbar de los carros sobre el arrecife del suelo o el chapoteo de la fuente taza y el otro más recio de la caída del caño sobre el pilar del fondo donde abrevan las caballerías.

Todo es ahí abajo un abejeo de sensaciones, charcos de despojos, humeo de vísceras, brillos de fruta, olores y suciedad, pedazos de imágenes y gritos desencajados. Sin embargo, esa exaltación me serena porque es como si viniera a llenar aquel hueco liso de la nieve, los pasillos de la cortijada, las puertas sin uso o la voz pegajosa del juez desbordando sus azúcares en mi oído y en cada uno de los renglones que para él escribo.

He traído cartas de recomendación de Cándido Espejo que me han facilitado la entrada al archivo de la catedral y a otros fondos documentales, como los de alguna cofradía y los de la familia Enhiesta-Diz. Especialmente predispuesto se ha mostrado el arcediano de San Francisco, cuyas informaciones me están siendo de considerable utilidad. Por las tardes, me ocupo de recorrer la letra minuciosa, a veces imposible, de los archivos para ir rellenando las fichas a las que a la mañana siguiente doy forma en la posada, sobre ese pozo de voces e irisaciones que es la plaza de San Francisco.

Así pues, mi tarea de estos días es enaltecer a lo que cada vez más se me presenta como una inmensa gusanera, las vidas de Saturio y de Elías Seisdedos y, en ese empeño, me veo obligado a dejar una estela de parabienes sobre una guerra equivocada hecha con el fin de devolver el trono a un rey equivocado, zafio, grasiento e indigno, un rey cuyo nombre, Fernando VII, voy repitiendo con fervor hipócrita en los cuatro capítulos que estoy rematando para Cándido Espejo con la pretensión de que tales derroches sean una presa suficiente para el juez y puedan justificar los veintidós días que llevo ya en la ciudad.

Por lo demás, paseo por unas calles laberínticas y salpicadas de fuentes que faldean hacia el castillo de Santa Catalina, desde donde las murallas se abren en su caída para envolver a un caserío sin demasiado relieve, encalado y homogéneo. Cada anochecer voy al café instalado en el palacio de Villardonpardo, de artesonado mudéjar y cristaleras emplomadas que dan a patios llenos de una vegetación descarnada por el invierno. Todo allí tiene un aire de sobrevivencia que parece haber contagiado a los parroquianos con quienes, a veces, entro en tertulias de difícil desarrollo, lastradas por ideas con demasiado polvo en sus ejes de tracción.

Y vuelvo con puntualidad a la montaña tallada de la catedral, la rodeo, entro, la recorro tratando de comprender cada uno de sus relieves. Hay algo en ese edificio que me llama para subordinarme y excluirme, como si la precisión de sus naves o de sus bóvedas reflejasen lo que nunca seré, lo que nunca podremos ser: sistema, norma, equidad. Porque tal vez toda obra de arte esté hecha sin ni siquiera proponérselo de un principio de exactitud, de una moral o de una justicia de la geometría, incompatible con el desorden de la vida. Con ese principio se arma, por ejemplo, una novela la cual, si es buena y con independencia de su contenido, estará siempre sostenida por la ética de la que hablo, la de las líneas, la de los números o el equilibrio.

Mi acoso diario a la catedral se prolonga por las noches en otro acoso paralelo a la mujer de Esteban Molina, el pariente de Deza, a quien recuerdo ahora de un modo tan intenso que es como si mis manos tocaran el vacío.

No hubo casi necesidad de palabras desde un principio porque, según anoté, cierta noche fui a su casa sabiendo con seguridad a qué iba mientras intuía que ella me esperaba de un modo nuevo, hecho también de conocimiento, y, cuando me abrió la puerta, los dos pudimos confirmarlo en mi atavío excesivo, en su traje de fiesta o en los dulces de almíbar con los cuales quise abrir su voluntad sin que fuera necesario pues ella los aceptó sin amonestarme, como si ya los hubiera previsto.

La casa olía a vapor, la palancana aún estaba sobre la mesa, llena de agua espumosa, y ella traía en su pelo mojado un fuerte aroma a esencias de plantas de monte. Desprendía tibieza y exuberancia, y toda su cabeza brillaba bajo el candil.

—Me han mandado recado de que Esteban no llega hasta pasado mañana —se alegró mientras me tomaba los dulces.

Se dio cuenta de que me había sonreído al decir *no llega hasta pasado mañana*, y quiso corregir su espontaneidad con un tono distante cuando añadió:

—Siéntese. Voy a preparar algo caliente para acompañar los dulces.

Pero, mientras se alejaba, sentí la evidencia de los momentos siguientes en la cinta cayéndole sobre la nuca, en la agitación de la saya, en los andares decididos, libres del apocamiento de días anteriores, sabios en la afirmación y en la llamada. En circunstancias semejantes, la espera es la que debe resolver, dejar que tu ansiedad se desenvuelva despacio por un camino que la disfrace de mero deseo mientras se achica la pasión de la mujer hasta que aparente no existir para que la mujer no se humille por ser mujer. Pero, más que desvíos, quise evidencias.

No me senté. Sigiloso, la seguí a la cocina para mirarla mientras, sin que hubiera advertido mi presencia, ponía los dulces en un plato, se afanaba con el soplillo para encender el fuego, canturreaba, se componía el corpiño y se agachaba un momento para sacudir la ceniza de sus zapatos de fiesta, unos zapatos de badana que ella misma había entelado esmeradamente con lienzo negro. Luego la vi tomar un bizcocho y mordisquearlo con placer en tanto llenaba un cazo con agua del cántaro, lo ponía en el fuego y, creyéndome en la otra habitación, alzaba la voz y se daba la vuelta para preguntarme cómo seguía del resfriado.

—Estoy aquí —dije.

Y la mujer entendió.

Noté en mi lengua el sabor del dulce que ella masticaba, el almíbar, su saliva, y un gemido de miedo y gozo vibrándole en la garganta.

La arrastré hasta el poyete, aparté telas y deshice lazos hasta que mis manos cayeron sobre una carne blanca que se convulsionaba con el tacto. Había tal tensión en su cuerpo que todo él se descomponía en arcos y ráfagas, su boca parecía no encontrar el aire y sus dientes avanzaban para morder mis labios con voracidad, hasta hacerme daño. Mientras yo me desnudaba, veía fulgir sus ojos y me llegaba su ronroneo descompensado, casi de angustia, una vibración de gozo y de impaciencia que no le cabía en la garganta y le crepitaba en las fosas nasales de un modo primitivo, como jamás he conocido.

—No, no, no —se retorció cuando volví a acariciarla.

No obstante, metía las negaciones en un jadeo tan derrotado que las convertía en síes sin contestación.

—Tranquilidad —le susurré—. No hay nada que temer.

Y por unos momentos volvió a hincar sus dientes en mis labios, desesperadamente. Pero, casi de inmediato, me empujó con una resolución inesperada.

—No —chilló.

Y, esta vez, el tono era hosco, definitivo.

Sus manos empujaban a mis hombros y mantenía los brazos extendidos confluyendo en una cara rijosa que no conseguía del todo serenarse ni acompañar a su voluntad de rechazo.

—Vamos —le susurré—. Vamos.

Ahí estaba su expresión a medio hacer, los ojos sin rumbo, la boca dilatada, palpitando, y, más abajo, el otro pálpito de los pechos, su cabeceo blando sólo desmentido por las aureolas erizadas.

—Calma, serénate —le sonreí.

Me dije que las indecisiones suelen tener su costo. Por unos segundos de vacilación, a veces he creído cerrar en mi vida ciertas puertas favorables. Y mis manos volvieron a recorrerla y su cuerpo a ondularse bajo el roce de los dedos, como si le escociera mi contacto. Me volvió a llegar ese sonido de placer que le salía de lo hondo del instinto, ansioso y mantenido.

—Déjeme —pudo al fin recomponer la voz.

—No. —Hice un esfuerzo por apartar mi excitación—. Acabemos lo que hemos empezado.

Todavía se dejó unos momentos más estremecer entre mis manos pero, de pronto, consiguió ser la que quería. Me apartó con un gesto lleno de serenidad, se compuso la blusa, el corpiño, ajustó el cintillo de la saya y, cuando hubo acabado, levantó la cabeza con una placidez cumplida.

—Ya es tarde para los escrúpulos —insistí.

Tardó en contestar. Alzaba los brazos para recogerse el

pelo con la cinta y parecía una mujer sin memoria cuando dijo:

—Compórtese o tendrá que salir ahora mismo de mi casa.

Me comporté.

Todavía continúo preguntándome en qué laberinto moral anda perdida la mujer de Esteban Molina, alguien a quien no le importaba dejarme entrar a deshoras en su casa, que entiende el sexo casi como un acto de canibalismo y que, aun sin saberlo, cae en una infidelidad muy superior a la de cualquier adúltera porque sólo en sus gemidos de impaciencia cabe toda la posesión, todo el deseo, todo el olvido de cualquier hombre que no sea el que tiene delante. Lo malo de ese tipo de escrúpulos es que es la lucidez del sexo quien acaba sufriendo la locura de la moral.

Aquella noche se remató con una cena algo tardía de bizcochos en almíbar, con una buena porción de comentarios por parte de ella de las cualidades de su marido y con una hipocresía por parte de los dos que nos redujo a una impotencia de equívocos y miradas.

Al salir del café al día siguiente, la víspera de la llegada de Esteban Molina, me dije que debería cenar algo ligero en la posada y aprovechar algunas horas de la noche para escribir sobre los Saturios. Pero, cuando estaba entrando en la fonda, regresé sobre mis pasos, merodeé por barrios que no conocía y acabé dirigiéndome a la casa de un arriero en la calle Arrabalejo donde volví a tener, sin tenerla, a una mujer a quien aterroriza la fuerza de su pasión.

Disimulé el sentido de mi presencia, esperé, y, cuando ella quiso, recomenzamos lo ayer interrumpido para dejarlo de nuevo sin acabar. Volvimos a cometer un obvio adulterio inexistente y salí de la casa aturdido, ridículo, con sus gemidos aún en mi cabeza, deseándola como sólo se desean las cosas que se sueñan.

Son dos corazas que he visto a diario en Aroca, colgadas junto a dos fusiles de mecha en un pasillo de El Torreón. Las dos han ido perdiendo su bruñido en manchas arborescentes, que decrecen desde los bordes al eje central, y muestran impactos de bala cuyas trayectorias recuerdan un hurgar de dedos en una superficie de arcilla. Son idénticas, de paños de buen acero, sin labrar. Su grosor en las partes más recias puede llegar a la media pulgada. En su interior, una mano casi ágrafa ha grabado un nombre, *Ibros*, y una fecha, *13 de julio de 1808*.

Los dos petos se tomaron a sendos coraceros del ejército francés que fueron abatidos en pleno galope por los tiradores de Aroca, unos días antes de la batalla de Mengíbar. Nadie pensaba hasta entonces que el plomo español pudiera atravesar aquellas corazas, de un acero de tal calidad que se juzgaba invulnerable, y debió de ser pavoroso un batallón de hombres sobre caballos de guerra, con la cabeza y el pecho brillando con esos metales mientras gritaban en una lengua incomprensible, se disponían en orden de combate y esgrimían sus sables para cargar sobre un puñado de gañanes que ni siquiera creían en el poder de sus fusiles.

He podido averiguar que el general Reding expuso esas dos mismas corazas en la puerta de la casa de Mengíbar donde tuvo su cuartel de mando en vísperas de la batalla que se dio en aquella localidad, preludio de la de Bailén. Quiso destruir de ese modo el mito de que los coraceros franceses eran semejantes a ángeles exterminadores sin más puntos vitales expuestos a la muerte que las siete pulgadas de carne que corrían entre el borde del peto y la visera del morrión.

No es extraño, pues, que en diversos textos se elogie la acción de Saturio y Elías Seisdedos, al frente de los escopeteros de Aroca, como un hecho que traza una raya entre lo imaginario y lo posible, entre el miedo y la certeza.

Con toda probabilidad, una vez que Reding hubo exhibido los petos se los devolvió a los Seisdedos para que los vistieran por primera vez en la batalla de Mengíbar, donde se alinearon con los garrochistas jerezanos de Nicolás Cherif. Con esas corazas debieron de hacer el resto de la guerra, en todo caso, los Saturios las llevaban puestas todavía cuando entraron a tambor batiente en Aroca el 12 de junio de 1814, arremolinaron los caballos en la plaza para vocear la victoria de Fernando VII sobre el invasor y, secundados por los aventureros de su partida, esgrimieron los nuevos títulos de propiedad obtenidos como premio patriótico mientras hacían añicos con las culatas de sus escopetas la lápida que saludaba a la Constitución en la fachada de la iglesia.

Ese día acabó la guerra en Aroca y comenzó otra guerra para combatir a otro enemigo, éste sí invulnerable, que volvía para instalarse en El Torreón.

Entre el amanecer del 1 de junio de 1808, en el cual los Saturios salieron del pueblo con doce braceros para acudir a la defensa de Jaén, y el día de su regreso, encabezando una partida de treinta hombres, hay una línea de hechos que ellos protagonizan y que se reflejan con relativa constancia en las actas del cabildo municipal y catedralicio o en diferentes archivos, como el de la familia Enhiesta-Diz donde está recogida la prensa local de todo el período de la invasión francesa.

No pormenorizaré aquí el relato de esos hechos. Baste

decir que muchos de ellos son abundantes en abyección y todos en una desproporcionada violencia. No obstante, sí dejaré constancia de una mínima muestra de los procedimientos de los Saturios pues tal vez con ello pueda fijar la naturaleza espuria en la que asentaron su poder. Es lo que pretende el resumen que copio a continuación cuyo valor se agota en el propósito enunciado y, si se me da crédito, se hace prescindible en muchas de sus partes.

En los inicios de la guerra, Saturio y Elías Seisdedos cuentan treinta y tres, y dieciséis años respectivamente. Su rastro se mueve por entonces entre Despeñaperros y Bailén, donde hostigan a la retaguardia de Dupont que ha llegado hasta Córdoba, la ha tomado sin resistencia y la ha sometido a un interminable saqueo. Sumados a las tropas del general Echevarri o en acciones solitarias, atacan destacamentos franceses, depósitos de intendencia, correos y enlaces, contribuyendo al control de las gargantas de Despeñaperros a fin de que Andalucía sea una tierra sin regreso para Dupont.

El 7 de junio de 1808, la partida de los Saturios tirotea a una columna de prisioneros franceses donde figuran oficiales notables como Caignet, capitán de Estado Mayor; el general René, o Vosgien, Comisario de Guerra. Los soldados españoles que conducen a los presos apenas pueden evitar la masacre y así lo denunciarán a la Junta de Jaén. René, herido en un brazo, logra escapar tirándose por un barranco pero es detenido dos días más tarde y conducido al hospital de la Carolina donde con gran ruido se presentan los caballistas de Aroca, atropellan al teniente coronel Crespo que se encarga de la custodia de los franceses, sacan de la cama al general René y, escupiéndole e infamándolo, lo acuchillan repetidamente delante de cirujanos y enfermeros; después, buscan a los otros heridos napoleonistas y uno a uno los van aserrando vivos.

El 1 de julio, los Seisdedos se encuentran resistiendo en Jaén el asalto de las tropas del general Cassagne de un modo que varias fuentes describen como heroico. Se hacen fuertes en el convento de

San Agustín y, desde sus ventanas, producen bajas al enemigo en un número indeterminado, doce, según el Correo de Jaén*; veintiuna, según actas del cabildo municipal. Pero ni siquiera este hecho tiene la sucia limpieza de los actos militares porque* ya a la caída del sol y poco antes de verse obligados a retirarse del convento debido a la mucha presencia de franceses que acuden a cercarlo, el hijo del jefe de la partida, un zagalón imberbe de nombre Elías, desoyendo las voces de prudencia del síndico don Esteban Colmenero, se arrastra con dos hombres más hasta donde han caído los asaltantes y degüellan con prontitud a los que aún quedan con vida.

Es quizá a partir de 1810, después de que el ejército imperial se asiente en Andalucía, cuando la palabra Seisdedos toma esa dimensión que sólo adquieren los nombres propios en boca de los enemigos. Sobre ellos y sus escopeteros hay profusas alusiones en la Gazeta de Madrid, *el diario oficial de José I que ni aun con suscripciones obligatorias logra vender más de diez ejemplares en Jaén. Allí se les tilda de mercenarios, de bandidos o de delincuentes que necesitan inventarse la guerra para medrar. Y así debió de ser porque esa impresión no pueden disminuirla las relaciones y crónicas patrióticas publicadas a partir del 17 de septiembre de 1812, fecha en la cual los franceses se retiran de Jaén. Tampoco, la versión oral de algunos hechos, a veces de primera mano, que me transmite don Cristóbal Gómez, arcediano de San Francisco.*

La ocupación de Andalucía por José I se hace como un líquido que progresa en silencio. Los generales Víctor y Sebastiani van tomando Córdoba, Jaén o Granada sin que apenas les llegue el sonido de la fusilería española. El avance francés produce una cadena de cabildos en pleno repentinamente convertidos a la Ilustración, de rendiciones y huidas, de desbandadas de soldados que tiran armas y uniformes y se derraman por los campos viviendo ese miedo sin espacios de los irredentos.

Es en esa época donde empieza en realidad el encumbramiento, lleno de bajeza moral, de los Saturios. Persiguen a cualquiera que parezca desertor y lo llevan ante las autoridades de ciudades murcia-

nas, donde aún quedan juntas españolas, para cobrar la recompensa. Doscientos reales por un soldado, cuatrocientos por un oficial.

Hombres que cavan los campos o transitan los caminos se ven rodeados de pronto por un círculo de jinetes que los interrogan mientras los miden con los ojos. Cualquier vestigio de uniforme o el mínimo titubeo los convierte en víctimas. Nunca el análisis debió de llevarles mucho tiempo ni demasiada inversión en escrúpulos porque esos incautos son moneda de cambio.

Los conducen atados a las grupas de sus caballos, a rastras, escarneciéndolos con látigos y tachándolos de cobardes, de irreligiosos y antiespañoles y, cuando los presentan a las autoridades, algunos de ellos son ya cadáveres y todos sin excepción están mutilados de sus partes viriles.

Hasta el final de la guerra, los Saturios ya vivirán de un modo azaroso que se mueve entre el pillaje y los ataques esporádicos a convoyes y destacamentos franceses. Llegan a entrar en Villanueva del Arzobispo y Sabiote, y, unidos a las guerrillas de Pedro del Alcalde y de Juan Uribe, hacen una incursión hasta las proximidades de Jaén donde se enfrentan, en campo abierto y con cierta fortuna, a las tropas de Dessolles que salen a batirlos desde la capital. Su caldo de cultivo es el desarraigo, la marginalidad y la frontera, su medio de vida el robo o el botín, y su espacio natural las espesuras de la sierra de Segura y de Alcaraz. Se nutren de contrabandistas, de prófugos y excarcelados, a veces, de los mismos desertores por ellos denunciados.

En diciembre de 1812, Saturio es nombrado capitán del Regimiento de Tiradores Voluntarios de las Sierras del Este para oficializar su partida donde ya se encuadraban 127 hombres y 97 caballos. Sé que en ese año hostigarán en Despeñaperros la retirada definitiva de Soult pero, a partir de ahí, escasean las noticias que los unen a hechos de guerra, aunque me ha llegado alguna sobre correrías por Levante estorbando a las tropas de Suchet, en contraste con las más abundantes que los siguen asociando a meros hechos delictivos.

Cuando los franceses empiezan a cruzar los Pirineos, los Seisdedos llegan entre aclamaciones a Jaén: cabalgan al frente de su partida con los cabellos trenzados, tremolan banderas de honor y llevan al cuello los amarillos pañuelos fernandistas. Elías ya no sería por entonces el adolescente afilado, de voz de trompeta, *tal como lo describe el cronista de* Españoles y gabachos en el Santo Reino. *El tiempo y la inapetencia en los ademanes, que suele lastrar a quienes han matado alguna vez, lo habría igualado con su padre concediéndole la misma cara rocosa y parecidas barbas de cabellos desatinados. Padre e hijo debían de tener ya esa especie de desdén cuajado en los ojos de tierra, ese aire animalesco y rotundo con el cual Rafael Seisdedos los sorprendió en el retrato de familia que yo pude ver en el desván de El Torreón.*

Entraron en la ciudad como un ejército de vencedores, los jinetes de dos en fondo y los infantes ordenados en retaguardia, componiendo la parodia involuntaria de un desfile. Daban vítores al absolutismo y a la religión, y, entre un batir de tambores, esgrimían retratos de un rey a quien pregonaban como el Deseado. *Traen consigo la primicia de un pasquín, que acaban de arrebatar a un correo, en el cual se reproduce el decreto de Fernando VII desaprobando la Constitución y las Cortes y, con él, se meten en el Ayuntamiento para pedir a la corporación que lo imprima de inmediato y procure su exhibición hasta en la última aldea del Reino de Jaén. Empezaban ya a prolongar el poder que habían extraído de la muerte.*

Dos semanas más tarde, vuelven a abrirse paso entre la multitud para abandonar la ciudad. Van ahora secundados sólo por los treinta hombres con los que se establecerán en Aroca y dejan atrás cuatro denuncias por asesinatos de afrancesados y otras muchas por rapiña y abusos. Han destrozado comercios y tabernas, allanado casas y deshonrado a personas. El pelotón de hombres montaraces es cerrado por varias mulas de bastimentos cargadas con el fruto del saqueo, llevan también las faltriqueras llenas con certificados patrióticos y títulos de propiedad de las tierras comunales de la comarca de Aroca y, tintineándole sobre las corazas, a modo de collar, lucen un puñado de Medallas de Mérito. Son los héroes de la guerra.

Hasta aquí la síntesis de los cuatro capítulos para el libro de Cándido Espejo a los cuales estoy acabando de dar forma en estos días. El compendio que he dejado arriba omite con deliberación los casos más infamantes y no se demora en algunos detalles donde la falta de decoro cae algunas varas por debajo de las últimas cloacas.

Lo he querido hacer así porque pienso que debe existir piedad y distanciamiento en quien escribe sobre acontecimientos degradantes. Si la pluma es prolija en la descripción de la sordidez, el escritor puede acabar por adueñársela porque de algún modo oscuro la comparte al revivirla con la misma pulsión bastarda que la hizo posible. Quiero decir que no es necesario duplicar el error para quitarle legitimidad. Bastaría con enunciarlo.

No obstante, no ha sido la piedad la que ha movido mi mano al redactar una versión áurea, en cuatro capítulos, sobre la actividad de Saturio y Elías Seisdedos, sino mi compromiso con la mentira y con el juez. Para él he reinventado una leyenda dulce de la conducta de sus parientes. En total ochenta páginas de alabanza a la infamia, lo cual me supondrá, a 60 reales la página, 4 800 reales de descrédito.

Esteban Molina es resuelto y grueso, alegre, lleno de prontitud. Todo en él es abundancia. Su llegada a Jaén ha supuesto para mí la clausura del irritante merodeo en torno a su mujer, esos paseos de animal sin hembra por la calle Arrabalejo, celo de macho solitario cuya mente acosa sin tregua su objeto y sólo consigue alcanzarlo durante los momentos necesarios para seguir creyendo en el espejismo de la posesión. He sabido lo que es creerse dueño sin serlo mientras la presa, sin verdaderamente quererlo, se adueña del cazador.

Me ha alegrado no sentir detrás de Esteban Molina el peso de su mujer y que resultaran tan fáciles desde el principio nuestras relaciones, quizá porque es un hombre con un marcado sentido de la autonomía.

—¿Es usted don Juan García Martínez? —Me tendió la mano cuando ayer me presenté en su casa—. ¿Es usted el escritor?

Me miraba confiado, adelantando su corpachón hacia la calle.

Pensé en el acto que su mujer le habría dicho todo lo que yo le conté sobre mí, llevado por esa lengua suelta, ridícula y fantasiosa, que estos días me ha impuesto mi inclinación hacia ella. Si uno pudiera oír sus palabras de galanteo, una a una y con posterioridad, haría de la conquista amorosa una ceremonia muda.

—Sé también que está hospedado en la posada de la

plaza de San Francisco y que anda buscando al padre Expósito.

Sin estar muy seguro aún de sus intenciones, lo vi toser ante su mano, bajar la cabeza y levantarla en seguida despuntando las cejas sobre los ojos analíticos:

—¿De verdad es usted el que ha escrito el libro sobre Pérez del Álamo?

Desde el momento en que afirmé, abrí sin saberlo una puerta hacia la franqueza. Mi sí supuso para Esteban disparar su interés por la revolución de Loja y por multitud de detalles referentes al modo en que Pérez del Álamo la condujo en 1861. Ante sus ojos, yo quedé investido de una suerte de omnipotencia que le hacía confundir la realidad con mi libro y a mí con un testigo o una sombra que conocía hasta el último pensamiento del veterinario de Loja y había buceado sus sueños o sus vigilias.

—Nunca he estado en Loja ni conozco a Pérez del Álamo —quise enmendar su equívoco—. Ese libro lo escribí en mi piso de Madrid, sin moverme de la mesa de trabajo, rodeado de recortes de prensa.

Pero lo que acababa de decirle no existió para él porque su creencia era superior a la verdad. La sensación de ser alguien sin merecerlo, que me transmitía Esteban, se fue acrecentando por la noche, cuando me pidió que lo acompañara a una casa cercana a los baños árabes donde se reúne los jueves con cinco asociados a la Internacional.

—Aquí traigo a don Juan García Martínez —me anunció con un orgullo desmedido que en seguida prendió en las cabezas de los reunidos, las llenó de expectación, y a mí me hizo sentir mi miseria.

Los saludé y avancé con cierto malestar, sintiendo el peso inverosímil de mi presencia, hasta que Arturo Vicente, un maestro de primeras letras cuyas directrices sigue el grupo, me ofreció un asiento a su lado. El maestro es pícaro y plácido, blanco de pelo y de sonrisa. Los otros cinco hombres vienen cada jueves a oír sus lecturas de *La Emancipación,* de opúsculos de Bakunin, de Fanelli o de Anselmo Lorenzo. Han conocido a través de su voz *El señor de Bembibre,* la novela de Gil y Carrasco, o *El ejército de los conjurados,* esas ciento veinte páginas sobre Pérez del Álamo escritas por mí a vuela pluma, en cuatro meses de trabajo intenso, que tan insospechada preeminencia me daban ante los seis hombres voluntariosos que, las noches de los jueves, desbrozan libros y sueños. Después de presentaciones y tanteos, el maestro me llamó aparte y se volcó sobre mi oído:

—Haga el favor de explicarles por qué fracasó el veterinario de Loja, cómo la tierra es un bien común, un derecho del que nace, y nadie puede adueñársela. Explíqueles cómo una revolución no se puede hacer sin que la tierra vuelva al colectivo humano.

Quise negarme, pero no supe:

—¿Qué puedo enseñarles yo?

—Mucho. Usted le hace decir eso mismo a Pérez del Álamo cuando analiza su derrota. Repita eso ahora.

—Es pura ficción. Ni siquiera Pérez del Álamo luchó por el colectivismo. Usted lo sabe: se levantó contra la monarquía de Isabel II, en nombre de la democracia.

—Él sí. Pero no los que lo siguieron. Eso es lo que importa, los diez mil hombres que se equivocaron al seguirlo. Ahora, éstos cinco hombres son aquellos diez mil, y usted, para ellos, tiene la misma autoridad que el Pérez del Álamo de su libro. Hábleles.

Me volví hacia los reunidos. Las caras me miraban desde la mesa llenas de necesidad y de ese desamparo que hace nadie a los feligreses en la oscuridad de sus iglesias. Me dije que ellos me sobrepasaban y que se estaban trocando los papeles porque era yo el que debería sentarme a la mesa y escucharlos. Me dije que su ansiedad de ser otros en otro mundo de ningún modo podía satisfacerla alguien como he llegado a ser yo, un mistificador a sueldo de historias de provincia.

Pero me dije también que les debía algo y sólo se lo podía agradecer poniendo en pie el engaño que ellos querían oír, así que reuní todo mi ánimo para procurar que entraran en las páginas de mi libro como el que se mete dentro de un catalejo. Intenté ponerles imágenes ante los ojos; resucité el tiempo inventándolo para ellos; les acerqué personas y hechos. Qué menos, pensé, podía hacer para saldar la deuda de su credulidad. Qué menos que seguir falseándome para que ellos tuvieran la verdad que necesitaban.

El maestro trata de reconstruir en Jaén la federación local de la Internacional y, a pesar de estar contra la participación en cualquier poder político, formó parte, junto a los federales, del gobierno revolucionario del cantón de Andújar en el último verano. Ahora anda huido en esta tierra cerrada del barrio de La Magdalena, recluido en las dos habitaciones donde yo lo conocí, dos tabucos de aire corrompido desde donde desea espacios sin trabas y enseña a leer a gentes que llegan hasta su puerta cargadas de ropa limpia y de sigilo, de esperanzas y de atos con comida.

Ya tarde, alguien trajo unos cuartillos de vino y, cuando bebimos, la conversación empezó a perder matices y a hacerse más unánime. Estuvieron detallándome lo que yo sólo sabía a través de las letras nebulosas de la prensa oficialista. Cuando las palabras se usan para cimentar órdenes o patrias, se hacen propaganda, abstraen interesadamente la realidad y ésta siempre tiende a parecernos inocua porque se nos trasmite como una categoría mental y no como hechos que nos atañen y pueden arrastrarnos. Así el asesinato no se alza a su dimensión de horror ni las injusticias llegan a tomar cuerpo. La sangre es sólo un concepto y las injurias nos suenan a lejanas cacofonías en una página de un periódico.

Aprendí, pues, con ellos la otra realidad de carne y sudor que tapaban *El Heraldo* o la *Ilustración Española y Americana.* Desde el 10 de enero, fecha en la cual el gobierno de Sagasta y Serrano disolvió la Asociación Internacional de Trabajadores, se está cerrando un nudo corredizo en torno a los anarquistas: encarcelamientos y deportaciones, hombres que huyen a ninguna parte o muertes alevosas de detenidos a quienes se les dispara por la espalda, so pretexto de huida, cuando se les conduce a prisión. Supe hechos, nombres propios, circunstancias. Entre los seis, me fueron mostrando la espalda negra de los blancos titulares de prensa.

Todo se reconstruye con la lenta dificultad que puede encarnar ese maestro cuya aspiración a una libertad sin dueños lo ha encerrado en un agujero donde ni siquiera se posee a sí mismo porque se ha convertido casi en un menor de edad, alguien subsidiado a quien alimentan algunos vecinos y que sólo puede salir de noche, siempre en compañía de uno de los asociados, como un animal cuyo instinto sabe que la oscuridad vuelve ciego al fusil del cazador.

Uno de los hombres, un hortelano enclenque y de mirada incierta, estuvo relatando algunos casos con los cuales quería ilustrar cómo el cerco del gobierno está volviendo del revés a los internacionalistas, arrancándoles de golpe la espontaneidad de carácter para hacerlos cautos y oscuros. Muchas reuniones no se llevan a cabo por falsas alarmas o recelos. Han aparecido, semejantes a silenciosos parásitos, los delatores, y la luz o el ruido empiezan a tomar para los asociados la solidez de la evidencia o el miedo.

—Cualquier cosa que resuene en los campos de noche es como un dedo que señala nuestras reuniones. Sobre todo los ladridos de los perros que guardan las fincas. Anteanoche, matamos a todos los de la ribera del Guadalbullón. Y eso mismo se está haciendo en Sanlúcar, en El Arahal o en Martos. No hay bicho más servil ni más apegado a la propiedad y al amo.

Imposible no recordar al médico de las pulgas, aquel hombre cuya ignorancia, sólo pareja a su engreimiento o a su crueldad, lo llevó a luchar contra los perros. Imposible no caer en lo banal para hacer algunas conjeturas sobre la voluntad de nivelación de la acracia que se ve obligada a combatir la vida heredada desde sus raíces menores, desde esas caricaturas de los hacendados que son sus perros de guarda y defensa.

Eso dio la noche de sí: palabras, vino, sensaciones de lo posible cuyos fermentos se agitan sin cesar de espaldas a mí o a gente como yo, personas apegadas a las huellas ya trazadas, de pasos cortos y seguros, reacias a lo que queda a trasmano de los caminos por donde transitamos.

Salí de la casa ya muy tarde pero, antes, les dejé el dinero que llevaba en la billetera para su caja de resistencia sin poder evitar el pensamiento de que de algún modo compensaba con monedas mi insuficiencia.

Al despedirme, me fijé en las manos del maestro: eran de dudosa presa, desacostumbradas a las herramientas o a la tierra, pálidas y pulidas, como hechas sólo para rozar ideas.

El primer boceto de los dos que preceden a esta página es Jaén vista desde su punto más alto, el castillo de Santa Catalina. Ahí están las casas blancas derramándose como agua por la ladera, salvando los escollos de iglesias y conventos o empozándose en los acantilados de la catedral para escurrirse más abajo por los rotos de las murallas y, ya encauzada en los cortijos que enhebra el camino, buscar el valle del Guadalbullón.

Las huertas que se escalonan entre la urbe y el río son las que toman nombre de El Poyo y dan productos con el sabor denso que sólo concede el sol justo y la constancia del trabajo medido, pero esas tierras, y Jaén misma, están en manos de la nobleza y del clero. Un puñado de artesanos y de campesinos con pequeñas propiedades no consiguen disminuir la idea de que aquí se ha fosilizado el medioevo. La disposición misma de la ciudad, con los relieves mayores del castillo y la catedral, lo evidencia.

Esta tarde ha venido Esteban Molina a verme a la posada con una cesta donde traía un tarro de compota de calabaza y algunas peras pulposas, que reverberaron entre sus dedos al mostrármelas:

—Esta fruta es de El Poyo, de la mejor huerta de los contornos. La compota se la ha hecho mi mujer. Me ha dicho que le diga que la ha empastado con nueces y avellanas, y le ha puesto una punta de miel.

Antes de que Esteban acabara de hablar, la imaginación o el recuerdo me conmovió: una figura moviéndose en torno a la lumbre, preparándome una tisana para el resfriado, un corpiño nuevo, un talle que se escabulle sin cesar de mis manos dejándoles una huella de deseo, el mismo que a ella le puja en la garganta, le sacude la lengua, le hace fugaces los dientes, y viene a rompérsele sobre los labios en un gemido de interminable ansiedad, un gemido todavía inconcluso en mi memoria. Una mujer ante un cazo de compota de calabaza donde va echando avellanas y nueces majadas, y, mientras remueve y deja caer un chorro de miel sobre los oros de la cocción, quizá se piensa hace unos días ante esos mismos fogones y vuelve a sentir una sombra que no ha dejado desde entonces de aproximarse, un aliento mantenido sobre su nuca, unos dedos que aún se crispan entre sus vestidos sin acabar nunca de franquearlos ni de alcanzar la carne que bajo ellos se tensa.

Pero Esteban, gordo y expansivo, seguía hablando y me derribó de golpe el pensamiento. La diferencia entre sus pretensiones y las mías me llenó de una instantánea culpa porque, ahora, me sonreía y manoteaba alegre para levantar, igual que un trofeo, la cesta a la altura de su cabeza:

—De manera que todo esto se lo regala el párroco de San Juan porque lo tomé anoche de su huerto. Hay que ir procurando ya el reparto. —Guiñó el ojo en un breve pellizco—. ¿O es que acaso los curas se van a hacer ellos solos federales?

El mismo día en el cual conocí a Esteban y antes de que fuéramos a la reunión de los asociados, me condujo a la casa del padre Expósito, una vivienda sin encalar que cierra a un callejón hasta casi dejarlo sin salida y se sitúa no muy lejos de la Alameda de Capuchinos, donde cada tarde se produce en Jaén ese rito de la autocomplacencia que es el paseo vespertino. De espaldas al escaparate de abanicos, jinetes, sedas y tílburis, como un error o una negación, se levanta la casucha de una planta cuya puerta de barnices agrumados, con agujeros donde hubo clavos, anuncia el interior. Paredes rameadas de suciedad, desconchones, óxido, baldosas mutiladas. Y polvo. Un polvo semejante a un tejido funerario enfundando todas las superficies, con tanta presencia que uno tiene la falsa impresión de que le espesa la piel y mimetiza con la casa a su único morador.

Es del padre Expósito el retrato que figura a continuación de la panorámica de Jaén. De mal humor me dejó tomar ese rápido apunte de su cara:

—¿Qué hace? —se encrespó al darse cuenta de que lo estaba dibujando—. ¿Quién lo ha autorizado a hacerme ningún retrato?

—Perdone —me sobresalté como golpeado por su voz, inesperada y poderosa.

—Está bien —rectificó al cabo—. Usted quiere toda la verdad sobre los hechos de Aroca, ¿no es cierto?, pues aquí tiene la primera verdad: la ruina de esta cara y de esta casa. No estaría mal que empezáramos por ahí. Dibújelas.

Mientras yo disponía de nuevo las minas de plomo, añadió:

—Dese prisa. Tiene cinco minutos para meterme dentro de ese pliego.

Desde el principio y a pesar de los estragos de los años, tuve la certeza —ese tipo de certezas superiores al conocimiento— de que el padre Expósito era lo que las lenguas decían: un proscrito por una familia de proscritos, un bastardo sin sitio, una masa de sangre y pasiones imposible de escamotear bajo las líneas rectas de una sotana.

Su cuerpo dominante, los bultos escuetos de sus ojos, con algo de piedras caídas entre la angulación de los pómulos y las cejas, el serpeo de la nariz, o el cabello cano pero aún recorrido por riadas de negrura, me lo igualaron a Saturio y Elías Seisdedos.

—No le quepa duda: soy el hijo de Elías, el primero que tuvo, un primogénito sin apellido y, ya me ve, sin más herencia que el abandono o el puñado de ratas que acuden por las noches a roerme los zapatos.

De la primera visita que le hice al padre Expósito, me traje el desmañado retrato reproducido en este cuaderno, la promesa de que él me seguiría recibiendo hasta que yo lo juzgase oportuno, siempre a condición de pagarle diez reales por día, y la descabellada sensación de que la suciedad que impregnaba a él y a su casucha estaba hecha de alguna materia activa con la rara cualidad de traspasar mi carne.

Hoy es 21 de marzo. Llevo siete días acudiendo a tomar notas junto al sillón del padre Expósito, mañana y tarde, para recoger una información hecha de excesos y de detalles. Tiene el cura una notable capacidad descriptiva y cuenta como quien ha hecho ya relato su pasado: mima gestos, imposta voces, reconstruye espacios, se dramatiza a sí y a los otros. El odio le hace exacta la memoria y le expande la lengua de un modo tal que a veces tengo la impresión de que su discurso es una bocanada de ira, sólida y metálica, parecida a un garfio que hiere lo que va rozando y se revuelve hasta clavarse en el mismo centro de donde brota.

Acaso no hubiera sido necesario pagarle. Su voluntad de desquite va mucho más allá de cualquier compensación o de que yo me siente a su lado a ponérsela por escrito. Es algo que lo asiste, lo compone, le endereza el ánimo y lo mantiene insomne, algo que seguramente no ha cesado de resonarle en el espacio de ecos de la casucha donde vive desde que dejó Aroca.

Cuando cada noche me despido, hace un gesto contrariado, «¿Son las ocho ya?», pregunta, y lo veo incrédulo, sudoroso, con los ojos encendidos y una respiración sin pulso que le retuerce la boca en un hipido y se la tensa en círculos de agonía, buscando un aire que le falta desde que un disparo le atravesara el pecho:

—No se retrase mañana. Puede venir a partir de las siete, si quiere.

Cuenta el dinero dejado por mí sobre la mesa, lo guarda y bascula sobre el sillón para trazar un gesto con la mano tan lleno de impaciencia que más que un adiós parece una bienvenida.

—Llévese la vela, déjela en el zaguán y cierre bien al salir. Comprenda que no lo acompañe, ya ve cómo me ahogo al andar.

Cada vez que llego, me abre la puerta apenas la he golpeado. Receloso, se asoma por el gajo de la hoja entreabierta, muge un saludo y veo el parpadeo de su boca dilatándose por el esfuerzo mínimo de acudir a mi llamada:

—¿No llega con retraso? Vamos, no se quede ahí. Pase —suele decirme y, en el acto, se gira y me precede por el pasillo jadeando, conducido por un impulso muy superior a la respuesta que encuentra en su enorme cuerpo desarticulado por la edad.

No ha dado cuatro pasos, cuando se vuelve:

—Aligere. Empecemos ahora mismo.

En la larga mesa a la que nos sentamos, ya tiene dispuesta una jarra de agua, que emboca con asiduidad, embuchándola a golpes breves y violentos; recado de escribir; una Biblia inútil, en todos los sentidos; unos cuantos sobres azogados para su insuficiencia respiratoria entre los que mete su mano polifémica, hurga y remueve, sin nunca decidirse a usarlos.

—Léame lo último que tiene anotado. —Se corva sobre mis papeles—. Bien —comenta tapando mi voz con el ronquido de su asma—. Así fue. Canallas.

Todos sus datos encajan, prolongan a los míos, empiezan a cerrarme la historia. El padre Expósito no miente pero lo parece, tal es su encono al hablar: una boca mellada por donde flotan, como pedruscos, tres o cuatro dientes; las arrugas cinchándole el rostro, los labios palpitando entre los cañones de la barba:

—¡Canallas!

En los momentos que el aliento le falta, toma la pluma y sustituye con letras su voz desfallecida. Escribe con premura pero sopesando los trazos, sin vacilaciones. Con suma facilidad, va encauzado un recuerdo ya de por sí enterizo y reacio a las digresiones hasta que me pasa el pliego:

—Tome y lea.

Mientras lo hago ronronea su impaciencia:

—Dispóngase ahora a que le dicte. Por fin me ha vuelto el resuello. ¡Miseria!

Es así, precario y anhelante. No puede emparejar su rabia con los medios para llevarla a cabo, su edad con sus propósitos.

El hecho de llegar a su casa y comentarle quién era yo y lo que estaba haciendo pareció al principio decepcionarlo:

—¡Ah, conque se trata de una novela! —se le fue la entonación hacia el desprecio.

Me miró renuente, a punto de ampararme bajo la bóveda de su superioridad. Sentí sobre mí unos ojos que venían de muy lejos, pesados y mates, dos trozos de materia arrancados de alguna realidad sin luz:

—Para ese viaje usted no necesita alforjas.

—Sería un texto que se ceñiría a los sucesos, un texto con rigor histórico —me desalenté con la misma falta de argumentos y la misma desgana que he sentido siempre ante la eficacia de los ingenieros o los relojes.

—Invente. Eso es lo único que tiene que hacer porque, aunque no lo haga, lo parecerá. Cualquier novela suena a patraña: bizcochos para señoritas, dulces para ociosos. Molinillos de viento.

Calculé que sólo bastarían algunas palabras para torcerle el pulso. Decirle, por ejemplo, que si eso es lo que opinaba inventaría su personaje. Esperar unos segundos antes de añadir: a mi antojo.

Pero no era probable que hiciera falta. Tenía ante a mí un hombre adusto y elemental, con la memoria atravesada, como una espina, en la garganta. Sólo sus hábitos de desafecto le tapaban las ganas de expulsarla.

Me limité, por consiguiente, a sonreírle:

—En realidad, no necesito inventar nada, sólo corroborar unos pocos datos.

Su respiración se hizo más bronca; por momentos, parecía que el aire se le hubiera enredado en alguna fronda del pecho y le resonaba con resistencias de hojarasca al espirarlo.

—¿Qué sabe usted de mí? —se encabritó con una pulsión de fulminante autoridad.

No fue necesario que le contara demasiado porque pronto me interrumpió para empezar a volcar su inquina contra casi todo lo que no fuera Saturio y Elías Seisdedos. Su saña se dirigía especialmente contra la abuela Nieves, la mujer de Saturio, y se hacía morosa y doliente al rodear a sus hermanastros: Rafael y Margarita Seisdedos.

Mientras hablaba, pareció caer en la cuenta de que la pasión en la cual iba fraguando las palabras tenía un paralelo en el oído de ese desconocido llegado de lejos con un par de cuadernos y una buena porción de preguntas, así que calló de golpe y desplomó las manos sobre el borde de la mesa con resonancia de mazas:

—No voy a decirle nada más.

Se levantó, rodeó la mesa con pasos desequilibrados y se giró hacia mí:

—Espéreme, vuelvo en unos segundos: los riñones.

De nuevo puso en marcha la mecánica despaciosa y basculante de su andar en tanto yo preparaba un pliego con la intención, llevada luego a fin, como ya he escrito, de hacer un retrato de esa cara hecha como de cantos que ahora se volvía en la boca del pasillo, avanzando su palidez desde el fondo de la tiniebla:

—Mientras regreso, piense si le interesa seguir hablando conmigo porque, a partir de entonces, tendrá que pagar por mis palabras.

Cuando a la mañana siguiente volví, alguien había limpiado y puesto orden en la casa; sin embargo, el cambio te dejaba la idea de lo tardío o lo irremediable pues la acción de estropajos y bayetas no había conseguido traspasar una suciedad encarnada ya en la misma textura de las cosas. El padre Expósito tenía un aspecto de relativa pulcritud: lucía un afeitado de buena mañana, el pelo húmedo y laminado le hacía el cráneo más rotundo, aunque el peine no había sido del todo eficaz y el cabello ya empezaba a ganar vuelo y a abrirse en despuntes de rizos. Había sustituido su arrodalada capa de esclavina del día anterior por unos ropones más bien indefinibles, de paño crudo, entre los cuales asomaba la hoz morada de una camisa sin cuello. Era como si se hubiera vestido para cumplir alguna vindicación cuyo único camino fuera la disciplina del recuerdo y hubiera dispuesto un escenario donde pudiera arropar de decoro su ceremonia de autofagia, su papel de oficiante y víctima de su propia memoria.

Cada mañana, antes de tocar a su puerta, lo presiento ansioso y aseado, con el oído atento al callejón, a mis pasos crecientes, al golpe de la aldaba. La espera le roba minutos a ese ajuste de cuentas con la vida que me dicta vidrioso y contumaz, crédulo de sí mismo, inverosímilmente asido a mi pluma en la cual, sin duda, ve un cabo que lo rescata del oprobio. Ya las novelas no son molinillos de viento sino tornavoces para corregir a gritos los agravios de la historia:

—¿Le ha dado tiempo a apuntar eso? Lea, repítamelo. Sí. Exacto. Canallas.

Probablemente, hoy iré a su casa por última vez pues ya su información empieza a hacerse previsible. Ayer, más que a responder mis preguntas, a precisar o a ampliar datos, se metió en sus frustraciones con tal obcecación que sólo le sonaba la furia. Me ignoró para seguir conociéndose del modo fijo que acostumbra: como alguien a quien le faltó veneno para imponerse entre las víboras. Ésa es la expresión que suele usar, veneno, y uno no se imagina el alcance de esa metáfora en boca de una persona a quien la vejez está muy lejos de concederle el don del escepticismo o la indulgencia.

Aunque su testimonio me ha sido de enorme utilidad, es seguro que sentiré alivio por no tener que acudir cada día ante la presencia de un hombre que, si tiene algún aspecto amable, es el de la obligada ingenuidad, ¿cómo, si no, puede agarrarse a algo tan fútil para él como una obra de creación? O aún peor: ¿Qué lo lleva a confiar en mí? ¿Qué le hace pensar que mis principios, incompatibles con los suyos, no me harán utilizar en su contra la información por él mismo facilitada? Es difícil que se equivoque respecto a mí e ignore que, si llego a escribir esa novela sobre Aroca, él aparecerá como lo que es, un sucedáneo de los Saturios, avaricioso y sin grandeza, deambulando, aún hoy, por un horizonte de odio. Y, no obstante, se afana porque queden anotados sus perfiles más turbios. Quizá porque su concepto de la hombría es opuesto al de la resignación. Quizá porque prefiere el escarnio al olvido, o porque su condición de bastardo, excluido de la familia, no puede existir en otro sitio sino en la proximidad de los Seisdedos, aunque sea como una sombra que vive a la intemperie y rodea sin fin la cortijada de su padre.

Cualquier persona, por muy ruin que sea, se nos hace semejante por sus debilidades. El dolor no tiene patria ni ética ni habla otra lengua que la que proclama nuestra universalidad de animales inermes. Por ese camino, he sentido a veces cercano al padre Expósito. Su vida podría resumirse en un continuo merecer ante los varones de su familia, ignorando el tenaz matriarcado de esa mujer de cuerpo ínfimo que fue la mujer de Saturio, la abuela Nieves. Supo, sin necesidad de aprendizaje, ser una prolongación de su padre y de su abuelo, y, en esa trinidad, llegó a tener un sitio y a tocar la primogenitura.

Fue un niño adulto en la inclusa de Cazorla, un adolescente descreído en el seminario de Baeza, una mano y una lengua que empuñaron armas y palabras para sostener el poder espurio de los Saturios, que creyó también suyo. Pero a partir de un 3 de agosto de 1836, fecha en la cual Saturio y Elías Seisdedos fueron degollados en un lupanar, bastarían unos cuantos conceptos para explicarnos la naturaleza del padre Expósito: expulsión, rencor, la larga herida de los condenados a habitar en los bordes después de haber conocido el centro.

Es sin duda un hombre miserable a quien le gusta enfondarse en el lado más sucio de las cosas y remover el último cieno. Durante siete días ha adoptado una actitud de orgullo para pormenorizarme cada una de sus bajezas. Habla por encima de la culpa. Sólo cuando se refiere al hueco dejado por el padre —tal vez porque percibe al padre unido a la tierra— parece otro, se reduce, se hace cauto, sufre, se le apaga la voz en un acarreo de sílabas sin engarce:

—Me pasé la vida tratando de que me sintiera su hijo.

Acaso ésa sea su única religión, la de un bastardo de un dios vicario que ronda sin tregua el contorno de un paraíso que un día creyó suyo.

Hay varias personas y una noche, la de los asesinatos de los Saturios, que centran el recuerdo —si es que se puede llamar recuerdo a unos hechos que avanzan sin cesar sobre el presente para sepultarlo— del padre Expósito.

El verano de 1836 debió de ser especialmente seco en la sierra de Cazorla y de Segura. En palabras del cura, que en todo lo que he podido constatar son exactas a pesar de su fogosidad, mayo ya tenía hechuras de agosto y, en junio, hizo un calor tan desconocido en la zona que redujo el alto Guadalquivir a las dimensiones de un arroyo, secó muchas fuentes de la sierra y dejó convertidos en polvo los lechos de los regatos. En la campiña que se extiende al oeste de Aroca, desde la sierra de Cazorla hasta las Lomas de Úbeda, el dominio del sol se hizo absoluto. Asfixió el trigo apenas comenzó a pujar, abatía los cardos sobre los secanales y dilataba las gargantas de los gorriones que boqueaban al cobijo de olivos sin intentar el canto hasta que el anochecer traía el aire de la sierra.

Después de varios años de lluvias casi inexistentes, algunos hechos vinieron ese verano a aumentar la miseria de la sequía, como si el destino se hubiera enredado entre los peñascales de los montes y le fuera ya imposible el movimiento o la huida.

En primavera, se suspendieron por falta de fondos las obras del camino de rueda que une Jaén y Albacete; por en-

En noviembre de este año, todo parece contradecir el empeño por levantar esa vivienda, en cuyas desmedidas proporciones se creyó que los Seisdedos habían encontrado el símbolo de una grandeza sedentaria, porque poco después aceptan ponerse de nuevo al servicio de la monarquía y formar una contrapartida armada para perseguir el bandolerismo.

—Hubo una veta de inquietud en mi suegro y en su padre —me comentó Cándido Espejo a este respecto—, quizá de locura, algo que los impulsaba continuamente a buscar la cercanía del abismo. He llegado a pensar que las gentes que buscan la notoriedad, como ellos la buscaban, saben por instinto que hay un momento en el cual sólo ya con la muerte pueden acrecentarla.

El juez me mostró la cédula del nombramiento remitida por la Chancillería de Granada, con firma del Oidor del Crimen de aquella ciudad, y rematada con el sello y la rúbrica, llena de hinchazones pretenciosas, casi de analfabeto, de Fernando VII.

El texto concedía a Saturio Seisdedos el grado de comandante, le autorizaba a constituir un escuadrón similar al de los migueletes, lo que en la cédula se llama *un cuerpo franco de milicia* de hasta veinticinco escopeteros, entre los que figuraría un sargento y un cabo. Se empleaban luego varios párrafos para asignar soldadas y describir los distintivos del grupo, resaltando el tamaño de las escarapelas, su color —verde, con tres orlas rojas—, y su obligada exhibición en el sombrero o en el pecho. Lo demás eran consideraciones de preámbulo con anodinos lamentos sobre la inseguridad del comercio y los caminos.

Con aquella cédula se legitimó por diez años la capacidad de violencia de los Saturios y se dio paso a un poder más arbitrario que el que se pretendía combatir. Sin embargo, me caben dudas sobre este último aspecto ya que el grupo de los Seisdedos colaboró también, como ojeadores y prácticos del ejército, en la persecución de insurrecciones libera-

tonces se trabajaba en lo que aún hoy está por hacer: en la reducción de sus pendientes, en su ensanche y en proveerlo de un firme de cantos a fin de dar una salida a Andalucía por el nordeste, equiparable al arrecife real que destaponaba la región por Despeñaperros para enlazarla con Madrid.

Obreros, venidos de lejos en busca de los jornales de la nueva carretera, se quedaron de repente sin trabajo y con tan pocas posibilidades de encontrarlo en sus lugares de origen que prefirieron permanecer en una región que sólo podía ofrecerles las bayas de la sierra, la caza furtiva o faenas temporeras.

Hombres desarrapados recorrían los despoblados mendigando al hilo de las veredas, intimidaban a los viajeros y se llevaban lo que caía a su alcance allí donde se les negaba cobijo o alimento. Se les veía merodeando por las plazas de los villorrios, acechando las cañadas, frecuentando huertas y cortijos para ofrecerse como peones o sirvientes a cambio de comida.

La alarma que esto produjo en los propietarios se veía doblada con las noticias referidas a las milicias nacionales de muchas localidades que en todo el país estarían a punto de tomar las armas para exigir a la regente María Cristina el restablecimiento de la Constitución del Doce.

Se levantaron voces pidiendo la bajada del precio del pan y aparecieron algunas banderas de vindicación social, quizá las primeras en el entorno de la sierra. He podido ver una de ellas en la casa de un hijo del pastor Deza. Es un lienzo de sábana apolillado, sin teñir, de unas dos varas de largo; toscos costurones, hechos con bramante, refuerzan todo su perímetro de donde penden, a modo de flecos, cintas de colores; buscando el centro, aunque algo desplazada hacia la derecha, se ha escrito con brocha una sola palabra, *Tierra*, que chorrea su tinta negra por las astas de las letras y salpica el lienzo en explosiones de urgencia, rabia o descuido.

Esa bandera y otras semejantes empezaron a desplegarse por los braceros del entorno, aguijados por la propaganda carbonaria y la constancia del paro y la sequía. Consignas que despreciaban la lucha por la Constitución, porque pedían el reparto de las riquezas, recorrían los corrillos mientras se hablaba de jornaleros de Puente Génave y Orcera que habían empuñado las armas para amontarse por la zona de Segura de la Sierra.

Recomendando resignación y asegurando que pronto al tiempo le cambiaría el humor, algunos propietarios repartían un puñado de sal y cuartillos de aceite y vinagre a los campesinos que alguna vez habían faenado para ellos y ahora se acercaban a sus cortijos mendigándoles trabajo. Eran los mismos propietarios que el año anterior, respondiendo a los altercados en varios pueblos serranos por la subida del pan, habían acaparado todo el trigo que les fue posible comprar.

Ante la cara hosca que se le ponía al verano, Saturio y Elías Seisdedos estarían lejos de la inquietud: sentirían, más bien, la seguridad de la ganancia porque su regreso de la guerra no supuso para ellos un final sino un inicio de otra guerra menor que se ganaba apropiándose de aranzadas de monte y campiña. Habían aprendido que en la boca de los trabucos y fusiles resonaba la riqueza, y ya no lo olvidarían.

Cuando regresaron a Aroca, traían la ambición larga, las barbas y las coletas espesas, los cuerpos recrecidos en la lucha, y, desde el primer momento, quisieron dejar claras sus intenciones. Después de desembarazarse de sus pertrechos de guerra, volvieron a vestir como habían vestido siempre y como seguirían vistiendo de por vida, a la manera dieciochesca. Nunca llegaron a ponerse un fraque o una levita, como si con ello quisieran castigar a las mudanzas de un tiempo que progresivamente iba perdiendo sus raíces y despegara de la tierra para flotar por un incierto cielo de sufragios universales y constituciones. Un tiempo demasiado parecido a una cometa de lunático volar.

Al día siguiente de su llegada, se hicieron cose
cheras de las casacas sendas Cruces de Mérito, gua
el fajín los dudosos títulos de propiedad, que hab
de Jaén como premio patriótico, y se bajaron a Vil
para inscribir a su nombre en el Registro parte de l
comunales de Aroca. Mientras, la treintena de cabal
mados con quienes llegaron a la aldea empezaba ya
truir cobertizos, germen de las futuras cortijadas, en
vas fincas.

Esos hombres, hechos a la pólvora y a la intempe
vieron que aprender la penitencia del sosiego, a asem
a un ejército que traza límites y arma defensas para
marse en sus cuarteles de invierno. Se esforzaron en l
reas, que les parecerían subsidiarias, casi femeninas,
corta de pinos, de la cría de ganado o de la roturació
la tierra, pero no dejaron a trasmano sus caballos ni de br
sus carabinas porque con ambos recuperaban una suerte
elocuencia incontestable para solventar una sucesión de
chos menores, que a partir de entonces les irían paliando
nostalgia de la guerra: robos de ganado, ampliaciones
lindes o compras coactivas de trigales o dehesas.

En 1823, la cortijada de los Seisdedos ya no era una pró
pera cuadra, rodeada de alambradas, y una casa de un
planta encaramada hasta la altura de un roquedo para aprovechar el abrigo de unas ruinas medievales. Se había empleado piedra de sillería para remozar la torre y, flanqueándola, aparecían ya los dos inmensos cuerpos de vivienda que el viajero ve erguirse desde muy lejos, si se aproxima a Aroca desde la Venta de la Madera. El conjunto empezaba ya a tener el aspecto actual de mole blanca colgada sobre el pueblo, como una nube enredada en una inmensa columna de piedra. Con mucha probabilidad, sería por entonces cuando se empezó a denominar a la cortijada El Torreón con la misma resonancia de miedo, orgullo y poder, con la que aún se pronuncia hoy.

les, muy particularmente en la preparada desde Gibraltar por Torrijos y Salvador Manzanares.

Para Cándido Espejo he escrito algunas de las vicisitudes de sus parientes en esa década. No las recogeré aquí. Imaginable es el arrojo y la eficacia con que se desenvolvieron, aunque no tanto algunos gestos de equidad, extemporáneos y de absoluta incongruencia tratándose de ellos.

Esa frecuencia de las armas hace que, cuando en el verano de 1836 surjan los atisbos de levantamientos populares, los Seisdedos no duden lo que tienen que hacer.

Pidieron al padre Expósito que convocara para el 15 de junio a los seis capataces de sus fincas a una reunión que se llevaría a cabo en el cortijo de La Encomienda, una dehesa perdida en el curso alto del Aguacebas. A ella se presentaron los Seisdedos con un mazo de lanzas casi oxidadas y una docena de fusiles de aguja con las ánimas vírgenes y aún envueltos en papeles encerados.

El encuentro no duró mucho ni en él hubo demasiadas palabras. Con bastante aproximación, tal vez con literalidad, si la memoria y el poder descriptivo del padre Expósito son tan precisos como creo, debió de transcurrir así:

Elías mostró un reglamento de una sociedad secreta, que alguien había olvidado en una besana próxima a Santo Tomé, donde se establecía una serie de artículos sobre laboriosas cautelas para guardar el anonimato y sobre cómo llevar a cabo acciones contra terratenientes y sus propiedades sin que ningún asociado cayera bajo sospecha. Luego habló de que se estaba creando una situación nueva y había que combatirla de un modo nuevo. No iba a decir mucho más porque, en el acto, cedería la palabra a su padre, pero antes sí quería que supieran que no estarían solos ya que ayer mismo había ido a concertarse con los Garrido de Úbeda y con Ricardo Muñoz, de Villanueva del Arzobispo. Dejaba ya la charla: ellos entendían lo que había que hacer, por qué había que hacerlo y el modo tan sigiloso con el cual tendría que llevarse a fin. Algo les podía enseñar en ese sentido el reglamento secreto de esos ganapanes para que nadie pudiera tener nunca una prueba de quiénes eran los que estaban limpiando el campo.

—Vamos a cortar esto por la raíz —se adelantó Saturio hacia el corro de capataces— porque hay quien quiere torcer los derechos y poner boca abajo la cara de la reina regente. Sabéis que estoy hablando de ese amasijo de hombres que ratonean por la región con las manos ociosas y listas para la rapiña, gentes sin agallas y con la cabeza tan llena de disparates que no saben ni lo que andan pregonando. Piden la tierra y no saben que la tierra no se pide: se gana. Piden la tierra y ni siquiera se dan cuenta de que lo que nos están pidiendo es la tierra para tapar su ataúd.

Grande y sudoroso, se calló un momento para repasar con los ojos a los presentes y aireó luego el puño para chillar que esos desharrapados querían romper las leyes del reino.

—Pero —concluyó— de aquí en adelante la ley va a ser muy simple y va a llevar otra vez los apellidos que siempre ha llevado. Y uno de ellos es el apellido de los Seisdedos.

Ni Saturio ni Elías volvieron a tomar la palabra. Se apartaron a un rincón, solemnes y seguros, casi idénticos en la penumbra, y dejaron que el padre Expósito se encargara de delimitar las zonas donde debería actuar cada uno, del reparto de armas y de poner en claro las instrucciones: la acción se extendería por las tres sierras —Segura, las Villas y Cazorla—, por el valle del Guadalquivir hasta el Puente del Obispo, y por la totalidad de las Lomas de Úbeda; ninguno de los comprometidos intentaría nada a horas y en sitios donde pudiera ser conocido; a cada hombre reclutado le sería entregada una yegua recental o, en su caso, veinte fanegas de La Escarchada, pero pagaría con la vida el que cayera en cualquier modo de delación.

Pronto se empezó a batir la parte norte de la sierra, rastreando las sendas y preguntando en las cortijadas, en busca de la gavilla de campesinos insurgentes que se había apandillado por el pico Calderón. Grupos de jinetes recorrían la campiña azotando al paso a los desconocidos que le caían al aire del caballo mientras les indicaban la conveniencia de buscar el pan donde lo hubiera. Entraban de noche en naves y establos en busca de los antiguos peones de la carretera o de cualquier hombre que no pudiera justificar su presencia en la zona. Exhibían su exceso de voluntad disparando al aire en plazas y corralas.

El mismo anochecer del 12 de julio, casi a la misma hora, fueron tiroteados dos hombres con fama de pertenecer a sociedades carbonarias. Uno, sastre de Torreperogil, fue alcanzado en un muslo y en la mano con la cual giraba la llave para entrar en su casa; el otro cayó abatido de un solo disparo en la frente a la entrada de Baeza, cuando regresaba de su huerta a mujeriegas sobre su burro. Poco después un desconocido apareció flotando en una poza del Guadalquivir, a la altura de Santo Tomé, y un vaquero joven, que frecuentaba las reuniones masónicas de la tenería de Zuheros, amaneció muerto entre las patas de su ganado, sin que llegara a establecerse si lo mató un mal del corazón o unas manos cerrando en la noche su garganta.

Estas muertes fueron atribuidas en un principio a la partida de los Seisdedos, pero los murmullos fueron aplacados cuando José Salcedo, capataz de La Platera y mano derecha de Saturio desde la época de la guerra, amaneció descoyuntado en el tronco de uno de los tilos de la plaza de Aroca. Los campesinos que esa madrugada iban a tomar la trocha que baja al valle pudieron ver el cuerpo de Salcedo amarrado al tronco con los miembros movidos por el viento en un penduleo inerte. En el cuenco de la boca tenía una bola de papel aún mojada con su baba de agonizante; a una señal de Saturio, el padre Expósito lo extrajo y leyó el papel con dramática pesadumbre ante el cerco de curiosos: *Verdugo de las familias productoras.*

La cólera con la que los Seisdedos vaticinaron la venganza tuvo la suficiente convicción como para que se dudara de su protagonismo en el crimen, pero no para borrar la certeza de que acababan de comprar a bajo precio el pinar de Cotorríos y dos cortijos de la campiña, cercanos a Santo Tomé, poco después de haber sido incendiados la noche de San Juan.

Desde los púlpitos de la iglesias de Mogón, Villacarrillo o Aroca, el padre Expósito lanzaba sus proclamas contra hombres desquiciados por ideas redentoristas que sólo buscaban la quebrazón del orden natural de las cosas.

No puedo imaginar al cura nada más que como lo he visto en su casa de Jaén, viejo y vibrante, débil y apasionado. Su respiración insuficiente de ahora me tapa a su modo de hablar de entonces. Pero en 1836, el padre Expósito era un hombre joven y su voz debía de tener la templada opacidad de los timbales:

—Hablan de reparto de tierras sin querer darse cuenta de que la tierra ya tiene amo y el amo tiene otro amo, que es el único que da las tierras, y ése ya las entregó a quien él quiso y a los demás nos ató corto, a cada uno en su escalón. ¡Ése, el amo de arriba, ése sí que sabe de reparto de tierras! Y no el puñado de desalmados que se creen que se puede parar el río del tiempo y embalsarlo antes que desemboque y andar por ahí diciendo que ese mar de juguete es el paraíso.

Transcripción fragmentaria de la charla mantenida con el padre Expósito en Jaén, la mañana del 16 de marzo de 1874. El texto que copio a continuación es veraz sólo si se tiene en cuenta que está depurado de las repeticiones y de las incongruencias propias del habla conversacional.

La noche de los crímenes no pude dormir. Frutos, el sacristán, me sacó agua fresca del pozo, me llenó el pilón y estuve mucho tiempo metido en él sin resolver acostarme porque temía, como luego se verificó, que cuando me fuera a la cama el calor me iba a sacar de las sábanas. La noche venía del infierno, asfixiante, había cenado solo y, después de pasarme un buen rato echándome agua encima con un cazo, paseé por la casa parroquial y luego por el pueblo sin llegar a encontrar el norte hasta que me decidí a bajar a la iglesia y allí, bajo la bóveda alta, pude por fin recuperar el resuello y estuve dormitando un poco en uno de los bancos.

Eso es lo que recuerdo: un escurrirse de tripas, pinchazos, sudor, ¿sabe?, una inquietud, algo que le echaba sal a mi sangre, que quería darme aviso y yo, malditos ojos míos, no supe verlo. A lo mejor hubiera bastado con haber tenido miedo, con haber sido como un perro que se asusta y se prepara para soltar el mordisco, a lo mejor así hubiera llegado a tiempo para partirle el alma a los asesinos. Le estoy hablando de que los débiles y los miserables nos llevan esa ventaja: desconfían y el temor les pone dientes. Le estoy hablando también de que yo estaba en una pila de agua de pozo, ¿se da cuenta?, confundiendo el calor con el aviso de la muerte.

Esa tarde, cuando se puso el sol, se nos metió en Aroca un viento terral, que arremolinó la oscuridad con briznas de parva, y con un polvo que te pinchaba las mejillas y te crujía entre las muelas. El día vino torcido y, conforme avanzaba, tenía la sensación de que iba enmarañando más y más sus ramas sobre mí.

Después de la siesta, Elías Seisdedos, mi padre, se pasó por la casa parroquial. Trajo un cabrito y le dijo a Frutos que lo degollara, lo aviara con vinagre y romero y pusiera tres cubiertos en la mesa, porque vendría a cenar con el abuelo a eso de las nueve.

Tomamos una jarra de vino al arrimo del fresco de la sacristía mientras me contaba ciertas novedades, como la del saqueo de una alquería cerca de Siles por la partida de gañanes que se emboscaban por la parte norte, por las sierras donde nace el Guadalimar. Me dijo que les estaba dando tarea encontrar su rastro porque ponían trapos en los cascos de los caballos y no se sabía si iban o venían. Por encima, me contó también que los braceros de Chilluévar y Santo Tomé andaban con reuniones planeando ponerle un pleito a Pedro Centeno, a quien acusaban de haberles usurpado las tierras comunales de esos poblados.

No quiso entrar entonces en esos asuntos y lo postergó para la noche en la que, dijo, hablaríamos largo pero, antes de irse y por primera vez, le vi un punto de inquietud en la manera de llevarse la mano a la faja para sacar de allí uno de los escritos anónimos que aquel verano dieron en enviarle. Esos canallas, hijos de un mal parto, le estaban rompiendo el carácter porque se le enredaron los dedos en los botones de la camisa, y aún se le iban de la línea del movimiento, cuando adelantaba la mano para entregarme el pliego. Me dijo:

—Es otro papel de amenaza. Parece que no se cansan de ser cobardes.

Sonrió y, en seguida, recuperó ese aplomo suyo que le engallaba el pecho y se lo hacía como de mármol bajo la casaca de hilo.

—Mira a ver —continuó— si esta vez le puedes sacar la letra al hijo de puta que metió sus pezuñas en esa cuartilla.

Acabó de un solo trago el último vaso de vino de la forma que él lo hacía, con la cara vuelta al techo, la barba abriéndose en abanico y el puño de la nuez batiéndole en la garganta. Se despidió hasta la cena y salió embutiéndose por la portezuela de la sacristía con el sombrero de picos ya terciado sobre el pañuelo negro de cabeza que siempre llevaba.

En esos momentos, no podía saber que ésa sería la última vez que lo vería moverse y que mi padre continuaría aquí, dentro de mi cabeza, saliendo eternamente por una puerta demasiado chica para su corpachón, que mientras a mí me quede vida él llevará puesta la casaca de hilo blanco y beberá un vaso de vino de un solo trago mientras la nuez le golpea como un animal que se le hunde en mitad del cuello.

El anónimo estaba escrito en un papel de estraza con manchas de aceite. La letra era grande, hecha a conciencia, con errores ortográficos. El que había escrito aquello había apretado tanto la pluma que había calado la hoja y la tinta se abría igual que la sangre en las yemas de los huevos. Como todo lo de esa noche, tengo la cuartilla delante de los ojos, igual que si esta mesa fuera la mesa de la sacristía y en el mismo sitio en que usted se sienta estuviera mi padre escuchando y yo con el papel en la mano, leyéndolo todavía. Hemos jurado perseguirte de muerte. *Ésas eran las cinco palabras del texto. Malditos.*

La amenaza era parecida a otras anteriores, pero diferente en cuanto a la disposición y hechura de las letras. Pasé un buen rato comparándola con hojas manuscritas, parroquiales y de otra índole, de todos los papeles que había podido encontrar de los pocos hombres con luces de alfabeto del entorno. Pero no saqué nada en claro y acabé guardándolo en una gaveta del escritorio, junto a los demás anónimos, coleccionados con la esperanza de encontrar un día el hilo que los enhebrara.

Hacia las once, le dije a Frutos que sirviera el cabrito pues ni mi padre ni mi abuelo se habían presentado para la cena y ya les había mandado recado varias veces a El Torreón, siempre sin resultado.

Después de cenar, anduve inquieto paseando por las callejas entre el remolino sofocante del terral. Desde el mirador de la plaza, se veían los olivos de la campiña como si se rebulleran entre el polvo y la paja que traía el viento. Todo estaba turbio. Una noche rara, llena de avisos y de imágenes, ¿sabe?, de esas imágenes que luego uno va recuperando y repasa y repasa como si en ellas pudiera leer, ¿sabe lo que le digo?, como naipes que uno liga formando las jugadas que entonces no supo formar. Recuerdo esas impresiones como dibujos: El Torreón encima del pueblo, borroso y brillando entre el relumbre de la parva, o la peña de Iznatoraf en el fondo del valle que parecía un trozo de cartón flotando en el aire amarillo.

Cuando volví a la casa parroquial, ya se lo he dicho, no encontré el sueño y serían las tres de la madrugada cuando saqué al sacristán de la cama y le dije que preparara las cosas para salir al monte a la caza del cochino. El viento y el calor me habían echado tan fuera los nervios que yo mismo, para aligerar la salida, estuve ayudando a Frutos a afilar los rejones y a repasar con la almohaza las ancas de los caballos, vigorizándole el músculo que necesitarían para no desmayar sobre los pedregales.

Tomamos hacia la barranca de Astia pues por esa derrota mi padre me había dicho que se le cruzó por la mañana una hembra seguida de varios jabatos. Subimos de prisa, metiendo bien las espuelas. Quería encontrar el rastro de los animales en la noche y apostarnos antes de que rompiera la luz y estábamos ya cerca de Astia, en el robledal de Ernesto, cuando me agarró de repente la corazonada. La jaca se me brotó mientras algo muy malo me agarrotaba, como si el aliento se me cuajara en el cuello y alguien me metiera un punzón en la masa del estómago.

En esos momentos, se me hizo la luz. Lo vi. No sé todavía por qué. Son esas cosas del instinto que tienen poca explicación, pero todo el cuerpo me chillaba el barrunto. Le dije al sacristán:

—Frutos, vuelve ahora mismo grupas porque la desgracia está cayendo encima de los míos.

En la madrugada del 4 de agosto de 1836, pocas horas después de que degollaran a los Saturios, se encontró un cuerpo desmadejado y cubierto de polvo al borde de la cuesta del Escribano, en el camino de rueda entre Aroca y Cazorla. Era el de Anselmo Feliú, un profeta de la igualación social cuyo nombre se asocia a la autoría del doble asesinato de los Seisdedos, que precede y explica su muerte, en el sumario instruido en su día por el juez de Villacarrillo.

He tratado en varias ocasiones de reconstruir la historia de Anselmo a través de las confidencias tumultuosas de Margarita Seisdedos. Ella jugó con Anselmo y conoció bien a su madre, Antonia Peña, que fue cocinera de El Torreón, y un poco madre suya y de su hermano Rafael. El problema del relato de Margarita es el de la abundancia y el del desvío sentimental: vericuetos sin salida, observaciones llenas de ternura y de desinterés, confusión de todos en el todo de benignidad que es para ella el mundo. Trataré de depurar sus datos con la ayuda del ojo de pirata del padre Expósito, de esa mirada suya sin más anclajes que los del descreimiento. Él ha sido quien, en estos últimos días, me ha recortado no pocas de las efusiones narrativas de Margarita.

Antonia Peña nació en Navas de San Juan. Se casó y vivió en La Carolina con Juan Feliú, uno de los catalanes que habían acudido a hacer realidad el sueño racionalista de Carlos III y Olavide de transformar los descampados de Sierra

Morena en pueblos hechos con la concordia del cálculo y la eficacia del esfuerzo. En 1800, era ya viuda y regresó a Navas de San Juan con un hijo de once años y en tal estado de desvalimiento que en seguida aceptó la posibilidad de un trabajo en El Torreón del cual le hablaron unos boyeros de los Seisdedos, llegados a las Navas para comprar un toro semental. Fue admitida como ama de leche de Rafael Seisdedos y pronto se hizo con los fogones y con las confidencias de la abuela Nieves.

Trabajando para los Saturios, Anselmo Feliú se convirtió en un adolescente apartadizo, dado a luchar por sacarle a los libros el incomprensible sentido que sabía que en ellos se ocultaba.

Se hizo adulto de la mano del curtidor Zuheros, quien tenía su taller a una legua y media de Aroca, a la vera del río Aguacebas Chico. De él aprendió Anselmo algunas cosas elementales sobre la dignidad del hombre y ciertos ritos, hechos a la luz de velas grabadas con símbolos de compases y estrellas de cinco puntas. Oyó muchas veces al curtidor, investido con el mandil de capitular, hablar de una red de conjurados, llenos de un conocimiento secreto y de un amor por la humanidad tales que muy pronto cambiaría las cadenas de Fernando VII por la cara de la libertad.

De tarde en tarde, Zuheros ordenaba con un cuidado de oficiante sus pieles en el carro y salía a venderlas a sitios progresivamente más distantes donde iban llegando noticias de su precisa elasticidad. Regresaba de esos viajes siempre irradiando entusiasmo, cargado de noticias y con una brazada de ejemplares atrasados del *Eco de Padilla*, leídos después en las reuniones de los tres comuneros que acudían cada quincena a la tenería. Allí se hacían delirantes planes de toma de municipios y se pronunciaba el nombre de Riego y de Romero Alpuente con un respeto casi servil.

Pero, más que entre las ceremonias de Zuheros, el último Anselmo se fraguó en Cádiz, donde acudió por razones que no he podido determinar con exactitud, aunque seguramente lo hizo atraído por las cartas de un pariente del curtidor y por la viveza de la ciudad. En todo caso, años después, a Margarita Seisdedos le haría descripciones de Cádiz que ella no ha olvidado: las calles eran un hervidero de encuentros, abundaba el trabajo y se llegaban a pagar salarios de hasta doce reales. En el puerto se mezclaban mercaderes y marineros, lenguas, olores y navíos. Un revoltillo de pedazos de mundo. Bajo un cielo de torres y gaviotas, vivía la más libre, la más blanca y fecunda de las ciudades.

Anselmo se decidió a dejar la sierra en el año 1828; en 1832 ya había regresado a Aroca y, el 4 de agosto de 1836, uno de los zagales de la diligencia de Cazorla, cuando arreaba a la collera de mulas para remontar la cuesta del Escribano, cayó de bruces al tropezar con su cadáver.

Tenía las mismas heridas de muerte que Saturio y Elías, el cuello rebanado de un solo tajo y el estómago esparcido en una trenza viscosa. El polvo adherido por todo el cuerpo, desnudo como el de los Saturios, embarraba la sangre.

El zagal cambió la inflexión de la voz para alertar al mayoral pero cuando éste tiró de las riendas y pudo detener la inmensa masa de la diligencia ya una de las ruedas había segado con limpieza la cabeza del cadáver. La pendiente tiró del carromato hacia atrás y las mulas se derrengaron con el peso y fueron arrastradas entre un aspeo de patas y los gritos desquiciados de los viajeros.

Anselmo Feliú había vuelto de Cádiz lleno de una serenidad que ya nadie perturbaría de por vida. Traía las maneras cortas, atrapadas en la contención de gestos y palabras; la cara, que tuviera oculta por una barba rubia, aparecía ahora llena de inocencia. El pelo, largo hasta los hombros, era de un tono castaño, encendido por el hileo de las canas. El viaje le había dado dudas donde antes tuvo certezas, pero lo que sobrevivía era tan necesario e inaplazable que empeñar su vida por logralo se le antojó insignificante.

Temporalmente se estableció de nuevo con su madre en El Torreón, haciendo cualquier tipo de trabajo que se necesitara y, algunos años después, ya no se le conoció cobijo cierto. Siguió ayudando a Zuheros pero cambiaba de actividad y de lugar con frecuencia, realizando faenas temporeras en los molinos de aceite, en la corta de pinos o en la rebusca.

Por la tenería de Zuheros ya no sólo pasaban hombres pidiendo alimentos o auxilio ante la enfermedad sino que se volvieron a celebrar reuniones a deshoras en las que Anselmo hablaba de la armonía universal y condenaba la propiedad como algo que no ensanchaba al hombre sino que lo mutilaba. Se decía que los masones de Zuheros crecían con la clandestinidad de las enfermedades y, cuando estallara la fiebre, todo sería irremediable porque su fortaleza les habría venido de su silenciosa tenacidad: se penalizaba entre ellos la embriaguez, se subvenía a los más necesitados costeándolos a prorrateo y se rifaban fusiles con los que se adiestraban en lo más escarpado de la sierra.

En cuanto los Saturios reorganizaron su gavilla en el verano de su muerte, no dudaron en caer sobre la tenería pero ya Miguel Zuheros había huido sin tener tiempo para llevarse un alijo de pieles de gamo, cuyo olor a carroña trepó la milla larga que separaba el arroyo del Cuero de los primeros bancales del pueblo, poniendo alarma en los hortelanos con el pensamiento de que una matanza de conjurados había sido llevada a cabo en la curtiduría.

Hasta que se atrevieron a forzar la puerta, no encontraron el amasijo de las pieles, como un solo cadáver gigantesco, pudriéndose en las piletas de tanino.

Días más tarde, se supo que Zuheros estaba siendo publicado como enemigo del reino y que los pregoneros pedían con ahínco su cabeza. Sin embargo, a Anselmo Feliú se le siguió viendo en los tajos, con la ciega disposición que ponía en las tareas, o en la taberna de Espadañán rodeado de hombres con los ojos atrapados por sus dedos que recorrían las letras de catones y cartillas de escritura. Se le había visto dirigirse a las últimas cabañas de La Viñuela en busca de los pastores o leer el periódico al pie de las hogueras de los segadores o entre los faroles sostenidos por regantes ribereños.

Los Saturios le guardaban el aire a aquel hombre que se les metía en la casa y los miraba como si ellos fueran nadie, se encerraba con su madre en la habitación y allí permanecía durante horas dejando filtrar por la puerta una plática troceada con risas y silencios que parecía dejar a Antonia Peña como impregnada por una bonanza que le resistía en los ademanes durante el día.

Elías Seisdedos rezongaba de sus visitas y, en ocasiones, trató de entablar diálogos irónicos con Feliú sobre una nueva monarquía donde se coronaba a los burros y eran de plata los arados, pero sólo encontraba la dignidad despreciativa de Anselmo y los exabruptos de Antonia Peña, instantáneos como dentelladas.

No obstante, era difícil creer que el parsimonioso hijo de la cocinera hubiera caído alguna vez en el verdadero odio ni mucho menos que pudiera llegar a la abyección del asesinato. Cuando su cuerpo apareció decapitado por la rueda de la diligencia, todo el mundo pensó que ese crimen, que reproducía con exactitud al de Saturio y Elías Seisdedos, había sido movido por la reparación de los otros dos, pero que el vengador no había acertado con su víctima.

Rafael Seisdedos, el hijo mayor de Elías, fue al principio para mí unos tarros de afeites, unos corsés y unas ropas de extremada calidad colgadas en un armario. Fue también un pintor de pulso sin genio, pero con resultados suficientes como para seguir insistiendo en su mediocridad. Unidas a mis primeros días en Aroca, existen una buena porción de preguntas sobre él, que en gran parte hoy sé contestar gracias a los noventa reales dejados esta mañana sobre la mesa del padre Expósito cuando me he despedido de él.

Sé con bastante aproximación quién es la adolescente pintada por Rafael en una umbría de tocador por donde brilla la tensión de su carne mientras deja caer un vestido negro y levanta una mirada hecha para seguir inquietando a cualquiera que la mire. Pero ese cuadro, y todo lo que lo rodea y lo hace posible, se sitúa cinco años más tarde del retrato de familia que Rafael estaba pintando cuando asesinaron a su padre y a su abuelo en el burdel de Maribaila. Hablo del inmenso lienzo, extendido por toda una pared del desván de El Torreón, en cuya blancura, apenas rayada con el boceto a carbón de los cuerpos, flotan, nítidas y exentas, las cabezas coloreadas de los Seisdedos: Saturio y Elías en el cielo del plano más alto; centrando el cuadro, sus mujeres, Nieves y Adela, cuya muerte prematura la deja sin voz y casi sin mención en estas páginas; abajo, como fragmentos caídos de la vida superior, los rostros de Rafael y Margarita.

Hasta llegar a ese óleo inconcluso, la trayectoria de Rafael es treinta cinco años marcados por la normalidad y por el tesón obcecado por conseguirla. Quiso no ser lo que eran su padre y su abuelo o, con más precisión, negar el modo agreste con el cual ellos se apropiaban de las personas y de las cosas. La posibilidad de conseguirlo se la abre su madre, cuya familia lo educa en Cazorla, y su empeño nunca vencido de que su hijo varón complete estudios de agricultura en Madrid.

Cuando vuelve para instalarse en Aroca, Rafael trae varios baúles con volúmenes sobre técnicas de cultivos, obras de literatos europeos, entre los que figuran Cadalso, Walter Scott o Chateaubriand, y la edición francesa de la Enciclopedia que hoy está en la biblioteca de El Torreón. Tiene una plenitud de veinticinco años, aunque socavada por una veta de insatisfacción, y ya ha construido su personaje.

Desde el principio, quiso que la exactitud en el vestir, la continencia de modales, el conocimiento técnico de las labores y la frecuencia de los libros marcaran una barrera de inmunidad ante los demás y lo fueran llevando a un modo de poder que residiera más en lo inalcanzable de la diferencia que en esa vitalidad con la que sus mayores lo ejercían.

Las decisiones sobre la administración de la hacienda fueron cayendo de un modo natural bajo su responsabilidad, aunque se mantuvo siempre al margen de las convulsiones de la casa y los continuos intentos de su padre para que lo secundara, al principio perentorios y llenos de acritud, se fueron desgastando ante un hijo del que decía que Madrid se lo había devuelto con el nervio de la vida tronchado en su raíz. Y, en cierto modo, acertaba porque algo de imposible, de error o extravío, debió de tener la figura de un hombre lleno de matices, avezado en la palabra, pulcro y comedido, en un medio tan bronco como el de Aroca.

Los Saturios nunca supieron colocar las palabras hijo o nieto sobre alguien de brazos sin hacer o de manos con tan poca realidad que ni siquiera habían empuñado nunca un pistolete de damisela. Cómo llamar nieto o hijo a un casi extraño que no parecía haber crecido hacia el aire de la sierra sino hacia cuartos cerrados o hacia el interior de sí mismo. Sin desearlo, recelaban de él, interrumpían sus conversaciones ante su presencia y llegaban a sentirse azorados cuando hacían los preparativos para sus largas ausencias, como si la figura atildada de Rafael fuera un dedo que los señalara por el mero de hecho de afilar las lanzas, engrasar las escopetas, calzarse las espuelas o reliarse los pañuelos de cabeza para recibir aquel sombrero gris, donde lucían las escarapelas que los acreditaban para cazar bandidos.

¿Quién era aquel nieto —se preguntaba Saturio— que se pasaba las mañanas en los tajos apremiando a los braceros y las tardes metido entre proyectos y libros? ¿A través de qué fraude de la sangre le había llegado esa persona impostada, con sus ropas de petimetre y con sus frases incomprensibles? Destemplaba el ceño Saturio si Rafael entraba en la habitación donde preparaba sus cartuchos de pólvora y, cuando no decidía alejarse sin causas, sin que alcanzara a comprender qué se le había perdido a él en la cocina o en las cuadras, suspendía el trabajo y se quedaba mirando al nieto con los ojos estancados en una desasosegada melancolía.

Entre él y los Saturios sólo podía haber una línea de sentido que los uniera e hiciera su vecindad comprensible: la de la ambición. Estuvo Rafael tan atado a la pasión por la tierra como su padre o su abuelo. Pero, si ellos habían entendido la tierra como algo ritual, autosuficiente o acabado, Rafael la entendía como un materia sin desbastar donde había que aplicarse sin fin para irla modelando hasta desentrañarle la sustancia.

La hacienda familiar empezó a entrar de la mano de Rafael en un ciclo de transformaciones que fueron cambiando su superficie, antes apenas alterada, por una sucesión de geometrías: roturaciones de yermos, laderas recortadas en bancales, líneas de vallados angulando las dehesas, erección de establos y casetas. Hubo cerezos y acequias en lo antes colonizado por los zarzales, y ya no se hizo una corta de pinos sin que en los claros dejados rebrotaran los plantones.

Las cuadrillas de los Saturios aceptaron las exigencias del primogénito de los Seisdedos sin afecto ni costumbre, metidos en un irritante aprendizaje de lo hacía años aprendido, pero casi siempre escaso o deficiente para aquel hombre de levita, maniático de abonos y barbechos.

El verano de 1836 sorprendería a Rafael en sus asuntos. Con seguridad, habría alterado sus hábitos de hombre metódico sólo lo imprescindible, tolerando de mala gana las ausencias de los peones de sus puestos de trabajo y, sin demasiada condescendencia, las noticias sobre los jinetes anónimos que amedrentaban los campos.

Es improbable que un hombre llegue a redimirse por un solo acto de contrición, pero sí puede ser muy cierto que un momento de error o descuido rompa una larga trayectoria y suponga una condena. Basta, a veces, un golpe de azar o de pasión.

Todo el edificio racionalista construido por Rafael Seisdedos desde 1825, cuando llega a Aroca con los estudios de agricultura cumplidos, empieza a derrumbarse en una noche de calor y viento de un mes de agosto en la cual lo despiertan las voces de llamada del padre Expósito, los pasos y los lamentos de las sirvientas. Cuando abre los ojos y se levanta de la cama casi monástica en donde yo he dormido en El Torreón, es muy posible que no atinara con la vela ni encontrara las pantuflas porque el alboroto de carreras y el desquiciamiento de las voces le harían comprender que más allá de la puerta le espera un tiempo nuevo y él ya no volverá a ser ese que descorre el cerrojo, gira con aprensión el picaporte y se dispone a pisar las baldosas del pasillo.

Transcripción fragmentaria de la charla mantenida con el padre Expósito en Jaén, la mañana del 17 de marzo de 1874. Las palabras del sacerdote están copiadas bajo los mismos condicionantes atrás expresados.

Ya le he dicho que no sé por qué pasan estas cosas. Pero hay momentos en que alguien o algo te obliga a pararte y a volver la cabeza y a mirar lejos, a sitios que no se ven pero que tú ves, ¿entiende de lo que le estoy hablando?, ¿ha sentido usted alguna vez lo que le digo? Es un tirón que no sabes de dónde viene ni por qué, pero te amarra los pasos, te sacude y te impone su evidencia. Yo vi la desgracia en el camino de Astia y ni siquiera puedo decirle que fue un presentimiento porque era algo más, era un conocer y, también, una sensación de que el presente acababa de meterse en un barranco de donde ya no podía salir. Es difícil que usted me entienda o que no me tome por un viejo de cabeza floja, pero escríbalo como se lo estoy contando: no tuve dudas, tiré de las riendas y le dije a Frutos que volviera grupas.

Fue la última vez que vi al sacristán esa noche. Clavé espuelas a fondo castigando tanto al caballo que se me revolvía, me descabalgó en un par de ocasiones y, hasta que llegué a Aroca, no me di cuenta de que el animal tenía desgarradas las cañas y le resbalaba sangre por los cascos.

A la entrada del pueblo, me vocearon al paso unos carboneros que algo había pasado en la mancebía de Maribaila.

—¿Qué? —les pregunté.

—Nada bueno —dijo uno.

No me atreví a saber más. Tampoco era necesario y tuve terror de que la respuesta me humillara. De pronto, se me hacía insoportable que alguno de los carboneros pudiera mentar el nombre de mi padre. Pero la esperanza es ciega y torpe y, si es necesario, se agarra a la hilacha de una nube. Así que me fui a la casa de los míos diciéndome para adentro que mi padre estaría allí, roncando en su dormitorio, diciéndome que aún no había pasado nada y que yo no debía dejar que la rabia me abrasara el corazón.

Me salió a abrir Antonia, la cocinera, echándome el candil encima y preguntándome a gritos, llena ya del miedo que estaba viendo en mi cara.

—Su padre y su abuelo deberían estar con usted —me chillaba—. Salieron a eso de las ocho dejándome dicho que no les preparara nada porque se iban a cenar a la parroquia.

Fuimos a sus habitaciones, recorrimos la casa, los establos, y yo no encontraba nada más que una angustia que me iba creciendo mientras voceaba el nombre de mi padre por los corrales, por la tahona o por los pasillos. Todo se estaba ya llenando con los candiles de los peones y las llantinas de las criadas. En el primer patio, el que está pasando el arco de la torre, usted lo conoce, me encontré a la abuela Nieves y a mis dos hermanastros. Estaban los tres en camisón, hechos un racimo al pie de la escalera.

La abuela Nieves me trató de loco. Nunca me tuvo ley ni yo tampoco se la tuve. Ella sabía quién era cada uno, quién era el primogénito y el preferido de su hijo. Sabía que, aunque nadie me mentara con el apellido Seisdedos, yo lo llevaba en la pepita del corazón. Me dijo:

—¿A qué viene aquí alborotando a estas horas? ¿Es que es una novedad que mi marido y mi hijo no duerman en esta casa?

Así era la abuela. Nunca me dejó acercarme a ella ni me quitó el trato de usted. Era agua de charca la abuela, agua de la que empapa y pudre.

Le dije a Rafael:

—Vístete porque me parece que la noche se ha torcido para nosotros.

Recuerdo la palidez de Rafael. Es una de esas imágenes de las que le hablaba. Una palidez especial, de enfermo o de resucitado, blanco entre sus ropones de dormir y aún más blanco cuando volvió metido en su frac de paño crudo, como si todo él fuera un estuche de hueso o como si la cara sin sangre le mandara su color al resto de su figura. Lo estoy viendo ahora bajar por la escalera, alto y silencioso, lleno de miedo; lo veo mirarme con ojos de otro mundo, andar sin hacer ruido hasta el escritorio del zaguán y tomar una pistola del cajón con el pulso cobarde de quien teme a las armas. Lo veía prensar la pólvora en el cañón, caerle el pelo en chorreones de brillo sobre las manos, y no sé por qué adiviné que iba a matar por primera vez y que esa muerte se le iba a meter dentro hasta tomar la forma precisa de su cuerpo.

Cuando salimos, supe cuál era el camino más corto porque conocía las querencias de mi padre. Rafael llevaba su potra gris, un animal de patas largas y ligeras que yo le envidiaba, pero, aun así, me extrañó que me dejara atrás, que su rabia —no su destreza— fuera superior a la mía. Lo recuerdo a unas varas delante de mí, galopando a rienda suelta, arriesgando mucho más de lo razonable.

Al llegar al caserón de Maribaila, la encontramos acurrucada contra el gozne del portón, arrancándose en silencio manojos de cabello. Había perdido la voz porque hacía horas que no paraba de gritar y en su garganta se le apelotonaba un constante ronquido.

No olvidaré ese bulto sin alma caído junto a la puerta, animado sólo por la mano de autómata que le descuajaba el pelo en medio del resplandor de los rastrojos que ardían delante de la casa. Levantó la cara encharcada y removió los labios sin que les pudiera sacar ningún sonido.

Si usted conoce la mancebía, sabrá lo grande que es, sin embargo y a pesar de que las muchachas habían huido y los escopeteros de guardia se habían marchado a dar el aviso, no tardé en encontrar el sitio. Supuse que el calor habría echado a mi padre y a mi abuelo no al patio, que es más abrigado, sino a los corrales de atrás donde hay un huerto. Y allí estaban, al parecer dormidos sobre los jergones.

Cuando me acerqué, me sorprendieron los destrozos de sus cuer-

pos y la saña que se empleó en sus muertes. Malditos. No sé si usted podrá hacerse cargo de la escena. Estaban cubiertos con la ceniza de los rastrojos y el polvo se había hecho un pegajo con la sangre. Calaña de ratas. Canallas. Tenían tajos iguales, en este sentido, ¿ve?, tan hondos como este pulgar, hechos a conciencia. Esos malnacidos habían cortado despacio, con la tranquilidad del que apareja a un muerto o despieza a una res. Gentuza sin los redaños suficientes para entrar a matar de frente, gentuza que igual que alimañas se arrastraron hasta ellos mientras dormían y, así durmiendo y borrachos como estaban, fíjese qué valor le echaron, les metieron los cuchillos de caza en las gargantas. Después midieron los tajos, trincharon a placer —¡canallas!—, los emparejaron con la intención bastarda de no hacer distingos. Me ahogaban los insultos al ver el número de las heridas y la mala cuna de los asesinos que, no contentos con la muerte, fíjese lo ruin que puede ser un hombre, les taponaron las bocas con ramos de perejil.

En el corral, a mi lado, Rafael tenía la respiración cobarde y los mismos ojos huecos, mirando a lo hondo del cráneo y no al exterior, que tenía el cadáver de mi padre. Sollozaba tras mi nuca con ese desgarro de los que no tienen fuerzas para sujetarse el llanto.

Ésos eran los mimbres de Rafael. Hágase cargo de lo que le digo, fíjese qué momento para llorar y dígame usted mismo si a un hombre le cuadran o no las lágrimas. Pero fue precisamente de ahí, de esa equivocación de la debilidad, de donde salió la otra equivocación mayor de Rafael. Luego se lo contaré. Pero considere esto: algún bergante nos acababa de dejar sin padre y en esos momentos lo estaría festejando, tomando su desayuno o acudiendo a sus faenas, alguna rata que estaba viva y satisfecha, y, mientras, a mi hermanastro todo lo que se le ocurría era arrodillarse ante los cadáveres y hacer de plañidera. Dígame usted mismo qué pasta es ésa para hacer un hombre. Dígamelo.

Dejé a Rafael allí y espoleé sin descanso siguiendo un rastro que definitivamente perdí al vadear el arroyo del Contrahecho. Batí los cortijos de las inmediaciones sacando a los peones de sus camastros para oírles el pálpito del pecho y hurgarles la ropa en busca de la sangre delatora. A primera hora de la tarde, me acompañaban cuatro hombres en el husmeo, los cuatro estaban o habían estado en la partida de mi abuelo y cualquiera de ellos tenía ambición y razones para haber sido el asesino.

Pasé un día de desesperación y de vacío. Usted sabe: buscar una aguja en un pajar. O aún peor: distinguir una brizna de paja entre la paja. Cuando volví a Aroca estaba ya la luna alta y la rabia no se me había apagado pero regresé convencido de que era inútil la búsqueda. Cualquiera que hubiera sido el que saltó la barda de Maribaila tenía la fuerza, o la furia, necesaria como para hincar en las carnes un cuchillo hasta la cruz y era tan miserable como para no dejar tiempo al grito o a la defensa. Eso abarcaba a algunos que conocía y, si me ponía a hacer números, el monto se me iba a una cuenta de muchas cifras. La sierra le saca músculo a los hombres y a los míos se les odiaba porque habían tenido el vigor de hacer que las personas y las cosas se les volvieran panza arriba, como perros rastreros. Y un hombre humillado es difícil que se conforme con ser una rata: cría veneno a palos y aprende a pisotones las mañas sigilosas de las víboras.

Transcripción fragmentaria de la charla mantenida con el padre Expósito en Jaén, la tarde del 18 de marzo de 1874. La copia que dejo a continuación tiene correcciones en el mismo sentido que las anteriores.

Ya le hablé de las consecuencias. Apúntelas otra vez para que nadie pueda hacer interpretaciones equivocadas. De pronto, yo no valía nada. La sangre que me corre por las venas era menos que agua porque esa sangre no tenía nombre y la voluntad de mi padre, que siempre fue la de legitimarme como primogénito, la cortaron a traición unos malnacidos con un cuchillo trinchante. No había papeles de por medio y la voz no tiene cuerpo ni puede agarrarse con la mano ni guardarse en un archivo. Nadie quiso ya acordarse de lo que decía Elías Seisdedos sobre la herencia. Todo era desmemoria y desvergüenza. A tuerto o a derecho, mi casa hasta el techo. Canallas.

A la tarde del día siguiente, del día 5 de agosto, llevamos los cuerpos de los míos a la iglesia y la nave se llenó de gentes que se estrujaban en el arco de la puerta y se escurrían por la escalera hasta el anchurón de la plaza. Se le había mandado aviso a los amigos de la familia y habían ido llegando algunos coches durante la mañana. Estaban allí también los capataces y peones de las fincas. Pero eso no explicaba aquella mancha de cabezas, impensable en un pueblo como Aroca, cabezas llenando la nave de la iglesia, apretujando a la abuela Nieves, a Rafael y a Margarita contra los hachones que orillaban a los dos ataúdes.

En seguida me di cuenta de que Frutos, el sacristán, no exageraba. Cuando esa tarde me despertó de la siesta, me había comentado que estaban llegando forasteros y que había gente acampada en el pinar de las Pedrizas, algunos hasta con sus familias.

Le dije, y no vea ironía en mis palabras, que no fantaseara, que ni por mi padre ni por mi abuelo habría muchos que darían el rodeo para subir a Aroca.

Entonces fue cuando me enteré.

Me dijo Frutos:

—No es por ellos, padre Expósito. Vienen al otro entierro.

Se refería al de Anselmo Feliú, que sería al día siguiente. Usted ya sabe de quién le estoy hablando y que no había en él hombre para tanto lamento. Sin embargo, allí estaba toda esa gente a quien Frutos había oído mentarlo de santo. ¡De santo! ¿Qué le parece? ¿Desde cuándo estaban en saldo las peanas de los altares?

Pero un santo puede ser alguien que haga promesas y consiga creerse y hacer creer a las gentes que serán mejores. Y, además, Anselmo era rubio y calmoso y hacía gestos de opereta y hablaba susurrando.

Así que llenaron mi iglesia, arremolinándose, pujando hacia los féretros y, cuando yo ya los increpaba llamando por sus nombres a los que conocía y mis palabras empezaban a moverlos hacia el fondo de la nave, resonó la voz de la abuela. Usted es demasiado joven para saber la inquina que con los años puede acumular una mujer. Nada puede igualar esa furia lenta que les crece debajo de la resignación y estalla de golpe, como un rayo seco capaz de atravesar un rebaño en un instante.

Ahí la tenía usted, desmirriada e insignificante, pero dominando mi iglesia con esas voces que le salían de debajo del velo y lo golpeaban a trallazos. Pidió silencio, y se hizo. Pidió respeto, y lo tuvo. Ni siquiera me miró. La sigo viendo ante la masa de campesinos que huían de sus gritos como de un aire pestilente mientras ella, de espaldas a mí, me ignoraba y se hacía dueña de lo mío.

Hice los oficios engolfado en una bilis que me impedía acertar con la liturgia y aún no había podido hacerme conmigo cuando en-

tre Rafael y los caporales de La Escarchada se cargaron los ataúdes para irse alejando por el pasillo hacia el vano de la puerta. Desde el altar, veía el brillo de las cajas meciéndose entre las cabezas hasta que se las fue tragando el resplandor de la calle y entonces supe con toda claridad que me iba con ellos, que yo estaba tan muerto como mi padre porque sin él yo no era más que alguien que se le parecía, una nariz o una espalda cuyas formas le harían a las gentes recordarlo, pero sin consecuencias pues yo era un hombre sin apellido, sin tiempo ya para tenerlo, un sacerdote que había gastado su crédito en secundarlo y me quedaba allí, solo en el altar, viendo cómo los ataúdes se perdían por la puerta y una vieja se apropiaba de mi parroquia mientras mi padre era un recuerdo metido en una caja y yo un recuerdo de ese recuerdo, sin apenas más autoridad que el último de sus escopeteros.

El entierro de Anselmo Feliú se celebró al día siguiente del de los Saturios y, al igual que su muerte, tuvo un extraño paralelismo con el de ellos. El encadenamiento de los asesinatos, su patente relación, las heridas rituales, las semejantes posiciones de los cuerpos y las circunstancias añadidas de la probada inocencia de Anselmo y del decapitamiento de su cadáver por la rueda de la diligencia se sumaron de tal modo que llegaron a formar una imagen de él seguramente muy superior a la que tuvo en vida.

La noticia magnificada de su muerte se extendió en seguida por los pueblos de la sierra de Cazorla y, al día siguiente, ya ponía en movimiento a algunas gentes de las Lomas de Úbeda y de las últimas alquerías de la sierra de Segura.

Hubo hacendados que acordaron enviar emisarios a Cazorla pidiendo sin éxito un piquete de dragones porque su alarma agrandaba el número de los que acudían —que no debió de sobrepasar, sin embargo, las dos docenas de personas— y llegaron a temer que la muerte del hijo de Antonia Peña resonara con la aspereza de un solo grito de vindicación, como si los tajos que lo degollaron se hubieran asestado en una materia común, hecha de cada uno de los braceros de la comarca.

En paralelo con el otro entierro, llenaron los campesinos la iglesia e hicieron corros en sus aledaños, tensados por una expectación que no llegó a resolverse. Sin embargo, en esta ocasión, los comentarios de agravio y condolencia corrían entre las cabezas y un rumor asordado pareció sostener el féretro cuando flotó sobre los presentes y avanzó hacia la plaza.

Por el número de referencias que me han llegado, debió de ser verdad que la reputación redentorista de Anselmo había adquirido tal solidez que algunos arrieros trajeron nieve de pozo para combatir la descomposición del cadáver y en el velatorio hubo mujeres que cortaron mechones de su pelo, guardados luego como un tótem para atraer a la dicha improbable.

—Un inocente que quiso darnos pan y sólo pudo darnos sangre —me contaron que se le oyó exclamar a una de las mujeres del duelo.

Cuando el cortejo cruzaba la plaza, sonaron voces sueltas de desquite y el padre Expósito oyó mascullar su nombre sin que ese hecho tuviera aún valor para él, pero comprendió que las cosas podían salirse de su horma y aligeró tanto el paso hacia el cementerio que sólo al llegar se dio cuenta de que el cortejo se había quedado muy atrás y que el calor era insoportable: sudaba bajo la casulla y, a su lado, sus acólitos resollaban con las caras goteando. Eran el sacristán Frutos y el loco Valor, un enajenado mental de vejez prematura, hijo de nadie y protegido de Rafael Seisdedos.

Frutos habló mirando hacia la masa, oscura entre la polvareda que su paso levantaba:

—Habrá que esperarlos, padre Expósito, porque ésos son como los perros y no hay que dejarles que nos huelan el miedo.

Iba a contestarle el cura cuando llamó su atención el gimoteo de Valor que hincaba sus botines de mujer en la tierra y balanceaba el cuerpo para jugar con el vaivén del roquete, acompasándolo al ritmo que imprimía al incensario. Le miró un momento los antebrazos y los calcañares peludos que rebasaban con mucho los bordes de la ropa, el pellejo de la cara sumiéndose en el torbellino de los labios y, en los ojos dementes y en la baba de la sonrisa, leyó lo que había estado presintiendo durante todo el funeral. Valor despuntó la cabeza entre las hilachas del incienso y sacudió la barbilla hacia el sacerdote:

—Tú lo mataste, padre Expósito, tú mataste a Anselmo.

Imitaba golpes de hacha con las sacudidas bruscas de la cadena del braserillo y reía desmadejado, tronchando la bola de la calva entre los encajes mugrientos del roquete.

Cuando el féretro ya estaba en la fosa y el padre Expósito se disponía a hablar, el tabernero Espadañán se adelantó titubeante para decirle que Anselmo no era creyente y era mejor que nadie echara más agravios sobre su persona. Las gentes se rebulleron y avanzaron ligeramente, arropando a Espadañán, pero el sacerdote lo encaró con displicencia, lo apartó con un único brazo y, agigantando sus casi dos varas y media de estatura, manifestó bajo la casulla la enorme pistola de arzón que a menudo llevaba encajada en el cinto.

—Aquí se van a hacer las cosas como hay que hacerlas y no son los Espadañanes ni los Pujas ni los Rodados quienes saben de entierros, el que sabe de estas cosas soy yo y yo soy el único que mete su opinión en ellas.

En ese punto, se alzó el alarido de Antonia Peña volcando toda la energía en una sola palabra, «¡Asesino!», y fue como un chasquido que en seguida se absorbió en las contracciones de su llanto.

El padre Expósito no llegó a inmutarse, se limitó a levantar de su pecho el escapulario de la Virgen del Carmen, enseñándoselo al círculo de hombres, mientras tomaba de nuevo la palabra:

—Alguien que no soy yo es quien tiene que pagar este crimen. Y lo pagará. La mano que mató a Anselmo fue la misma que descargó contra Saturio y Elías Seisdedos porque lo hizo con las mismas mañas. Y, ahora, recordad esto: esa mano está entre vosotros y a mí me debe dos muertes.

Acabado el entierro, el cura no volvió a los cuartos que tenía linderos a la iglesia sino que fue directamente a El Torreón y de nuevo, igual que dos noches antes, notó ese vacío que le confirmaba que algunos días doblan esquinas a donde jamás se vuelve. Se sintió forastero entre objetos que conocía y le pareció que los pasillos no llevaban a ninguna parte.

Encontró a Rafael Seisdedos en el estudio habilitado en el cuarto más alto de la torre. Aún no se habían colocado las dos filas de armarios que hoy se extienden por sus paredes más largas y todo era un desorden de mesas, libros y objetos de pintor. Estaba Rafael sentado en una silla, al fondo, ante la ventana de ojiva por donde entraban las últimas luces del ocaso. El cura lo vio de espaldas, con la cabeza rodeada por la bocanada de resplandor, e imaginó su mirada muerta sobre el valle. Desde que percibió su presencia de estatua, supo con absoluta seguridad por qué había venido.

Recuerda segundo a segundo el padre Expósito lo que pasó luego y me lo ha relatado de un modo tan vivido y minucioso que en lo que yo añada para contarlo en tercera persona apenas habrá invención sino más bien un ordenar sensaciones y palabras que andaban dispersas en las notas de varios días en los cuales me habló de lo que ahora relataré. Únicamente he imaginado consecuencias de lo oído al cura envolviendo sus evocaciones con mi mirada, esa red de sentidos que sobreponemos a los trozos de realidad transmitidos por los otros para darles unidad y hacerlos objetos de nuestra mente.

La tarde del entierro de Anselmo Feliú, cuando el padre Expósito entró en la cortijada de los Seisdedos tardó en encontrar a Rafael, merodeó por patios y pasillos, abrió habitaciones e hizo preguntas a las criadas pero no se atrevió a levantar la voz y pisó las baldosas con el sigilo de quien ha perdido un territorio y vuelve estrenando una extraña condición de usurpador.

Al pasar por la galería del segundo patio, la abuela Nieves dejó caer en el acto el rosario sobre las haldas e hizo un esfuerzo para incorporarse del sillón mientras desgarraba la boca para increparlo, pero el sacerdote cruzó ignorándola, sin detenerse siquiera para hacer un gesto a la criada que sale a besarle la mano. No obstante, no pudo evitar oír a sus espaldas cómo la abuela reprendía a la muchacha:

—¡Que nunca te vuelva a ver en el vuelo de ese farsante!

Después adivinó que los murmullos de la abuela eran órdenes que ponían en marcha su expulsión y se vio obligado a apresurarse por la cortijada interminable hasta que pudo encontrar a Rafael Seisdedos en el estudio de la torre. Lo vio inmóvil entre los trastos en desorden, como un bulto olvidado sobre una silla que sólo se diferenciara del resto de los perfiles por la orla de resplandor que le prestaba la luz de la ventana y, desde ese momento, el sacerdote supo que en la quietud de Rafael, en esa muerte de los sentidos ovillados sobre la silla, estaba su sobrevivencia. Se le acercó despacio, haciendo crujir el entarimado que se alabeaba bajo su peso:

—Llevo tiempo buscándote por la casa, Rafael, subiendo y bajando escaleras, dando tumbos por patios y pasillos sin conseguir ver una cara de bienvenida ni que alguien me dé los puntos de tu paradero. Pero, ante todo, ¿cómo estás, hermano?, apenas nos vemos, apenas hablamos, ahora que precisamente tendríamos que estar hechos un puño, unidos como nunca y, date cuenta, vengo a verte y se me ponen obstáculos porque la abuela me tiene mala voluntad y se empeña en que yo no sea yo, como si eso fuera posible, como si se me pudiera arrancar el hígado, las raíces del pelo o el color de los ojos.

Al llegar a la altura de Rafael, ya ha notado que él no ha hecho el mínimo movimiento de curiosidad o de saludo. Desde donde está ahora, puede ver su perfil rígido y su ojo derecho, abierto, cuajado, como un trozo de vidrio atravesado por el sol. Comprende que está más afectado de lo que había supuesto y decide modular el tiempo con suma lentitud para que la precipitación no estorbe su propósito, así que permanece callado el padre Expósito mientras echa la vista hacia el mismo horizonte que está mirando su hermanastro; luego, carraspea, y apenas despega lo necesario los labios cuando prosigue:

—Pero yo no he venido a contarte cosas que tú de sobra

sabes ni a cuchichearte historias al oído como hacen las mujeres, ni tampoco he venido a buscar tu comprensión. Tú sabes a qué he venido y, sin embargo, me dejas dar rodeos, gastar frases de compromiso mientras encuentro el modo de decirte que te equivocaste, que erraste el camino de la revancha y no acertaste con el hombre.

(Lo dejo que me sienta a su lado. Miro el punto del valle que él está mirando y tengo que bajar los párpados porque el sol me daña. Le pregunto que por qué no se digna volverse para mirarme. Le digo: ¿Cómo puedes aguantar sin un pestañeo ese sol tan raso? Y sigo dándole vueltas a las palabras para que sepa que yo sé, para dejarle claro que no se puede cometer errores con la muerte. La venganza, le digo, no se improvisa, necesita premeditación la venganza, frío y mala saña necesita la venganza.

Usted sabe de lo que le estoy hablando: Rafael nunca había tocado un arma y la tocó en mal momento. Cosas de bisoños, cosas de niños con fuerza de hombre para degollar a un inocente. De eso le estoy hablando. Cuando uno mata tiene que hacerlo midiendo los pasos y, sobre todo, sabiendo que la vida cabe en un soplo y pesa menos que un comino, ¿comprende lo que le digo?)

El padre Expósito observa una mínima contracción en la mejilla de Rafael. Le ve el cabello tirante por las pomadas, rayado por el peine, la quietud del párpado derecho y, más abajo, su propia mano que va a posarse despacio en el hombro de Rafael y negrea sobre el raso blanco del chaleco al tiempo que toca un temblor bajo la tela y la confirmación de sus sospechas.

(Le noto una sacudida. Un tirón en la mejilla. Le pongo, despacio, la mano sobre el hombro y toco ahí un temblor. Desde entonces, ya sé que Rafael está roto y bajo la cabeza para encararlo y le voy diciendo que no acertó con el hombre, pero casi, porque alguno de la cuerda de Anselmo Feliú sería el que saltó la tapia de Maribaila.)

Espacia las sílabas el padre Expósito, las mide, va pronunciándolas con el cuidado de quien ha metido la barca al pie del acantilado y sondea con el remo los escollos:

—No acertaste con el hombre, pero casi. Anselmo no pudo ser el asesino, pero alguien a quien él le abrió los ojos al odio fue el que nos dejó sin padre y sin abuelo. Anselmo ya no dará más problemas, Rafael, y eso no está mal; sin embargo, se necesitaba más hombre para poder con uno solo de los dos y él no tenía la fuerza para hacer esos cortes ni los arredros necesarios; él sólo tenía la boca grande y chicos los machos. Te equivocaste, Rafael. Ni siquiera reparaste en que ese pobre desgraciado se acostó esa noche aquí, bajo el mismo techo en el que tú tienes tu cama. Te atolondraste. Yo lo comprendo. Se te subió la sangre a la vista y te nubló la orientación de las ideas. Esas cosas pasan. Yo lo comprendo. Pero ahora van a aumentar las complicaciones porque esos ganapanes quieren más muertos de esta casa y ya cacarean que es a mí a quien van a crucificar.

Rafael Seisdedos gira apenas la cabeza y levanta los ojos enramados de capilares hacia el cura. Seguramente, lo vería como una mole negra estirada por la perspectiva: la inmensa barriga fajada por el cinturón de cuero, el escapulario, la media luna de la barba, el cabello en desorden. Su voz apenas tuvo el aliento necesario para remontarse hasta el sacerdote:

—Confiésame, padre.

—¿Qué dices, Rafael? Te dejas ganar por el miedo, flaqueas y, cuando más falta nos hace el coraje, a ti ni siquiera te sale la voz de lo hondo del gaznate.

—Confiésame, padre. Ayúdame.

—Cálmate, Rafael, en seguida podrás contarme todo en confesión. No te preocupes por eso.

(Cuando empezó a reaccionar, giró la cabeza muy despacio, levantó la cara buscándome y me miró como si saliera de una tumba. Hablaba con burbujeos, con una voz que no llegaba a remontar. Yo trato de darle lo suyo, lo calmo, le digo que no se preocupe, que es ancho el perdón de Dios. Y vuelvo a lo de antes. Le voy diciendo que no es su cabeza la que andan buscando ni su nombre el que suena en

los corrillos. Esos buscavidas, le digo, me señalan a mí y tú vas a dormir a resguardo porque yo voy a cargar con tu culpa. Conmigo no se atreverán. Me echaré encima tus pecados porque, mientras vista estos hábitos y me socorran un puñado de hombres, nadie va a poner la mano encima al padre Expósito ni yo voy a dejar que medren desharrapados que pisotean a Dios con la suela de sus alpargatas.)

Abre otro lapso el cura mientras comienza a pasearse por detrás de la silla entre el faldeo cadencioso de la sotana:

—Pero eso te tiene que costar algo, hermano. Tú tienes los papeles de la tierra y tener los papeles es igual que tener encerrada en una arqueta la voluntad de nuestro padre. Y yo no he venido aquí para recordarte qué quería él y quién nació primero.

Rafael Seisdedos, sentado en el curso de luz de la ventana, los dedos entreverándose en un solo puño y las piernas retraídas y cobardes, unidas por las rodillas, había seguido las intenciones del padre Expósito sin ninguna señal que confirmara escucha o discernimiento. Sólo ahora, comienza a cabecear, asintiendo con suma lentitud, casi con dolor, como si cualquier alteración de los músculos le supusiera un roce con el remordimiento.

—No voy a negar que tú también has administrado como nadie las fincas, has puesto tu cabeza en los cultivos, aterrazas el monte, haces acequias y no abonas sólo con cagarrutas. Tú sabes de esas cosas, a cada uno lo suyo. Pero yo me he jugado el prestigio y alguna vez la vida para agrandar los feudos mientras tú vas a los campos con guantes de cabritilla, con tu pantalón de tubo y tu levita, pisas sin sudor la tierra y apoyas tu bastón en los terrones. Sin embargo, ocurre que nos dejan sin padre y tú no aciertas con la venganza, equivocas al hombre y echas la gente contra mí. Y eso es mucha hiel si no le echamos una buena cucharada de azúcar. Es justo que convengamos en que hay que endulzarme ese trago. Pongamos la dehesa de Los Vientos con todos los hombres, el ganado y sus tierras de labor. Con eso me sello la boca y damos a cada uno lo suyo, hermano.

(Me había estado oyendo sin hacer ninguna señal que confirmara escucha. Usted conoce esas miradas que no miran ni parecen tener vida, ¿sabe?, dos bultos brillantes, dos agujeros llenos de agua, ¿sabe lo que le digo? Le tenía que tocar en el hombro: ¿Me estás escuchando, Rafael? Y él con su cara quieta, rojiza por el sol, levantada hacia mí hasta que empieza a moverla, asintiendo. Le digo: ¿Estás conforme? Con Los Vientos me sello la boca y cargo con tu muerto. Y él cabeceando, sin resuello para sacarse las palabras, nada más que esos testarazos de vaca que no encuentra el sueño.)

Tal vez lo único que percibiría con claridad Rafael sería el poder de destrucción de su conciencia, algo vivo rebulléndose en su interior, ocupándolo, desalojándolo de lo que era, impidiéndole reconocerse en ese gesto de asentimiento y calibrar sus consecuencias.

La voz de Rafael vuelve a rodar sin volumen:

—Tenía cenizas en la ropa, Anselmo tenía cenizas en la ropa y esa noche los Romanes quemaron su parva en las puertas de Maribaila.

(Le digo lo que parecía saber todo el mundo menos él. Le digo: Anselmo durmió en El Torreón esa noche y se levantó temprano para descuartizarle unos cabritos a su madre. Me bajo hasta sus ojos, le pongo la mano en la barbilla para enderezarle la cabeza; lo sujeto así, ¿no?, obligándolo a que me mire, y le voy diciendo despacio: es otro quien tiene la deuda con nosotros, otro que anda vivo, que desayuna, duerme y fornica; otro que celebra su triunfo hasta que esta mano le arranque de cuajo la sonrisa. Pero pierde cuidado, ningún condenado bajó nunca vivo del patíbulo.)

En el momento en que el padre Expósito iba a salir, entró Valor escorando los andares, gimoteando, dando manotazos al aire. Recorría a zancadas el desván hasta que se para en una de las mesas y remueve los pliegos allí amontonados. Se va mirando el loco Valor en los dibujos, hechos por Rafael, donde él figura vestido con toga y coronado de laurel, o sosteniendo diversos atributos como esferas armilares, el cetro de los emperadores o el búho de la inteligencia. Valor escudriña los retratos y su rostro, babeante de llanto, va recomponiendo la mueca de los otros rostros del papel.

(Se está arrodillando ese pobre desgraciado al lado de mi hermanastro, cuando me ve. Se asusta, salta como un conejo al centro de la habitación, abre los brazos, se hace un remolino de harapos y me señala metiendo la nuca monda bajo el brazo. Y saca su vozarrón: ¡Tú fuiste, cura Expósito! ¡Tú le diste a Anselmo con el hacha!)

Tan pronto como el sacerdote inicia un ademán de amenaza hacia Valor, éste agazapa el barullo de gestos y carcajadas, como si la acción esbozada por el cura tuviera ya el poder de un acto consumado que lo atenazara contra el suelo. Valor lo mira despuntando las córneas y, de repente, salta zanqueando con los brazos encabritados, emitiendo un chirrido de grillos que le sigue vibrando entre los dientes cuando se escurre por la puerta y su carrera golpetea por los peldaños.

Encoge el cura los hombros y exhibe las palmas de las manos en un vaivén que pretende mostrar impotencia o un desánimo que no pudiera salir de sí mismo. Busca que la emotividad le guíe las palabras:

—Ahí lo tienes. Lo acabas de ver. Proteges a ese loco lenguaraz y tú mismo has oído lo que anda voceando por las calles, los perjuicios que me vienen de tu torpeza. Él se atreve a calumniarme en mi cara y los demás hablan por su boca. Te lo dije: quieren hacer una bandera de venganza con mi pelleja, crucificar a un inocente.

Ya con el picaporte en la mano, el padre Expósito mira el desván: el cielo se ha apagado en la ventana y por la estancia avanza un aroma a humedad y pastizales. El cura lo recordaría porque, cuando al día siguiente regresara para recoger las escrituras de Los Vientos, encontraría idénticos matices en la luz, el olor exacto de la víspera, la misma quietud en la espalda blanca de Rafael, inmóvil de nuevo sobre la silla.

Cuando Rafael Seisdedos regresó a El Torreón en el amanecer del 4 de agosto, sorprendió a Anselmo Feliú lavándose en una pileta del corral de los establos y lo sacó, arguyendo un pretexto trivial, a descampado para matarlo. Sólo unas horas después conocería los pormenores de su error: Anselmo había dormido esa noche en los establos, no era sangre homicida la que se limpiaba en la pila ni la de las salpicaduras del hacha cuyo astil se apoyaba contra su muslo, sino la de un par de borregos recién descuartizados para los fogones de Antonia Peña. De ellos provenía también la ceniza que le manchaba el pantalón.

Ese acto de brutalidad, en el que Anselmo encogió el cuerpo incrédulo para recibir el primer hachazo en el cuello sin un solo grito, Rafael creyó poderlo redimir con la idea, que se repetía sin cesar hasta hacerla convicción, de haber arrancado un puñado de cizaña. Pero el remordimiento se mostró tan indomable que, por entonces, inició el hábito de frecuentar la iglesia y de no separarse del candoroso Valor, en cuya vecindad tal vez ahora quería encontrar una suerte de contagio o de inmunidad ante un recuerdo que se iba rizando sobre sí y empezaba a fosilizarse en su cabeza.

El padre Expósito conoce todo el deambular de la penitencia de Rafael. Le oyó muchas veces ese sonido subterráneo del arrepentimiento, un río que no desemboca y que se navega incesantemente con la esperanza de que sus aguas fluyan de una vez.

—Durante más de un año —resumió el cura lo que acabo de expresar—, la cara de Anselmo llegó a ser para Rafael la cara del mundo.

II

Dejé Jaén sin demasiadas ganas y con malas noticias en los titulares de los periódicos, aunque no novedosas con respecto al esfuerzo que viene haciendo el Gabinete de Serrano por conseguir que la República no haya nunca existido. Es inesperada, en cambio, su ineptitud para combatir la medievalización de España que pretende el carlismo: resurrección de cruces y cetros, vigencia de unos fueros cuyos contenidos, lejos de buscar la internacionalización del hombre, exigen islas de diferencia, de privilegios y de exclusión. Los carlistas siguen apretando a Bilbao en un cerco que aún no se ha podido romper y, además, acaban de tomar Portugalete.

Mis últimos días en Jaén los ocupé casi exclusivamente en la escritura, sin dejar apenas la posada ni la mesa de trabajo. Me llevaban la comida a la habitación y salía lo imprescindible para ir a la casa de baños, comprar la prensa o dar algún paseo con Esteban Molina, quien ha venido con asiduidad a buscarme, empeñado siempre en mostrarme los rincones más amables de la ciudad.

En una ocasión cené en su casa y me vi obligado a entrar, como temía, en esa torpeza del disimulo y de las intenciones ocultas. Encontré a su mujer comedida y hermosa, llena de una frescura tal que, cuando la vi, pensé que hasta ese momento la había olvidado. A pesar del esfuerzo mutuo, ella no consiguió no ser del todo ella ni yo evitar darme cuenta.

En realidad, hubo dos cenas y, tal vez, una sola sensación de límites y de miseria. Me persiguió una piedad provocada por Esteban —pero que se volvía hacia mí, pues él no merece sino reconocimiento—, por verlo franco y engañado, cordial, rojo de vino o alegría, mientras manifestaba su placer por tenerme en su mesa y no dejaba de repasar el anecdotario de sus viajes de arriero.

En esos días de trabajo, a los cuales he aludido, conseguí aupar a un heroísmo razonable a los Saturios añadiendo diálogos, inexistentes en la primera redacción, construyendo con más detalle el espacio y apoyando a mis personajes en una ideología que nunca tuvieron. Eché mano de una buena dosis de nación, casticismo y tradiciones. Hice a los Seisdedos enterizos y españoles, sentimentales y rudimentarios, llenos de conciencia de lo propio. A buen seguro que el juez, y gentes como el juez, quedarán satisfechos.

Por otro lado, acaso por compensación o por necesidad de aire, no quise retrasar el hecho de dejar en este cuaderno parte de la historia real de los Saturios. Los fragmentos, que figuran atrás, son una parte mínima, aunque sustancial, de todo lo recogido en unas visitas al padre Expósito llenas de sinceridad y de minucias del recuerdo. Se ve el cura a sí mismo como queda reflejado. Evoca reviviendo, prestándole voces y gestos a los habitantes de su pasado. Habla con la seguridad que saca de su cólera. Sólo he tenido que manipular el lenguaje para corregir las múltiples repeticiones, buscar la fluidez de algunas frases o recortar exabruptos y lamentos que suspendían continuamente el hilo de su relato.

Salí de Jaén el 4 de abril. La víspera del viaje, cuando fui a despedirme del maestro oculto en el barrio de La Magdalena, me encontré con una puerta astillada y fuera de su quicio. La memoria de la violencia no se detenía ahí porque en el interior todo era un desconcierto de muebles, de loza y de papeles dispersos por el suelo. Me llamó la atención en qué estado habían quedado las plumas del maestro —unas hermosas plumas de cristal de La Granja— al ser pisoteadas por alguien con tal insistencia que apenas eran ya polvo de vidrio.

—Vino un piquete de soldados pero, esta vez, no pudieron agarrar carnaza —concedió al fin un vecino a informarme, una vez que a duras penas pude vencer sus reservas sobre mi presencia allí.

Debo escribir que consideré la posibilidad de no pasar a decirle adiós al matrimonio Molina. Cuando regresaba del barrio de La Magdalena, me demoré callejeando mientras recordaba el destrozo brutal de la casa del maestro, esa violencia gratuita que se había empleado sobre los objetos que lo representaban, como un sustitutivo a escala menor de lo posible; recordaba la alarma del vecino, su mutismo, la inseguridad de sus manos; recordaba también la inseguridad de mis manos, mi tartamudeo al hablar con él. Me decía que sería incómodo volver a la casa de Esteban, tener que sortear de nuevo el envaramiento de su mujer y el mío propio ante los ojos de un hombre digno y confiado, que nunca quiso tomarme ni una sola moneda por los muchos servicios con los cuales me ha favorecido. Pero no dejé que el engaño avanzara demasiado y acabé por aceptar que mi merodeo por las calles sin buscar la de Esteban tenía una causa cierta: acudir a su casa representaba un cierto riesgo y yo tenía miedo.

¿Qué queda de uno si deja que el temor lo sustituya? Quizá sólo un vacío que, en nuestro tiempo, es ocupado por la saña de unas botas de soldado cuyos tacones reducen a polvo un juego de plumas de delicada factura. Quizá sólo gente como ese vecino del maestro que se empecinaba en negarlo con tanta terquedad como después, cuando supo quién era yo, en enumerar sus méritos.

Soy reacio, o quiero serlo, a casi todo lo que sobrepasa el sentido común, pero juzgué necesario volver una vez más a la calle Arrabalejo, aunque, cuando lo hice, me encontré la vivienda vacía, con los postigos cerrados. Esta vez no tuve dificultad para enterarme de que Esteban y su mujer habían abandonado la ciudad por una temporada. Les eché una nota de despedida por debajo de la puerta y, ya más tranquilo, pasé mis últimas horas en Jaén repitiendo los itinerarios de los primeros días: las fuentes de intramuros, el café del palacio de Villardonpardo con sus parroquianos de permanente atonía; las calles angulándose a la luz de los reverberos; la equilibrada desmesura de la catedral.

Un momento del viaje de regreso a Aroca recoge esta rápida acuarela, hecha en las proximidades de Torrequebradilla. La lluvia había sido tan abundante en la zona que el camino quedó anegado bajo una charca imposible de atravesar. No obstante, este obstáculo fue tomado por todos los viajeros con buen talante y se hizo de él un pretexto para disfrutar de unas horas de expansión en el campo. El día era benigno, el sol estimulante y nadie parecía tener prisa.

Los hombres de la compañía de diligencias regresaron al pueblo para traer unos tablones que flanquearan la charca con un pasadizo y evitar así atascarnos sobre la tierra muelle cuando rodeáramos el agua. Mientras, los viajeros sacaron vituallas y se improvisó ese desayuno, que recoge mi acuarela, bajo los olivos.

La muchacha que aparece en el centro es Lucía Lara. Viajaba con su padre hasta Baeza, donde tienen una librería. Hubiera querido que en esta acuarela cupiera sólo ella, pero la estrechez de las circunstancias me llevó a pintar esta especie de estampa costumbrista donde unos buenos burgueses se solazan entre emparedados y refrescos de cebada. Al fondo, todo son tierras sometidas a la regularidad del olivo. Desde las últimas décadas ha prendido la fiebre aceitera en toda la provincia y los campos no dejan de poblarse con nuevos plantones que, junto a los árboles adultos, va marcando la tierra con incesantes líneas verdes, llenas de belleza y de perspectivas.

De un modo inesperado decidí quedarme en Baeza porque, estando ya en camino hacia Aroca y conforme el viaje avanzaba, sentía cada vez con más viveza que me sería enojoso llegar y meterme en el mundo cerrado de los dictados del juez. Con seguridad y a excepción de lo referente a los Saturios, la obra de Cándido Espejo será compacta en su desinterés, rectilínea, rota sólo por bifurcaciones que conducen a una multiplicación de familiares insípidos a quienes yo no conseguiré quitar su aire de figurantes: un coro homogéneo, vestido de gris, de voces opacas y confundibles. De lo que me espera en Aroca únicamente me interesa la humanidad de Margarita y la revuelta historia de Rafael sobre la cual, sin embargo, he obtenido más datos a través del padre Expósito que de testigos directos de su última destrucción, como fueron su hermana y Cándido Espejo.

—No quiero hablar de eso —me dijo Margarita la única vez que ella aludió a la muerte de Rafael— porque todavía me hace daño recordar que lo que quedó de mi hermano fue una caja de este tamaño —movió sus manos para abarcar entre ellas una longitud como de una vara— donde venían sus pertenencias. Si tú hubieras visto su contenido, hubieras creído que lo que enviaban eran los harapos de un mendigo.

Aunque tal vez no dejé la diligencia en Baeza por aplazar mi caída bajo la voz de Cándido Espejo y quizá deba admitir que estoy adquiriendo hábitos de irrealidad porque la causa puede ser mucho más concreta y tener un nombre que suena a seda: Lucía Lara. Puedo escribir eso o decir que un tirón de ánimo me dejó en Baeza; en todo caso, nada con consistencia pues no se me escapa que mi conducta es poco razonable y que estoy viviendo un desarreglo de los sentidos como pago —imposible encontrar otra explicación— por mi desarraigo de solitario y, más probablemente, por haber aceptado darle forma a la mentira con el fin de lograr la verdad de unos hechos que, si consigo llevarlos a una novela, inevitablemente serán de nuevo falseados por el lenguaje literario.

Es casi ridículo pero me quedé en Baeza por causas tan mínimas que renuncio a seguir analizándolas pues me obligan a hacer un esfuerzo para sacudirme el sonrojo que a mí mismo me produzco. Una muchacha tan desconocida que apenas era una hermosa cara en la penumbra de la diligencia, un breve blanqueo de manos, un sombrero negro bajo cuya ala el sol encendía de cuando en cuando dos ojos claros, tímidos, de una imposible transparencia entre las masas de sombra. He aquí mis argumentos. Razones propias de otra época u otra edad en la que el impulso, el tacto o la vista vibran y ciegan. Motivos de románticos o adolescentes. Causas perdidas de gentes que se dejan llevar por una ráfaga de sentimiento hacia la inconsistencia.

Durante el viaje estuve conversando con el padre de Lucía sobre libros, olivos o la situación política, sin que fuera ése realmente mi propósito pues poco me interesaban las opiniones de un hombre de cultura vacilante y de seguridades monárquicas, aficionado a la charla laberíntica y sin sustancia. Hablaba con don Pedro Lara aunque era para Lucía para quien hablaba; oía la verborrea del padre pero escuchaba la respiración de la muchacha, el roce de telas de su atuendo, su risa casi sin sonido, y trataba de acomodar mis palabras o gestos al carácter que a ella le suponía mientras a ratos mi mirada la buscaba, sondeándola.

Cuando sucedió el incidente ya relatado y los viajeros descendimos del carruaje en espera de una solución, pude apropiarme de nuevas sensaciones: una estatura mediana, unos andares sin peso, llenos de domados estremecimientos, y una manera de empastar las sílabas al pronunciar mi nombre que se me hundió en algún lugar donde amontonamos las expectativas.

Acababa de hacer la acuarela reproducida atrás y los viajeros hacían corro en torno a ella.

—No nos había dicho que era usted más que un simple aficionado —se asomaba sobre la pintura don Pedro y afirmaba moviendo la cabeza exageradamente, como si la acuarela fuera una ventana abierta hacia algún abismo, origen de vértigo o somnolencia.

—¿Puedo verla, don Juan? —me estremeció la voz de Lucía llegándome por la espalda, deslizándose por mi cuello con un arrastre denso y parsimonioso.

Estuvo mirándose un buen rato en el papel, me sonrió luego y dijo un par de frases de circunstancias. Eso fue casi todo, pero inexplicablemente me bastó para pretextar algo inverosímil, hacer descargar mi equipaje a la llegada a Baeza y tomar posada en aquella ciudad. Ya lo dije: motivos inexistentes, engendrados por el deseo y aguzados por una muchacha cuya pasiva timidez permitía cualquier tipo de conjeturas.

El resto son dos días en una ciudad hermosa y una inconcreta sensación de ridículo. Me cuesta escribir que pasé bastantes horas en la librería de los Lara, donde abundan los catones de escritura, los cuentos infantiles o los libros piadosos, y donde el catálogo de obras literarias está hecho a la medida del dueño: algo de Zorrilla, de Chateaubriand o de los espesos dramas de Hartzenbusch; mucho de Jaime Balmes, de Donoso Cortés o de las fantasías de Fernández y González; nada de Espronceda o de la nueva novela —espléndida en muchos sentidos— que forjan en Francia Zola o Flaubert.

Sentado junto a don Pedro en un rincón de su tienda, mantuve conversaciones de hastío con él mientras fumábamos cigarros puros y él se inclinaba a atizar el brasero con sumo cuidado, como si acariciara a un animal doméstico que se hubiera tendido entre nuestros pies. Lucía volvió a ser una mancha de color tras el mostrador, don Pedro un mero camino hacia su hija y yo seguí hablando para ella; sin embargo, ahora noté en Lucía sonrisas cómplices y le sorprendí esos ojos ávidos que quieren robar detalles del otro desde la impunidad del descuido.

Puedo resumir la situación diciendo que conseguí esquivar la omnipresencia del padre y quedarme a solas con Lucía durante un corto paseo desde la librería hasta su casa y que me colmó de pronto la insensatez de mi propósito. Mientras andábamos, ella creció más allá de una cara ovalada o de unos ojos traspasados por la luz y comencé a notarle una vaga ansiedad, manifiesta en preguntas y en opiniones triviales dichas con los excesos de quienes quieren seducir, pero fue precisamente entonces cuando sentí que no quería entrar en los largos cauces de las convenciones y jugué la carta brutal de la sangre.

Sólo fueron unos instantes llenos de voracidad y de saliva, unos dientes, los míos, clavándose en unos labios atónitos y esponjosos, una cara de incredulidad y unas torpes, imposibles, palabras de disculpa. Ni siquiera me pidió una explicación ni hizo más gesto de resistencia que el de componer un baluarte con sus brazos. Se acurrucó sobre sí misma, sin dejar de mirarme, y esperó que decayera mi impulso; después, mientras caminábamos en silencio hasta su casa, entreveía los vaivenes de su pecho y le estuve oyendo la respiración acezante.

El segundo día, el último que estuve en Baeza, don Pedro Lara me presentó a un mozalbete estirado y asustadizo como al novio de Lucía. Tendría apenas veinte años y entró en la tienda de libros displicente y, displicente, estrechó mi mano. Habló apenas lo necesario, endureciendo el rostro como hacen los adolescentes para que los ángulos de los pómulos les presten años ante los adultos, y, en cuanto la cortesía se lo permitió, se apartó de nosotros y se puso a mirar los libros de los estantes con evidente desconcentración. Se fue luego llevándose del brazo a Lucía y así, del brazo, volví a verlos en idas y venidas interminables por el paseo de la ciudad, serios, ceremoniosos en los continuos saludos, juntos y apartados al mismo tiempo, entregados como a una envarada melancolía en la cual pude llegar a imaginarme con cierto horror viviendo un futuro del brazo de Lucía.

Éste, pues, ha sido mi comportamiento, una conducta tan compulsiva que no consigo asumirla, un trallazo que me ha desgarrado algo por dentro y que aún me lleva a hacer y a deshacer la madeja del deseo. Pero es verdad que quise poder animalizar la vida, dar a los sentidos todo el poder que otorgamos a la razón y entrar a saco en una realidad virgen, hecha de satisfacciones inmediatas. Aún hoy, el recuerdo de una boca abultada y entreabierta, y unos ojos de luz mineral logran reducirme a un estado puramente biológico. Y, sin embargo, sé que detrás de esa imagen hay una mujer de dimensiones elementales, de conversación pobre, de apetencias acomodaticias y tendentes a la vulgaridad. Una posible relación con ella me metería en algo muy parecido a un eterno paseo de su brazo entre un horizonte de gentes sin horizonte que se destocan para saludar una y otra vez cuando se cruzan.

Como consecuencia de todo esto, sigo viviendo en la misma indefinición que creo haber dejado en ella. Nos une la ambigüedad de nuestras intenciones, el secreto de la explosión de mis instintos, sus mejillas llenas de sangre y su modo de respirar, roto por el rechazo o el deseo. Cuando me disculpé, llegué a decirle que la quería y no sé aún si esas palabras fueron cínicas o piadosas o están hechas con la verdad que entonces se me impuso. Al día siguiente, apenas tuve más respuesta de Lucía que su roja timidez y el silencio azorado de la noche anterior. Sólo cuando nos despedimos titubeó:

—Quisiera volver a verlo pronto.

Entre aquel momento y hoy media ya una carta, escrita por mí con calculada oscuridad, y una atracción recurrente, intacta, que de algún modo me quita precisión y va tomando un tamaño irreductible. Es difícil de explicar cómo se puede llegar a tener tanta memoria del tacto de unos labios que el roce, el calor, la humedad o el pálpito permanecen atrapados debajo de tu piel y llegan a desconocer el tiempo.

Por lo demás, Baeza es dorada y solemne. Muy bella. Sin embargo, no recojo ningún boceto de la ciudad en este cuaderno debido a que todos los que hice se los quedó don Pedro Lara. Eran tres dibujos de tres soberbios edificios renacentistas hechos sin correspondencia por mi parte, con rapidez y con algunas imprecisiones que el padre de Lucía no supo ver:

—Le pagaría —agazapó la voz como si estuviéramos en un trato de envergadura— un precio razonable si usted quisiera vendérmelos.

Naturalmente, se los regalé.

De ese modo, la única estampa que me traje de Baeza es la que menos me interesaba, la que he copiado al principio de esta anotación. Ese caballero orondo y barbudo cuyas carnes desbordan la silla es don Pedro Lara. En realidad, lo que quise dibujar fue la puerta de la librería a causa del imposible rótulo —*El restaurant de la mente*— que da nombre al establecimiento, y eso es lo que estaba haciendo entre un remolino de chiquillos cuando don Pedro me sugirió, sin asomo de rubor, que qué tal quedaría el propietario sentado junto al escaparate de su negocio. Ahí está pues ese hombre pagado de sí mismo, adoptando la henchida compostura con la cual quiso posar, como si él fuera importante y estuviera custodiando las mismísimas puertas de la Historia.

—Pero ¿cómo has podido retrasarte tanto? —me recibió casi chillando Cándido Espejo.

Lo encontré idéntico al recuerdo: sentado sobre el reino de su cama, con su bata sucia y sus camisones limpios, bulléndole el mal carácter en el manoteo con el cual acompañó su pregunta.

—¿Es que te habías olvidado de mí? Llevo semanas esperándote, mandando a gente a la Venta de la Madera por ver si un milagro hacía que un sobrino mío, un tal don Juan García Martínez, apareciera por la portezuela de la diligencia. Podías haberte dignado enviarme al menos una carta. ¡Pero cómo se puede emplear un mes y diecisiete días en recoger unos cuantos datos!

Mientras continuaban sus previsibles amonestaciones, me interesé en observar sus ademanes o en medir la exactitud de su lenguaje, intentando confirmar con quién estaba tratando y en qué posición debía situarme.

Nada más llegar a Aroca, Margarita me alarmó:

—Creo que mi marido se está volviendo loco.

Me había abrazado sonriéndome desde dentro, desde un cariño que le hace grande y lenta la mirada, y yo apenas había comenzado a contarle las incidencias del viaje, cuando me interrumpió para decirme lo que acabo de anotar.

—Tuvo una crisis —añadió—, algo malo en el cerebro. Una mañana no pidió el desayuno y, a medio día, continuaba durmiendo. Me costó trabajo despertarlo y, cuando al fin lo conseguí, ni siquiera me conocía. Tenía los ojos idos y se echaba a reír por todo: se le está yendo la cabeza.

El médico de las pulgas había ya estado en El Torreón con sus nubes de sahumerios y su merodeo inútil, aplicando de nuevo su medicina, única, de la espera. Se fue dos días antes de mi llegada, al parecer irritado por un exabrupto del juez.

No obstante, yo me encontré con un viejo conocido, áspero y dulce, absorto por entero en sus falsificaciones:

—Bueno, ya estás aquí, eso es lo que importa. Dime, ¿qué me traes de Jaén?

Saqué de la bolsa —aún no había deshecho el equipaje— la resma que tenía preparada para él y se la alcancé.

—No, mejor tú mismo —se impacientó rechazando los papeles con un vaivén de dedos—. Vamos, te escucho.

El juez se volcó hacia mi silla y se puso a seguir mi voz con una atención vibrante, cauto y receptivo, igual que si se esforzara por distinguir los diversos instrumentos de una orquesta. Le estuve leyendo la historia impostada de los Saturios hasta que, sin llamar, entró el gigantón Bastida al dormitorio para anunciar que había llegado el párroco de Santo Tomé.

—Que tenga la bondad de esperar —se incorporó, molesto, Cándido Espejo sobre la almohada; luego me enfrentó con toda su cabeza picuda—. Viene todos los días antes de la comida, el sacerdote. Para darme la comunión. Ya ves, achico mis pecados como quien suelta lastre para iniciar el vuelo. Cosas de los que ya pisamos más las camas que la tierra.

Me mantuvo la mirada congelando una mueca risueña, hecha de una avidez pueril, y sólo la descompuso para agregar con fruición:

—Sigue leyendo.

Manifestaba Cándido Espejo su adhesión a mis cuartillas

trucadas con exclamaciones, ronroneos y con cabezadas de énfasis:

—¡Francamente espléndido!

Transitábamos ya por la esporádica toma de Sabiote, llevada a cabo por las fuerzas de los Seisdedos sumadas a las de la guerrilla de Uribe, cuando irrumpió en el dormitorio el cura de Santo Tomé. Al hombre se le veía menoscabado. Echó una mirada en arco, adueñándose del espacio, y dijo reprobatorio:

—Perdone, don Cándido, pero no ando sobrado de tiempo.

El sacerdote era recio, de carnes sin vuelo; tenía un rostro que apuntaba hacia una altivez equina y triste. Avanzó, despacioso, con una caja metálica entre las manos, seguido de Bastida, quien limpió con una esponja la cara del juez y lo cargó sin esfuerzo hasta depositarlo, de rodillas, en un cojín.

El pasado está hecho, más que de tiempo, de imágenes. Ellas hacen sólido y concreto lo vivido y nos lo devuelven sin pérdidas, todavía haciéndose, confundido con el presente. Una imagen que tal vez esté destinada a repetirse en mi mente es la aludida arriba. Difícil será que olvide la cara de Cándido Espejo aniñándose ante la llegada del cura al darse cuenta de que ha sido sorprendido traicionando la obligación por el deseo mientras se disculpa con una sonrisa sin rumbo, defensiva, para dejarse luego cargar entre los brazos descomunales de Bastida, quien lo alza con mimo, como si recogiera un recipiente lleno de un líquido a punto de desbordarse, y lo va llevando hasta el cojín donde el juez recupera a medias su autonomía pues está ahora arrodillado, metido en un arrebato de temblores y brillos, y con una cara nueva, sudorosa y recogida sobre sí, va abriendo la ranura destellante de los ojos, la rendija de la boca por donde sale una lengua con relumbres de saliva que contrasta con la serenidad mate de la hostia y, cuando se adhiere a ella, palpita, se riza y se hunde en una cara distinta, risueña, ascendente, indefensa de nuevo entre los brazos de Bastida hasta que ya no puedo verla porque cae en lo hondo de la almohada.

Después de irse el cura, aún tuve que esperar un buen rato para que Cándido Espejo saliera de sus profundidades. Cuando lo hizo, resucitó en él el otro hombre anterior a la comunión, lleno de actividad y de urgencia.

—¡Vamos, sobrino, a lo nuestro!

Pensé entonces que la locura de la que me había hablado Margarita residía en ese vigor, muy cercano a la pasión o a la necesidad, con el cual ahora se acercaba a las cosas. Por ahí se le estaba yendo la mesura, por la desesperada dedicación con la que ahora miraba, reía o se estremecía al comulgar. Era como si actuara a la manera de los parásitos, agarrándose a cualquier nimiedad con vida para compensar las carencias de la suya.

En los días que siguieron y de un modo esporádico, perdía el discernimiento en los asuntos donde debía tenerlo más afinado porque era lo que más le interesaba: su libro; se olvidaba de su función de máscara o de decorado y me dictaba recuerdos contradictorios con ese fin. En esos casos, el juez apenas reparaba en mi presencia, se replegaba sobre sí, como si buceara en soledad por su mente y se dejara arrastrar en un río de palabras que, más que generado por él, parecía venir de algún lugar donde su voluntad de coacción no había conseguido taponarlo.

Cuando se daba cuenta de cómo lo había traicionado la memoria, sonreía para adentro, exculpatorio consigo mismo, desorientado y benigno; permanecía así unos segundos para resurgir después de entre los almohadones y mirarme con preocupación, casi con alarma, igual que si una pesadilla lo acabara de arrancar del sueño:

—Tú sabes que confío en ti: espero que no hayas recogido nada de lo que acabo de decir.

Acodado entre las sábanas, recorriéndome con el brillo

de sus quevedos, lleno de sosiego y de lucidez, en una ocasión añadió:

—Ya ves, sobrino, lo empecinada que llega a ser la realidad. A veces me pregunto si es posible mejorarla con nuestro libro.

Se prestó más de una vez a seguir, ya desde la consciencia, con esos recuerdos veraces. Hubo incluso alguna mañana en la cual me habló con absoluta congruencia de hechos auténticos, como si de repente necesitara un baño de certeza. Sin embargo, en esas ocasiones, y lo lamento, no tomé notas por miedo a malograr sus confesiones.

Pero lo normal era que entrara en la verdad a ráfagas, con aturdimiento, sin poder discernir el valor de lo que me estaba diciendo. Con sumo cuidado yo le preguntaba, le hacía poco a poco retomar los fogonazos de nostalgia poniéndolo sobre los caminos recién dejados. Él se dejaba arrastrar de mala gana, con un lenguaje ahora vigilante y selectivo con el cual recortaba los hechos y traía justificaciones sobre ellos. Pero bastaba cualquier asociación de ideas o, tal vez, un mínimo golpe de tos para que se interrumpiera y se situara de nuevo en el plano de la ficción:

—¡Fuera cháchara s! No es bueno que sepas demasiado ni yo tengo tiempo para contarte. Coge esa pluma y vamos a lo nuestro.

Esas crisis de verdad me han proporcionado datos imposibles de obtener de otro modo, pero he sido yo, quién lo diría, el que he ido filtrándolos para pasarlos a su libro, el que sin darme cuenta empecé a compartir el plural para hablarle de sus memorias, como si ya los dos hubiéramos asumido que estamos perpetrando el engaño a parte iguales.

Pero no todo, ni mucho menos, anda a la deriva en el cerebro de Cándido Espejo. En líneas generales, ordena sus horas con criterio y construye sin demasiadas vacilaciones su segunda vida de papel. Ayer mismo, cuando repasaba los últimos folios que le he entregado relativos a su establecimiento definitivo en Aroca, un capítulo lleno de equívocos para salvar indignidades, levantó la vista al techo, se quitó en seguida los quevedos y anduvo pestañeando para meterme en el enfoque de sus pupilas miopes:

—No es eso. Tú sabes que no es eso.

—Nada de lo que hay en nuestro libro es eso —argüí creyendo que había caído en otro de sus baches de realidad y se refería a la veracidad de los hechos.

—No hace falta que me recuerdes continuamente la falsedad de lo que escribimos. Pero te hablo de otra cosa, te estoy hablando de la forma de presentarlo. Del estilo. Aquí se ven demasiados perifollos tapando unas pocas ideas. Esto está hueco. Te hablo también de la ejemplaridad de los hechos: no debes empeñarte en que cada uno de ellos lo sea; es en la suma de todos donde está la convicción. ¡No se puede ser tan evidente!

Releyó algunos párrafos en donde, en efecto, había excesos laudatorios y una tendencia a la retórica que llegó a preocuparme. Tenía razón y, por unos momentos, sentí el absurdo de haber trocado mi papel con el del juez. Acaso no salga yo impune de este trabajo y esté ya tan contagiado del espíritu de Cándido Espejo que voy aún más lejos que él en su deseo de escribir no una biografía, sino un florido catecismo, un monumento de aire a la moralidad.

La situación pues ha entrado en cauces imaginables: largas sesiones matinales de mentiras consoladoras, tardes en mi cuarto engarzándolas en un todo unitario, revisiones con el juez, pago por capítulo. Lo que rompe esta continuidad son las metamorfosis de Cándido Espejo. A veces, lo traiciona la necesidad de evidencias o un exceso de lucidez; muchas, el delirio; otras, el olvido. Hay ocasiones en las cuales no recuerda un nombre o interrumpe una anécdota como si un viento repentino le hubiera apagado la luz de la que se servía:

—¿Qué te estaba diciendo? Maldita memoria, de nuevo estoy en el vacío.

Cuando logro que retome lo evocado, se le ve todavía titubear, andar trastabillándose hasta que pisa otra vez algún suelo de firmeza, sonríe y entra de nuevo en el tiempo con entusiasmo, con la ansiedad de los cachorros desahuciados que vuelven a alcanzar el regazo de la madre.

—Gracias, hijo, por sacarme de ese pozo —me dijo en una ocasión—. Esto es un poco como resucitar.

Hace unos días, el lunes, 20 de mayo, Margarita Seisdedos me pidió la carpeta donde ordeno los capítulos ya acabados de la historia familiar. Hasta entonces, se había ido interesando por el estado del libro de una forma difusa, con algunas preguntas, más bien de cortesía, referidas a la mecánica del trabajo o a la fluidez de mis relaciones con el juez, pero nunca lo había leído ni yo le había dado detalles de su proceso. Más que las memorias de su marido, le había preocupado a Margarita que los ramalazos de aspereza de éste no malograran mi estancia en la casa ni el discurrir de tareas y momentos que ella ordena con placidez para ir construyendo su mundo de interior, de lentitud y de dulzura.

A pesar del armazón de hierros que sostiene a su pierna derecha, se mueve Margarita por la casa con una extraña plenitud, apurando las acciones o las palabras, como si no quisiera que nada deje secuelas o equívocos, o se prolongue sin su concurso. Sus costumbres tienden a conservar más que a añadir pero lo hace todo con un esfuerzo de renovación y con ese anonimato de los artesanos que sabe convertir el silencio en eficacia.

Dirige a diario la limpieza sin fin de la cortijada, en una rotación de habitaciones donde entran las muchachas a fregar o a pulir objetos para cerrarlas luego con llave hasta que el calendario exige una nueva limpieza en lo ensuciado sólo por la persistencia del desuso; suele rezar a media mañana en una estancia pequeña, abierta por entero al valle del Guadalquivir y a la montaña casi mística de Iznatoraf; después, vigila la marcha de las cocinas, come en el dormitorio del juez y lo acompaña buena parte de la tarde, leyendo o bordando con serena tenacidad.

Quizá lo que mejor puede resumir su carácter es su colección de plantas. Durante mucho tiempo ha ido recogiendo pétalos y hojas, prensándolos y tratándolos con colas y barnices, ordenándolos luego en álbumes de cartón de mármol, encuadernados en cordobán, donde va rotulando morosas letras góticas: *narcissus longispathus, aquilegia, pinguicola vallisneriifolia.* Cuando me muestra su colección, sus dedos se hacen sabios, su mirada se estrecha y su voz se emociona. Parece otra Margarita. Cita los tratados botánicos de Linneo o Dioscórides, se llena de respeto y de tristeza, de una suerte de nostálgica avidez. En ese afán de atrapar la naturaleza la reconozco y se reconoce porque su colección no pasa de ser, y ella lo sabe, un reflejo muerto de la belleza, algo que evidencia los límites de su mundo sin caminos donde, como me dijo en una ocasión, nunca acaba de entrar del todo la vida sino meras señales de la vida.

Le he hecho recientemente un retrato al óleo en el que puse tanta intención que mis pinceles no pudieron acompañar a lo imaginado. Es un retrato de cuerpo entero y está dominado por una penumbra azul en cuyo centro, iluminadas por un quinqué, las manos de Margarita rozan las flores de uno de sus álbumes. En esa cuña de tonos cálidos que la luz produce destellan con cierta dignidad artística los pétalos de una violeta y el escorzo de sus dedos, sosteniéndola, en tanto que su cara se hunde en una gradación de sombras que no he sabido administrar y aparece sin ese aire como de certeza que la caracteriza y me la hace próxima; a pesar de ello, el cuadro mereció sus minuciosos parabienes, un marco de caoba labrada, con apliques de bronce, y el lugar más preeminente del salón.

Es a la hora de la cena, que hacemos juntos, cuando suelo conversar con Margarita. Con la benignidad y la aceptación de la derrota propias de quienes han frecuentado la exclusión, se interesa por detalles de la vida de Madrid o por las últimas costumbres que yo haya podido observar en Jaén. Esa mujer cincuentona, de cara seca y ojos enormes cuya belleza impone el olvido sobre el cuerpo, cojo y sin fortuna, llega a conmoverme con preguntas que suenan en su boca llenas de distancia: ¿es cierto que es tan hermoso el Museo del Prado?, ¿siguen aún paseando los elegantes de Jaén por la Alameda de Capuchinos?, ¿todavía están de moda entre las damas las plumas de avestruz para ir al teatro?, ¿es verdad que el escritor Mariano José de Larra se suicidó por amor?

Por lo demás, su lengua generosa alarga las sobremesas con miles de observaciones y una dispersión de anécdotas que parecen siempre recomenzar, rehacerse, irse diluyendo unas en otras para formar una especie de cielo azul y alcanzable. Sin embargo, cuando sus palabras se acercan a su hermano Rafael se detienen invariablemente en un momento en el cual una mujer se adueña de su pensamiento, una mujer a quien él pinta con hondura de verdadero creador mientras ella se desnuda en la media luz de su dormitorio. En esas ocasiones, su parloteo roza a los amantes y se encrespa a su contacto para rodearlos en seguida y huir hacia cualquier parte en tanto sus ojos se hacen tímidos de repente o buscan la nada por encima de mi hombro en una actitud muy próxima a la que adoptó cuando entré por primera vez en el desván y pude ver el dibujo de esa muchacha de cuya espléndida desnudez aún sigue huyendo Margarita.

A través de la información del pastor Deza, de los baches de realidad del juez, que lo hacen hablar con profusión precisamente de lo que quiere ocultar, o de las charlas con el padre Expósito conocía esa historia en superficie, pero sin raíces y sin la densidad necesaria para hacerla mía. Ha sido precisamente Margarita quien me ha dado las claves de lo que más quería ocultar, esa especie de trasmundo donde habitó su hermano.

El último domingo de mayo la estuve esperando para la cena más de lo normal: el tiempo aproximado de tomarme un par de copas de vino de Jerez y el justo de fumarme un cigarro puro que apagaba en el momento en el que oí su andar metálico por el pasillo. En la distancia, le noté cierto ensimismamiento. Vendría, pensé, de someterse al masaje con varas de bambú al cual se presta al anochecer una o dos veces por semana a fin de vigorizarse la pierna derecha. De esas sesiones a veces regresa tocada por una tristeza afable, como si tomara conciencia de la gratuidad del sufrimiento, aunque, sólo si le pregunto, suele hacer algún comentario sobre el dolor que le produce el golpeteo de las varas manipuladas por las sirvientas con la brutalidad exigida por un lejano doctor de Córdoba.

Se sentó Margarita después de dedicarme un saludo melancólico, pidió que sirvieran la cena y me dejó decir un par de trivialidades antes de interrumpirme:

—No escribas ese libro.

Me sorprendió el tono suplicante y, aún más, la ambigüedad de lo dicho. Quizá, pensé, ella conocía la existencia de este cuaderno y las intenciones que lo justifican. Quisiera no haber llegado a hacerlo pero la imaginé entrando en mi cuarto para registrar con sigilo cajones y armarios, cayendo en esa vileza que supone robar la intimidad ajena, aunque en el acto me dije que no otra cosa estoy haciendo yo en esta casa y no supe dónde situar la diferencia sin acudir a forzadas especulaciones.

Pero Margarita se refería a la biografía de Cándido Espejo. Acababa de ultimar la lectura de los diecinueve capítulos que yo le había dejado y que constituyen casi la totalidad de la obra. Estaba en verdad afectada:

—Por favor, renuncia a seguir con eso: es innoble. Es casi todo falso.

—Lo sé —me disculpé intentando una sonrisa que no llegó a cuajar.

—¡Pero cómo puedes prestarte! ¡Cómo puedes empeñar tu nombre en una cosa así!

—Habrá un seudónimo en la portada de ese libro —dije sin cinismo pero aceptando ya la crudeza de sus recriminaciones, apropiándomelas.

—No sigas escribiéndolo, por favor.

Qué contestar si compartía en todo su deseo y era tarde para satisfacerlo. Sólo podía sentirme cercano a ella y lejano al hecho de ser la mano que pule las patrañas nunca inocentes del juez. Atropelladamente, alargué los razonamientos en ese sentido entre contradicciones, vacíos, y una viva constatación de injusticia o ingratitud.

—Tal vez —rematé mi lamentable revoltillo— tú puedas convencer a tu marido.

Antes de abatirse en una desazón que no se resolvía en inquietud sino en un aquietamiento de gestos y en una sombría dignidad, la oí musitar:

—Ya lo he intentado. Pero tú lo sabes: él no vive nada más que para que lo sobreviva ese inmenso engaño.

Con ella quise hacer un esfuerzo de honestidad. Le debía la suya. Y la ternura con que siempre me ha tratado. Hay personas que nos pueden hacer olvidar nuestras ruindades casi por contagio, únicamente porque las vemos a nuestro lado asentándose en el mundo con una simpleza o una bondad llenas de evidencia. Margarita es una de ellas. Quise, en consecuencia, que supiera quién soy realmente yo, qué estoy haciendo en su casa, la doble utilidad que tendrán las notas que tomo de boca de su marido. Le hablé de la novela-verdad que pienso escribir, tal como se hace hoy en Francia, un nuevo modo narrativo que calca hechos y personajes, y concibe al autor a la manera de una mano que arranca un trozo de realidad y ciñe sobre él las palabras, como si éstas fueran la cera con la cual hacen los escultores sus duplicados. Una novela así, le dije, rectificaría en cierto modo lo que estoy escribiendo para Cándido Espejo.

—Juan, no abuses de mi ingenuidad —comentó, con razón y sin acritud, sobre este último punto.

Hasta entonces había seguido mis confidencias interesada e incrédula, sin hacer el menor comentario y sin que en su cara apareciera ningún signo de acercamiento.

—Con sinceridad —concluí rehuyendo cualquier paliativo para mi conducta—, ni siquiera puedo asegurártelo, pero tal vez esté metido en esto por lo bien que paga tu marido la mentira.

Se la veía del otro lado de las cosas, del brillo de las copas o del guiso de ciervo; mucho más allá de los medidos movimientos de la muchacha reponiendo los cubiertos; muy distante de mis ojos en donde había necesidad. Se decidió al fin a reiniciar la cena, pinchó una presa de carne junto a un poco de pimiento, alzó el tenedor hasta su boca pero lo dejó en suspenso, los labios entreabiertos, como si se le hiciera insoportable la idea de masticar. Se angustió:

—¡Así que nos has engañado a todos!

—Es como te lo acabo de contar. Lo siento.

—Pero ¿hasta ese punto te puede interesar una novela?

Aunque lo que iba a decir era falso, noté que no mentía. Mientras hablaba, iba pensando en la cándida exageración de mis palabras:

—Mucho más de lo que tú o yo mismo llegaríamos a imaginar.

Tenía Margarita aún el tenedor en el aire. El pelo, negro y limpio, le envolvía el brillo de los ojos en un halo de aflicción. Su voz sonó con opacidad:

—Son cosas en las que quizá yo no deba meterme. Pero lo que no llego a comprender es lo de Cándido. Cómo podía yo pensar que lo que te dicta por las mañanas es esa sarta de disparates.

—Quizá lo puedas comprender —dije sin verdaderamente creerlo— si te haces cargo de que no le gusta su vida y quiere otra. Aunque sea inventada.

Posó el cubierto en el plato y, sin llegar a ser tajante, casi sonriendo, apretó la voz en un malestar que supe incorregible:

—Pero no a costa de los demás. Es innoble. Dónde queda todo lo que no es él; dónde queda, sobre todo, mi hermano: Cándido simplemente lo ha eliminado para ocupar su hueco.

No caí en la tentación de decirle en ese momento lo que más tarde le diría: ella también estaba contribuyendo de algún modo a que Rafael no existiera porque no llegaba a aceptar lo más real de su hermano: su pasión.

La cena acabó entre grandes silencios. Era imaginable que la situación no mejoraría. Yo no tenía argumentos para consolar y a ella le sobraban razones para el desconsuelo. Cuando sirvieron la fruta, apartó su plato y se empezó a levantar apoyándose en el borde de la mesa; aún sin llegar a erguirse, me echó una mirada que no pudo alcanzar la dureza y se detuvo en algún modo de cordialidad:

—Gracias por haber sido sincero.

Se giró despacio y comenzó a caminar sin ese tesón que le hace luchar contra su pierna, levantar el cuerpo apenas ha caído de costado y estirar con coraje la cabeza. Andaba penosamente, saliendo desde abajo con dificultad, como si estuviera batida por el mar y sólo pudiera desarrollar lentos movimientos de péndulo entre un chirrido de hierros que no terminaban nunca de apagarse por los pasillos sin fin de la cortijada.

Del tamaño de las supercherías que Cándido Espejo quiere perpetuar, sacó Margarita motivos para su reparación. Acaso también del desencanto que le supuso el conocer qué es lo que realmente hago en Aroca y de la conciencia del alcance que eso pueda tener para su hermano.

Al día siguiente de aquella cena fracasada, llamaron a mi cuarto por la tarde, cuando me encontraba trabajando. En la puerta estaba ella, tenue en la sombra. Vi en su mano un cuaderno muy grueso, como de tres pulgadas. Por los lomos rozados y el tipo de encuadernación supe que no era un volumen impreso y, en la muda emotividad de Margarita, casi anticipé de qué se trataba. Me lo dio sin hablar, afirmando con la barbilla, y sin apenas hojearlo entré ya en el diario de Rafael, aunque sólo una hora más tarde pude conocer en su prosa convulsa lo que ignoraba, creía adivinar o había ido percibiendo en mis pacientes husmeos por la casa.

—Ahí tienes parte de la verdad —se adelantó desde la penumbra.

Se lo agradecí sin reparar en que la rebeldía de Margarita no había hecho sino iniciarse. Continuaba bajo el dintel, mirándome. Dijo:

—¿Podríamos hablar?

A partir de esa pregunta, Margarita empezó a convertirse en una contrafigura de Cándido Espejo, un soplo de realidad que al anochecer, en las sobremesas, va podando la floresta que por las mañanas urde su marido. Me cuenta todo lo que antes ha callado. Con suma lentitud, va hablando mientras observa mis manos sobre el papel y hace continuas pausas para permitirme anotar sin premura sus palabras. Hay en todo lo que dice un esfuerzo por evitar la nostalgia y por analizar cada uno de los aspectos de su culpa, de tal manera que, mientras me habla de Rafael, pierde su espontaneidad, se pone seria y enfatiza la dicción, actuando de un modo parecido a alguien que leyera ante un público ilustrado.

Así pues, mi disociación entre aproximarme a la justeza de los hechos y mi compromiso con el juez de tergiversarlos no ha hecho sino acentuarse en las últimas semanas. Cada vez más vivo entre la ficción de una biografía y la verdad que persigue una novela, como si los géneros hubiesen intercambiado sus contenidos o las reglas que los rigen, y yo tuviera que escribir a contramundo.

Por lo demás, la situación de Cándido Espejo no hace sino empeorar. Sería indigno por mi parte que pormenorizara aquí los dislates del juez. Y no lo haré. Pero sí quiero expresar un progresivo deterioro que lo lleva, a la manera de Alonso Quijano, a continuas confusiones con el otro Cándido Espejo que le hubiera gustado ser. En ocasiones, persona y personaje ya andan fundidos en su mente y hasta tal punto cree en sus invenciones que, cuando desmiento alguno de sus desvaríos, me mira atónito, de repente perdido, con un aire de incertidumbre que parece encarnado en el temblor de su cabeza:

—¿Estás seguro, hijo?

Me persigue con los ojos tratando de buscar alguna huella delatora:

—Y tú ¿cómo puedes saberlo?

Me veo obligado a exponerle la causa de la incongruencia, esforzándome en conducirlo por premisas y conclusiones o en resaltar la incompatibilidad con lo ya escrito. Él sigue mis palabras con suma atención, pidiéndome que le repita algún pormenor, rastreando en los conceptos hasta que encuentra el hilo del laberinto y se le ve alegre un instante, «Claro —sonríe—, qué torpeza la mía», pero en seguida se deshinchan sus mejillas y aparece compungido, definitivamente viejo, atrapado en algún abismo de donde sale con un susurro:

—¿Qué es lo que me puede estar pasando?

El resultado de todo esto para mí es el cansancio y una piedad que se desenlaza en suplirlo, en imaginar lo que quiere, en ir haciéndome cargo de él y de su libro en todos sus aspectos. Es como si el falso juez de la biografía hubiera devorado al que lo inventa desde su cama y éste, a su vez, me engullera a mí con su boca vanidosa y desvalida. Pero no siento sino malestar por estar de día en día más implicado en una tarea ajena y miserable que, sin embargo y sin yo desearlo, se va convirtiendo en propia.

El diario de Rafael es un cuaderno de considerable grosor, forrado en piel de vaca, en cuarto, sin rótulos en la cubierta. Las hojas tienen las puntas rizadas y en algunas de ellas se pierde el texto debido a desgarrones o manchas de óxido.

Apenas pude centrarme en la conversación con Margarita después de que me pusiera el diario en las manos diciéndome que me entregaba parte de la verdad. Se quejaba, con razón, de mi desafecto y, hasta que empezó a entrar en los temas que su sentido del decoro antes le había vedado, me costó trabajo escucharla. Movía los labios, decía sus quejas mientras yo palpaba el diario sin poder evitar el estremecimiento del tacto, el ardor o la urgencia que me transmitía esa inesperada concesión de Margarita.

Cuando ella salió de mi cuarto, dejó ya mis apuntes aumentados en unas cuantas notas provechosas sobre su hermano, pero eso era casi nada comparado con el otro material que esperaba sobre la mesa y que, más tarde prolongaría, o corregiría buena parte de mi trabajo. Margarita era tan consciente de su valor que procuró no hacer ninguna otra mención del mismo, en una actitud semejante a la que yo tomé al rehuir ser insistente en mi gratitud. No obstante, después de despedirse, se volvió un momento y me miró con sus ojos hermosos, inquietos, como mercurio derramado. Ni siquiera tuvo que especificar a qué se refería cuando dijo:

—Hay dolor ahí. Ya sé que no hace falta decirte que lo respetes.

El diario de Rafael Seisdedos está escrito con una letra muy menuda, trabada, de difícil lectura. Las páginas se colman con una caligrafía que las van ennegreciendo de un modo parejo, sin dejar apenas espacios en blanco. La abundancia de tinta tiene un paralelo en unos contenidos repetitivos y abigarrados de expresión. Planea Rafael su escritura en fragmentos, muchas veces sin fecha, amalgamados sin más separación que el de unas rayas horizontales encajadas entre las letras.

La redacción comienza en 1838 y acaba en 1854. Hay años enteros despachados con un lacónico párrafo mientras algunos días adquieren pormenorizado relieve. Este ritmo sinuoso y violento, a veces roto, está marcado, como en toda obra confesional, por las excepciones. En este caso, la excepción es una mujer. Poco después de entrar ella en el diario, éste se remansa, crece y toma forma de epístola dirigida a esa misma mujer quien seguramente ni leyó ni podía entender con exactitud lo allí escrito.

Si tengo que resumir mis impresiones sobre el cuaderno, diré que, por encima de su evidente utilidad para mis fines, lo leí con lento interés, conmovido por la evidencia de su sinceridad y sin poder olvidar las palabras de Margarita: hay dolor ahí.

Hoy domingo, 7 de junio, me ha acompañado el pastor Deza a visitar algunos lugares que me interesaba conocer, sitios con significado especial en las muertes de 1836, como la Cuesta del Escribano y la casa donde tuvo su burdel Maribaila. Me hubiera gustado igualmente acercarme al molino aceitero de los Seisdedos, que aparece citado con cierta profusión en el diario de Rafael, pero mi repentina inclinación por la belleza del paisaje y mi ineptitud para montar a caballo han contribuido a que regresáramos a Aroca ya con la noche encima y sin haber encontrado tiempo para verlo.

El día ha sido transparente y fresco. Una primavera prolongada vivía en el verde naciente de los pinos, en el punteo de las flores o en los olores germinales del monte. A sus muchos años, Deza aún sigue recorriendo las dos leguas que separan El Torreón de los pastizales del Aguacebas, pero hoy estaba especialmente vigorizado, lleno de entusiasmo, como traspasado por el día, y en buena parte él y sus observaciones han sido responsables de que yo me haya acercado a la naturaleza con una curiosidad nueva.

Fue en la Cuesta del Escribano donde se encontró el cadáver decapitado de Anselmo Feliú. Es un lugar próximo a Aroca marcado por la belleza de cuatro castaños cuyo ramaje aboveda el camino de rueda que remonta hacia Cazorla y que remite más a un decorado de serenidad clásica que a la violencia de la muerte. Vi el paraje en la distancia, sin querer acercarme, pues mi curiosidad ya se había agotado en el recorrido desde Aroca —el mismo que hicieron Anselmo y Rafael el amanecer del 4 de agosto de 1836— mientras comprobaba la escasa media hora que cabalgaron hasta que Rafael encontró un lugar al descubierto de la densidad de los pinos donde la muerte de Anselmo tuviera la misma explicitud que la de los Saturios. Los tres dibujos pequeños de la página precedente recogen tres muestras de vegetación de la sierra. Los dos primeros son sendas perspectivas de una masa de quejigos y encinas que brota desde las quebradas del Aguacebas para trepar entre riscos casi hasta la altura de Aroca; el tercero es de un ejemplar especialmente vigoroso de una flor autóctona, de matizados colores, que se llama violeta de Cazorla. Arranqué esa flor y algunas otras también muy bellas para la colección de Margarita.

La casa de Ernesta Aspitarte, Maribaila, es esa villa cuya fachada reproduzco más abajo. Está situada muy cerca del Guadalquivir, a media legua del camino que une Mogón con Villacarrillo. Sorprende el aire de casa burguesa, casi urbana, en este paraje pedregoso, salpicado de trigales y barbecheras. La balaustrada de la escalera y el portón claveteado que pueden verse en la acuarela, así como la azulejería portuguesa o las columnas del patio, se deben al gusto por el lujo de su primer propietario, un capitán de dragones gallego y adinerado a quién Elías Seisdedos le compró la villa en circunstancias que ignoro pero que puedo imaginar con bastante aproximación.

Los jaramagos que rompen la cornisa son sólo un indicio de la ruina interior: techos derrumbados, paredes vencidas y una constante de desconchones y llagas donde hubo azulejos o apliques. El patio ha sido utilizado como redil y el piso superior es inaccesible porque las escaleras se han desmoronado en un vómito de cascotes donde ha prendido el musgo.

Eusebio Deza tuvo que cortar cardos y ortigas para abrirnos paso por el huerto. Su perímetro es un polígono irregular, como de media aranzada, bordeado por lienzos de ladrillo. Quedan en pie melocotoneros asilvestrados y un olivo de tronco sarmentoso, sin duda anterior a la casa.

Deza trazó un círculo en el aire con su navaja de poda:

—Aquí, junto a este banco, llegué yo a ver la sangre.

Me señalaba una piedra plana, de cantos biselados, rota en gajos agudos. El lugar no transmitía ninguna emoción especial, quedaba a la umbría de la barda y la hierba era tan pujante en esa parte del huerto que el banco era apenas una quebrazón ganada por los líquenes, como una boca de dientes oxidados abierta en la superficie vegetal.

Lo que me trajo el horror de las muertes no fue el sitio en sí, sino el despego del lenguaje utilizado por Deza para recrearlas:

—Tuvieron que venir por este lado de la tapia. Como ve, esto lo salta en un vuelo un hombre joven, y más si tiene motivos y rabia. Izándose a pulso. Luego, no es mucha ciencia buscarle el gañote a un par de borrachos, pegarles unos cuantos tajos, aderezarlos después como a los lechones, con ramos de perejil en las bocas, y de dos zancadas ponerse otra vez a seguro.

Antes de irnos, intenté trepar al piso de arriba por un muro semiderruido que formaba un plano oblicuo hasta el suelo, pero mi capacidad de ascender —en todos los sentidos— definitivamente acaba donde acaban las escaleras. Lo lamenté porque allí estuvieron las habitaciones de las pupilas y me hubiera gustado conocer un espacio unido a las obsesiones de Rafael. Como él, ya sólo podré imaginar a Ana Bárcena, la adolescente de su mejor cuadro, en una tiniebla de humo y hombres, nítida y triste, recortándose sobre un fondo de cojines y tules.

Por otra parte, este domingo casi de primavera se ha resistido a acabarse. Ya de vuelta, al entrar en mi cuarto para asearme antes de la cena, me esperaba sobre la mesa una carta de Lucía Lara. Es la primera que me escribe y sus cuartillas estaban llenas de equívocos, de expresiones memorizadas y de perfume.

Debajo de su letra, intensa y algo escolar, creí poder leer una segunda carta sugerida por frases a punto de desbordar su cauce de convenciones. En realidad, no contaba nada de interés aunque pude enterarme de que borda un mantel con motivos de gorriones y de que acaba de leer *La Gaviota,* de Fernán Caballero, *con mucho placer y un poco de miedo por la suerte de su protagonista, Marisalada, que se enfrenta con valentía al hecho de tener que dejar al marido para elegir el Amor.* Escribía amor así, con mayúscula, y repasaba cada una de las letras como si en esa palabra cayera el centro de gravedad de su texto. Parecía obvio también el mensaje contenido en el elogio de la actitud de Marisalada, que deja a su marido por un torero, aunque el final folletinesco —todo en esa novela lo es— que propone la Caballero para su protagonista le arrancaba a Lucía el siguiente comentario: *pagó como debía porque no se pueden romper los vínculos sagrados del compromiso o del matrimonio, ¿no opina usted lo mismo?*

Más que lo que contaba, me interesó el modo de contarlo porque uno se acostumbra a ir haciéndose un rastreador de huellas de las personas que le importan, estudia sus actitudes, sus mínimos gestos, detalles de su vestido o de su vivienda: toda esa información que nos transmiten involuntariamente y que, a causa de ello, tiene el valor de lo auténtico. Con ese propósito, releí muchas veces la carta de Lucía y llegué a recrearla inclinada sobre el papel mientras seleccionaba cada una de sus palabras o se le torcía la pluma en un sesgo especial que yo creía saber interpretar. Imaginé incluso que ella me imaginaba a mí inclinado sobre su carta, analizando con meticulosidad el sentido de sus trazos. Ya dije que estoy perdiendo realidad, que Lucía tuvo y quizá tiene el poder de imponerme modos de conducta en los cuales los cinco sentidos se descarnan y se aúnan en un puño gigantesco que aplasta al ojo de vidrio de la razón.

Fueron suficientes los dos pliegos rematados con su nombre para inquietar un recuerdo aún no apaciguado desde que dejé Baeza y se me llenó el resto del viaje de memoria. Recordaba entonces lo que recuerdo hoy: una cara de trazos escuetos, unos labios alzados, una mirada tímida, muy clara bajo el ala negra del sombrero. Y, sobre todo, la violencia de mis dientes chocando con los suyos, ese latigazo animal que me conmovió como un papel en el viento y fue a estallar en el fondo de su boca. Ni siquiera puedo recomponer su voz y apenas el tamaño de sus manos o el tono exacto de su pelo y, no obstante, los recreo, los dibujo o caigo en quimeras todas ellas con su nombre porque es tan igual el tiempo en Aroca que todo aquí se vuelve hacia el pasado.

III

Resumen de las conversaciones mantenidas con Cándido Espejo en Aroca, los días 12, 13, 16, 29 y 30 de mayo de 1874. El texto que reproduciré está reconstruido de memoria y es el resultado de purgas, de ensamblajes y de múltiples retoques para evitar los continuos dislates e intentar conseguir un discurso, si no fidedigno, al menos ordenado y unitario.

¿Por qué se acuerda uno de cosas sin importancia? ¿No te pasa a ti lo mismo? Hay situaciones o gentes que quieres olvidar y quizá por eso, porque si quieres olvidar tienes a la fuerza que recordar, te saltan delante de los pasos y se te meten en la cama al descuido, igual que perrillos falderos. Puedo acordarme, ¿por qué?, de detalles mínimos de Rafael Seisdedos. Si te digo que sé qué ropa llevaba puesta o cómo movía el bastón la primera vez que lo vi, dirías: caprichos de viejo, invenciones de ese loco de mi tío. Viento en la cabeza, eso dirías. Pero no, está ahí Rafael con su capa de esclavina, andando entre la chusma, apoyando el bastón sin casi tocar el suelo, empuñándolo así, ¿ves?, nada más que con estos dos dedos.

Y hace más de cincuenta años. Ni siquiera puedo imaginarme a mí hace cincuenta años. No sé ni si llevaba ya lentes o si fumaba o no. ¿Puedes creerlo que no lo sé? Pero un hombre te humilla y se te hace un ojo y un oído el corazón, y, aunque no quieras, lo sabes todo de él. Es la lucidez terrible del resentimiento, que dura siempre como una maldición. Eso debe ser. No olvidas lo que de verdad te hace daño porque las cicatrices se te quedan encima, no se borran nunca y son la memoria continua de las heridas. Eso debe ser. Hace ya más de cincuenta años. Yo estudiaba en Madrid, Rafael también. Por eso lo conocí, ¿ves?, yo podría ser otro si hubiera hecho leyes en Granada o en Salamanca o si mi suegra no se hubiera empeñado en que su hijo, ¿qué falta le hacía?, estudiara agricultura. Yo sería otro si Rafael no se hubiera cruzado conmigo una mañana de febrero de 1820 en la Puerta del Sol. Sería mejor de lo que soy, te lo aseguro. Y no estaría en esta cama dictándote frases de conveniencia para que entre los dos repintemos la cara de Cándido Espejo.

Pero me haces hablar de lo que no debo. ¿Para qué quieres tú saber? No creas que no me doy cuenta, me manejas a tu voluntad, perdemos el tiempo en cosas sin interés y nos olvidamos los dos de nuestro trabajo. Vamos, hazme el favor. Toma la pluma. Sigamos ahora mismo con lo que íbamos.

Yo era joven, tenía veintidós años, y la sangre en la cabeza, ese bulto de la sangre que te golpea en la nuca y te arrastra detrás de una idea. Tú sabes lo que te digo, lo sabes porque todavía tienes edad de vivir más con lo posible que con lo real. O tal vez no, ¿qué edad tienes, sobrino? Cuando se es muy joven, la vida no te cabe en la garganta y apenas hace falta pensar. Uno es una masa de sentimientos. Yo creía y luchaba por lo que creía. Por eso busqué a Rafael.

Tenía yo entonces una novia, ¿sabes?, una chica feúcha, de buena familia, y la llevo del brazo y estamos allí, entre todos esos desocupados que se juntan en la Puerta del Sol a todas horas a papar viento. Es una mañana de febrero de 1820 y se habla en los corrillos de la asonada de Riego en las Cabezas de San Juan para imponerle a Fernando VII la Constitución del Doce. Poco antes, se había paseado el retrato del militar por la calle Mayor y el populacho celebraba su hazaña. Fíjate qué hazaña. Pasear un cuadro y chillar. Así, chillando, gana el pueblo sus batallas y, chillando, las pierde. Siempre chilla nuestro pueblo, ¿has reparado tú en ello? Hasta para rezar.

Allí vi a Rafael Seisdedos por primera vez y, al instante, lo reconocí: alto, huesudo, mayor sin serlo; diferente sin que yo te pueda decir qué lo distinguía de los demás. Avanzaba entre el gentío como si supiera desde siempre adónde iba, con su capa de buen paño, con su bastón de ébano, con esa cara firme que se adueñaba de las miradas y a la que no parecía hacerle sombra el sombrero de copa baja, como todavía se veían pocos por Madrid. Nunca se puso el manteo ni el tricornio propio de los estudiantes; siempre, levitas a la moda, ropa de lechuguino, botines de polainas impolutas.

Entre los estudiantes, se hablaba de los hijos de los hacendados con desprecio: patanes sin criterio que pasaban por la ciudad resonando sus pesos duros y entraban en los locales como caballos en tienda de anticuario. Sin embargo, Rafael Seisdedos supo sentar fama de hombre de fundamento. Por eso lo busqué. Casi todo el estudiantado sabía que él se había atrevido a meterse en los cafés donde tenían sus santuarios los liberales y que había tomado la palabra con éxito en las tertulias de La Fontana de Oro y Lorencini para defender la subsistencia de los conventos y los monacales.

¿Sabes de qué cafés te hablo? ¿Sigue abierto todavía La Fontana? Desde esos cafés se atacaba sin cesar al rey y a los principios teocráticos: nidos de exaltados y de francmasones, llenos de lenguas de cuchillo como la de Alcalá Galiano o la de Gorostiza o la de los hermanos Adán.

Ya te lo he dicho: era invierno, el del 1820. Yo tenía veinte años y esa edad nunca es impune. Por eso nos pasamos después la vida corrigiéndola. Todo parece simple cuando se es joven y, en realidad, lo único simple es el joven mismo. No el mundo. Quiero decirte que yo, más que pensar, creía. Y no dejaba de sufrir por las creencias. Formaba parte de una sociedad de estudiantes al servicio de la corona, ya te puedes imaginar, muchachos sin más criterio que el de los afectos. Abominábamos de los liberales que habían movido sus peones para dar jaque a Fernando VII y vivían el espejismo de elevar a panacea su Constitución. Un texto alocado, redactado al borde del océano, como salido de la espuma del Atlántico. Y seis años después de que el rey los hubo reducido, amparados por los fusiles de

Riego, de Mina y del traidor conde de La Bisbal, de nuevo el mar de Cádiz levantaba su oleaje, inundaba Castilla y venía a estrellarse contra los muros del palacio Real.

Recuerdo eso, a mi novia de entonces. Está a mi lado. Muy contenta. Me está diciendo algo sin interés, algo que a ella le hace mucha gracia. Por eso bracea, se ríe, se separa de mí para mirarme de frente y, luego, ¿qué habrá sido de ella?, me vuelve a tomar del brazo, me aprieta la mano y se me acerca tanto que me atufa su perfume. Estamos en la Puerta del Sol, andando entre la chusma. Veo entonces a Rafael y, en seguida, sé quién es. Le dije a la chica, ¿cómo se llamaba?, ¿te lo podrás creer?: no puedo recordar el nombre de aquella novia mía; en cambio, no se me olvidan sus pecas ni sus tirabuzones rojizos. Tampoco, su olor a fruta, como a plátanos y a manazana. Le dije:

—Tengo que hablar con ese hombre.

En esas circunstancias conocí a Rafael Seisdedos. Sabía que desde el principio nos uniría el paisanaje y los intereses. No me costó mucho trabar conocimiento con él: le mandé un billete invitándolo a cenar y, el día convenido, se presentó en el figón de la Perona mirando por encima de las cabezas de los comensales para buscar la chalina roja que le había escrito que llevaría al cuello.

Los dos éramos del Reino de Jaén, los dos sabíamos que la Constitución no se acababa en declaraciones sobre la bondad del hombre sino que quería suprimir la Inquisición, maniatar a la Iglesia, aniquilar los señoríos territoriales y dar los baldíos y realengos a los campesinos. Era una puerta abierta la Constitución. Hacia cualquier antojo. Ya sé que tú no apruebas lo que digo, ¿no es cierto? Te conozco, Juan García Martínez, sé incluso lo que estás pensando y es verdad que tengo agujeros en la cabeza, pero todavía hay un puñado de sesos aquí dentro y sé que tú nunca harás uso de estas confidencias porque nos acordamos los dos de que has firmado un con-

trato conmigo y de que media tu palabra de caballero. Tú no lo has olvidado, ¿verdad, sobrino?

Hay gentes que desde el principio quieren sentar su superioridad, gentes para quienes las relaciones, el trabajo o la amistad son una batalla que tienen a la fuerza que ganar. Al estrechar la mano de Rafael, me encontré con una piedra. Apretó con mucha energía pero sin calor, como si quisiera imponerse desde el principio, reducirme.

Ya sé que no es así, pero así lo pienso. Y hay para mí un antes y un después del momento en que Rafael me aprieta la mano y quiere ya someterme. Desde ahí empieza el hombre que ahora soy, ese que no quiero ser.

Me miraba con desafío o desprecio, pero yo sabía que podía estar seguro de su sigilo y de su respuesta positiva. Teníamos informes de la policía sobre Rafael y su familia que me permitieron expresarle sin ambages lo que me había llevado a buscarlo. Pero no sé por qué me sentí ya derrotado: unos ojos que quemaban, un odio que no podía comprender.

Oyó con perfecta frialdad, como si ya lo hubiera previsto, que nuestro grupo actuaba como agente provocador entre los liberales, haciéndonos pasar por los más vehementes conspiradores para contribuir así a algaradas y excesos que justificaran después la intervención de la fuerza legalista. No le des vueltas, ya te lo había advertido: asuntos de niños, historias de juguete que, por entonces, las vivíamos como si estuvieran escritas con letras capitulares.

Así que le pedí su concurso para que se dedicara a defender, en las llamadas por los doceañistas sociedades patrióticas, los principios de la tradición. Le dije que la monarquía no sólo necesitaba de agentes como yo mismo, que jugaran el papel de ser más exaltados que los exaltados para despeñarlos en su propia utopía, sino de hombres capaces de meterse en los avisperos de los cafés liberales, defender las verdades absolutistas y salir triunfantes, como él había salido del café Lorencini después de haber atacado la ley de monacales.

Rafael tendría mi misma edad, pero la dureza del rostro, los ademanes contenidos bajo el gabán de lino y sus frases entrecortadas me lo imponían como superior y distante, como un hombre sin los suficientes años pero lleno ya de tiempo.

Se había limitado a escucharme; apenas había comido de los sesos fritos y de la uña de vaca que se enfriaba, gelatinosa, sobre su plato. Cuando acabé, se levantó y me dijo algo que en nada lo comprometía. Me dijo:

—No puedo imaginar a un hombre que piensa como tú leyendo La Antorcha *o* El Zurriago, *remedando las palabras de Alcalá Galiano o coreando el* Trágala, perro. *Pero todo vale si, al final, vale.*

Iba yo a poner sobre la mesa una bolsa de medias onzas cuando él, adivinando mi intención, me atrapó la mano a la altura del bolsillo, con fuerza, otra vez aplastándome con sus aires de superioridad:

—Aún no me he comprometido a nada. Debes darme una garantía de que no estoy hablando con una máscara.

Eso me dijo. Con una máscara, ¿qué te parece? Y, sin deber hacerlo, arrastrado por mi debilidad, que venía del poder que a él le daba su silencio, me vi dándole nombres, una escala complicada de contactos que terminaban en el aguador Chamorro y en fray Cirilo Alameda, componentes ya del círculo de Fernando VII.

Así fue. Todavía me pregunto qué me pasó, pero le di los nombres nada más que porque él callaba, me apretaba la mano y se permitía despreciarme, ¿lo entiendes?, y yo sentía que me despreciaba.

Cuando abandonamos el mesón, quiso ya despedirse pero lo retuve con mi descabellada verbosidad. ¿Ves?, ¿te das cuenta?: yo tenía que hablar, me sentía obligado a hablar, retenerlo, sacarle un compromiso, tapar en algo mi fracaso. No obstante, en la plaza de la Cibeles se excusó, paró un simón y, ya desde el pescante, me dijo que no le parecía seguro andar conmigo por las calles. Cuando le pedí una nueva cita y su palabra de guardar el secreto sobre lo hablado, me dijo que no nos volveríamos a ver pero que su silencio estaba garantizado. Y añadió:

—Cuídate los pasos porque son demasiados errores para unas horas: me citas en un mesón, lleno de ojos ociosos, tratas de darme dinero en público y hablas demasiado sobre asuntos peligrosos.

Golpeó con el puño del bastón sobre el techo, chilló al cochero la dirección de la casa donde tenía un cuarto de alquiler y le vi aún un momento, recortada en la ventana, una sonrisa llena de dientes, una sonrisa que me llenó de ridículo, como hecha para quedarse en el recuerdo.

Ya ves, sobrino, adónde me lleva esta maldita fiebre: fabulaciones sobre asuntos olvidables. Ni siquiera es digno de mención que un hombre humille a otro hombre y que eso sea una puerta para seguir haciéndolo de por vida. Ni tampoco es digno de mención que todavía eso duela. No merece la pena que escuches esto y, menos, que yo lo recuerde. Son ruindades menores que se te meten en la cabeza y se ponen allí a volar, donde está la llaga, como moscas zumbando encima de la carroña. Pero tú lo sabes: nuestro libro tiene que ser otra cosa. Algo hermoso y limpio, lleno de mentiras tan necesarias que son verdades superiores.

Transcripción fragmentaria de conversaciones mantenidas con Margarita Seisdedos en Aroca, los días 21 y 22 de mayo de 1874.

De mi madre recuerdo algunas cosas, no sé si por mí o de tanto que me contaba la pobre Antonia Peña, la cocinera. Era alta y triste, lloraba con facilidad y esperaba continuamente, atándose los nervios como podía, a mi padre. La abuela le tenía cariño, le preparaba paños de vapor, se sentaba a su lado durante horas y se los iba pasando por la frente. La consolaba. Recuerdo o me parece recordar a la abuela siempre metiéndole el ánimo en las llantinas, acariciándole el pelo, levantándole la tristeza.

—Nos hemos casado con dos puñados de viento —me contaba la abuela que le decía—. Estos hombres nuestros tienen el corazón de campana, y hay que soltarles cuerda; atarlos pero de largo y darles lo suyo porque, si no, acabarían derrumbando las paredes de la casa.

Sería extraño verlas a las dos juntas, esperando, unidas por la misma vigilia de los maridos, como si fueran malcasadas de la misma edad, y es que el abuelo Saturio era parejo a mi padre. Tú has visto las caras de los dos en el retrato pintado por Rafael en una pared del desván, ¿recuerdas?, los dos iguales, parejos hasta en los andares, tanto que el abuelo parecía un hermano mayor que hubiera estado esperando a mi padre para llegar juntos a la muerte.

Mi madre murió cuando yo tenía cuatro años, de una erisipela mal curada, y me crié al abrigo de la abuela, suelta por esta casa, arrimándome a las cocinas de Antonia o buscando a su hijo Anselmo para que me contara historias, unas historias bonitas, lindas a más no poder, tan largas que duraban semanas enteras que él llenaba de barcos y de piratas.

Pero de quien te he venido a hablar es de Rafael. Quiero que lo conozcas para que nunca caigas en la debilidad, como yo hice, de juzgarlo. Sé que a ti no te costará ningún trabajo comprenderlo. A mí me costó. Yo era una chiquilla, Juan, yo era nadie; por eso me atreví a juzgarlo; por eso ya no puedo hacer otra cosa más que darte ese diario y venir aquí, a sentarme a tu lado, y hablarte de él como si con eso, con hablar, se enderezara lo hecho o se le pudiera dar la vuelta al tiempo y él pudiera volver a entrar por esa puerta.

A Rafael lo recuerdo siempre igual: con muchos años. No viejo, sino como alguien a quien desde niña veía ya del lado donde están los adultos. Para que te hagas una idea: la abuela solía decir que era como si ya hubiera nacido solterón. Era bastante mayor que yo, pero no me refiero a eso, sino, ¿te lo podrás creer?, a que nunca lo vi reír. Era estirado y duro, largo y blanco, igual que una zancuda.

Tenía el mimbre recio y una cabeza seca y llena de sentido. Él dirigía los campos y administraba los dineros. Te lo voy a decir con palabras del propio Rafael. Están en su diario. Allí, ya lo leerás, se define con tanta crudeza que parece que estuviera hablando no de él sino de un enemigo. Pero es verdad, como él escribe, que tuvo la codicia justa para que no se le cayera ni un grano de tierra de la punta de los dedos y saberes sobrados para duplicarla, y que fue lo que nunca fueron mi padre y mi abuelo: un hombre de instinto apagado y con los sesos edificados con piedras sillares.

Entendía de cultivos más que nadie, hizo estudios de agricultura y eso le dio pasión por saber nuevas cosas que procuró contagiarme. Hizo un invernadero al lado de las cuadras, donde ahora están las pilas, y, con estufas, consiguió esos híbridos rarísimos que son las primeras flores que aparecen en mi colección, ¿recuerdas?, pensamientos de hojas carnosas y muy grandes o aquel clavel picudo, precioso, que tira a malva. Y tú has visto las maquetas hechas por él que hay en el desván: molinos, prensas de aceite, sistemas de acequias. Qué sé yo. Pasaba días enteros inventando sus máquinas, experimentando con ellas, perfeccionándolas. Fue él quien mandó hacer los silos para los trigales de La Blanquilla o los caminos de rueda en nuestras tierras de labor.

Yo, Juan, me sentía muy orgullosa de mi hermano. Cómo no sentirme. Era como si, con él, entráramos todos en un mundo organizado y pisáramos un suelo limpio, sin agujeros, hecho de baldosas regulares.

Pero hay una cosa que nunca le agradecí lo suficiente y ya nunca tendré oportunidad de agradecerle. Él me dio la oportunidad de ser lo que soy, me tomó de la mano y me llevó todo lo lejos que te pueden llevar las letras de los libros. Me enseñó a leer, se ocupó de mi educación a diario, todas las tardes se encerraba conmigo con los mapas y los ábacos y los catones. Me compró el piano, el mismo que hoy está en el comedor, y, desde que yo tengo memoria, se empeñó en que viniera un médico famoso de Córdoba que me visitaba cada dos meses para fortalecerme la pierna derecha pues, de nacimiento, me vino débil y algo escorada como si no quisiera trabajar ni ser compañera de la otra.

Nada más cumplir los trece años, me mandó a Úbeda al pensionado de doña Amparo Avecilla. Aquello, imagínatelo, fue para mí como entrar en un paraíso donde se jugaba y había niñas de mi edad y una ciudad llena de palacios y de calles repletas de gente. Además, Úbeda es linda, linda: un sueño. No deberías volverte a Madrid sin conocerla.

Rafael venía a verme con frecuencia y me sacaba a pasear. Yo iba reventando de alegría mientras andaba de su brazo por la calle Real o por la plaza del Mercado porque era esbelto y elegante, como un figurín de modista, y llevaba siempre unas levitas de última moda que tenían tanta prestancia que parecían de nácar. Íbamos casi siempre a la lechería de la calle Mesones y, luego, a una tienda de papel donde me compraba cuadernos y todos los libros que se le antojaba sobre los que luego me hacía preguntas.

En el internado, mis compañeras espiaban nuestra llegada y luego me hacían mil preguntas sobre mi hermano, entre risas y pellizcos, con los colores en la cara. En Navidad y para el verano, venía a recogerme con el cabriolé al que uncía los mejores caballos, dos árabes bayos que a mí me hechizaban. Íbamos a una fonda a comer y antes de volver a Aroca me acompañaba a las casas de ropa para que eligiera vestidos para mí y para la abuela. Mientras fui pollita, tenía la obsesión de que me acicalara, de que no me faltara nunca ni piezas de cachemir o agua de olor, capotas de raso o sombreros de tafetán.

Un día de junio del año treinta y seis, cuando fue a recogerme al internado para volver a Aroca, me dijo que antes de salir íbamos a comer a la venta de postas del Arco. Fue allí donde conocí a Cándido. Estaba esperándonos sentado ya a la mesa, nervioso, jugando con un periódico, vestido de azul de Prusia. Mi hermano me dijo al oído:

—Es de una familia que conozco, he estado hablando con él y está de acuerdo para que entréis en relaciones. A ver qué te parece.

Qué me iba a parecer, Juan, si yo tenía quince años y por aquella época Cándido era un ángel de ojos celestes, hechuras de tunante y ya ejercía como juez de Úbeda.

Es eso lo que le debo a Rafael: la dedicación, el cuidado, el empeño que puso en subirme todo lo alto que pudo. Es mucho lo que me dio y, si tengo que poner en un platillo lo que yo le di, me encuentro con que no hay nada. Nada, Juan. O casi.

Te puedo decir que en el asunto de Ana Bárcena estuve a su lado mientras tuve fuerzas. Apenas eso te puedo decir. Por defenderlo, me enfadé con Cándido, que entonces no era nada más que mi novio, y me enfrenté con la abuela. Ésos son mis méritos. Ya ves qué méritos: pura bisutería.

Por eso, recuerdo muchas veces lo que pasó, me veo a mí misma haciendo lo que no hice o diciendo lo que no dije. Corrigiendo, evitando, dándole vueltas y vueltas a cosas que ya no se pueden traer a esta mesa para componerlas. Eso es lo malo del tiempo, que nos empuja y nos obliga a andar siempre, a alejarnos sin descanso, y va rompiendo el camino que hemos pisado para no dejarnos ninguna oportunidad de regreso.

Pero yo no quiero hacerte trampas con mi hermano ni pintarte un retrato sólo con colores bonitos. He venido para que lo conozcas, y conocer es aceptar. Sé que me entiendes.

Rafael era riguroso con la limpieza, con el encalado, con el orden. Había que blanquear dos veces al año, ventilar continuamente los cuartos, que los libros rebrillaran, que los suelos parecieran ventanas y las ventanas, aire. Las camisas debían tener el almidón justo, pulidas como plastrones, y los fraques y las levitas sin una sombra, espejeando, porque si no los desechaba y te sacaba los colores.

En eso de la ropa tiraba a la manía porque aunque estuviera en el bosque, en el garbanzal o revisando las faenas de la aceituna iba siempre vestido de paseo. Siempre. Desde que se levantaba. Ni siquiera tenía ni sobretodos ni borceguíes para la casa. Tú mismo te has hecho una idea mirando sus trajes en la habitación donde duermes. Me has comentado el corte y la calidad del paño, la cantidad de levitas que tenía. Y es verdad que ese armario, en parte, lo resume y me lo hace muchas veces presente, tantas como trajes hay porque lo recuerdo con cada uno de ellos, lleno de empaque, serio, como sacando pecho ya ante lo que se le venía encima.

Hasta en eso era la cara opuesta de mi abuelo y de mi padre, que vestían al descuido y nunca abandonaron la moda antigua de las casacas, el calzón corto y los zapatos de hebillas. Era como si Rafael quisiera trazar una raya entre ellos y él, un muro que dividiera el desorden del orden, el mundo de las guerras y de las armas del de las herramientas y los libros.

Todo esto es verdad, eran sus cosas, pero también es verdad que se preocupó de sacarnos adelante, de que el abandono de esta tierra no pudiera con nosotros ni echara telarañas sobre nuestras cabezas. Se exigía él y exigía a los demás. La compostura y los trabajos había que mantenerlos a pulso, con la exactitud de los relojeros, y no cabían excusas ni medias tintas, como si con la precisión con la que llevaba las fincas, el tenedor a la boca o la capa sobre los hombros quisiera disciplinar hasta el aire que le rozaba.

Pero desde que mataron a los nuestros, cambió. Se le puso a mi hermano el alma de esparto y se le iba la vida sin apenas tratarse con nadie, te lo veías siempre solo, seguido a distancia por el loco

Valor, paseando al atardecer por la carretera de Cazorla, con las manos a la espalda y la cara seca, o encerrado con sus pinturas y sus papeles, hundiendo la cabeza en los libros. Fue un giro brusco. No le notaba la mirada. Ni el corazón. Se hizo como de piedra, Juan, duro y frío, la cara y las manos pajizas, sin sol ni alegría.

Cuando por entonces hablaba, las pocas veces que lo hacía, las palabras se le cimbreaban entre los dientes igual que alambre y le salían cortantes, parecidas a hoces que te buscaran las partes tiernas o los sitios donde te brotaba la risa para allí pegarte el tajo y descabezarla de raíz.

No quisiera tener que decírtelo pero es así. Tú mismo lo leerás en su diario. Allí habla de mí con tanto despego que he llorado siempre que lo he leído. Se hizo hosco, avaricioso, maltrataba a los peones y llegaba a regatear el jornal de gazpacho de los temporeros, vigilando las medidas de aceite, de sal y vinagre, como si en cada cuartillo se jugara la suerte de toda nuestra familia.

Sólo Valor parecía no molestarlo. Venía Valor a buscarlo muchos días y el loco lo seguía a todas partes saltando a su lado, feliz, parecido a un trotón, orgulloso de que todo el pueblo lo viera con él. En raras ocasiones lo espantaba. Lo dejaba seguirlo o que se sentara a sus pies y hablaban, hablaban de no sé qué, pero yo los he visto muchas veces, serios, reliando las manos en el aire, igual que si estuvieran diciendo cosas importantes.

No era extraño encontrarte con el bueno de Valor en las escaleras o en los pasillos de la casa; de pronto, te lo topabas cuando más al descuido andabas y se te escapaba de un salto, aleteando los brazos, con el mismo zumbido de las perdices al salirte de las matas.

Pero ya te digo, si se hizo áspero fue porque vivió las muertes de mi padre y de mi abuelo, llevando su dolor como un cilicio rebanándole las carnes. Sufría, Juan. Sufría más que nadie. Y eso hace que sus maldades no lo sean.

No era como la abuela Nieves, a quien le gustaba el lujo y la alegría en los asuntos de la iglesia y, cuando mandó que le bendijeran como capilla el saloncito de abajo, metió en ella todo lo bonito que encontraba: mantones de manila, colchas bordadas con flores de a palmo, tinajas con palmeras o la chaise longue *que teníamos en el porche.*

Puso la abuela una Dolorosa en el altar a la que le había hecho enaguas y sombreros, mantos y corpiños. Era una cosa que daba hasta risa porque la mudaba de traje cada semana o al cabo de meses, según el humor que tuviera, combinándole colores, telas y sombreros, después de haber averiguado qué día iba a hacer mirando si había nubes en la peña de Iznatoraf.

Cuando murió Antonia Peña, la madre de Anselmo, la abuela se quedó como huérfana. De pronto, perdía a la amiga de siempre, quizá a la única persona con quien se entendía aunque se pasaba el día discutiendo con ella. Se le quebró algo por dentro a la abuela, perdió el apetito, el sueño, las ganas de asearse. Se metía su mesa de costura en la capilla y allí se pasaba las tardes dando órdenes todavía, gritando, rezando a su Virgen con unas voces tan desquiciadas por su sordera que más bien parecía que le exigía cuentas por sus últimas desgracias. Se dejó el pelo descuidado, largo, como una esclavina por los hombros, y ya ni siquiera quería que le pusiera para dormir el gorro de papel untado con el ungüento mercurial, que jamás había dejado de usar porque los piojos la llenaban de terror.

El día que yo cumplía diecisiete años y cuando en Aroca no se hablaba de otra cosa que de la reclusión del menguado Valor porque había confesado ser él quien mató a Anselmo Feliú, encontramos a la pobre Antonia muerta en un banco de la cocina.

Acababa de hacer dulce de merengue y tenía todo dispuesto para preparar el agua de limón. Serían las cinco de la mañana cuando el nevero de Tejerinas llegó con el serón de nieve que le habíamos encargado para la fiesta y estaba metiendo su borrico en la cocina cuando el animal olió o vio la muerte y empezó a orinarse en medio de un rebuzno tan largo y tan extraño que todavía, a veces, me desvelo y me parece que sigue resonando por el piso de abajo.

Antonia Peña quizá murió de pena. La pobre, desde la desgracia de su hijo Anselmo, cayó en una tristeza honda de la que nunca saldría, le hablabas y te miraba desde tan lejos que te dabas cuenta de que ya la habíamos perdido, que nunca volvería a contarte sus historias de iluminados ni a meterte en las noches de invierno el brasero de cama entre las sábanas ni a llevarte a escondidas a la cocina para darte los mejores bocados. Te miraba, sólo te miraba un momento con los ojos enterrados en lo negro y en seguida se le iban lejos, seguro que a buscar a su hijo por no sé qué caminos.

Estuvo así un tiempo y, cuando regresó a nuestro mundo, fue para acosar a la abuela porque estaba convencida de que ella era la que había pedido la muerte de Anselmo. Sin embargo, la abuela Nieves se había acostumbrado tanto a Antonia que, cuando nos quedamos sin ella, no encontraba su sitio, acechaba sin cesar los pasillos, esperándola, y devolvía los platos de Fermina, la nueva cocinera, porque decía que no llegaba a encontrarles el sabor. La buscaba continuamente en su habitación, en el lavadero, y pasaba las horas muertas en la cocina oliéndole el recuerdo en los pucheros y en el humo de los guisos.

A veces me alarmaban sus voces a media tarde y, al acudir, me la encontraba en la capilla, sentada ante su mesa de costura y era una cosa que daba su pellizco de miedo porque siempre tenía encendidas todas las palomitas de aceite del altar, que eran muchísimas, y a ella se la veía al trasluz con las crenchas largas, brillándole de blancas, manoteando en ese resplandor borroso, como de niebla, que le retorcía la sombra de las manos en un ir y venir por las paredes hasta que acababan revoloteando igual que cuervos alrededor de la estatua de la Virgen.

Miraba a la Dolorosa pero era con Antonia con la que hablaba, como si Antonia fuera la Virgen que hubiera vuelto de la muerte para estarse allí, quietecita, conversando con la abuela. Siempre le estaba gritando las mismas cosas disparatadas que le decía en vida, cuando Antonia la pinchaba con lo de su hijo y ella acusaba a Anselmo de la muerte de mi padre y mi abuelo, enceladas la una con la otra, repitiendo la misma disputa que las dos parecían necesitar como necesita la camisa al cuerpo.

Entonces, creí que su mano ya no tenía fuerza nada más que para sujetar el rosario y que en su cabeza no había más que lágrimas. Pero no. Todavía estaba llena de brío y con los sesos metidos en las cosas de la vida. Era la abuela de antes, la que en el fondo guió siempre la casa y a nuestros hombres, la que le decía al abuelo Saturio que quien da órdenes, si quiere que le cundan los amaños, tiene que pisar como los gatos y esconderse el bastón debajo del forro de la capa.

Cuando se enteró de lo de Rafael, salió de la capilla en un último soplo de coraje, con paso firme y las luces de punta. Pidió que le llenaran la tina de agua caliente y su mejor ropa, y, después, me llamó al salón. Estaba erguida, peinada, muy guapa. Con la mantilla puesta y el broche de esmeraldas brillándole en medio del terciopelo del vestido. Me tomó de la mano y me dijo:

—Ayúdame a enderezar las cosas porque tu hermano ha tropezado con una mujer y nos está despeñando a todos hasta más abajo de donde pisan los corderos.

Resumen de las conversaciones mantenidas con Cándido Espejo en Aroca, los días 12, 13, 24 y 27 de mayo y 1 y 3 de junio de 1874. El texto que sigue está —como las confidencias del juez copiadas páginas atrás— necesariamente desvirtuado por las mismas razones que allí aduje.

Aquella primera humillación que recibí de Rafael no sería la última porque hay algunos hombres que sólo pueden apreciarse a sí mismos menospreciando a los demás o, quizá, porque yo lo admiré en un principio y tuve que pagar por eso. Pero lo cierto es que calculó desde nuestro primer encuentro el valor de mi persona en términos de utilidad y ya empezó a acercárseme en Madrid y, sobre todo, después, cuando en 1832 fui nombrado juez de Úbeda y delegado de Fomento de la provincia de Jaén. A partir de entonces entramos en una relación, si no de afectos, sí de beneficios.

El contacto con Rafael me enseñó que él estaba muy lejos de sufrir mis fiebres de ideas. Ya te lo dije, sobrino, yo andaba jugando a hacer la Historia en tanto él la vivía. Me llevó siempre la ventaja de saber que los sentimientos, las creencias o la juventud son cebo de anzuelo. En realidad, Rafael sólo tenía fe en su indiferencia o, a lo sumo, en el poder acaparador de sus manos.

Fui juez de Úbeda. Qué lejano todo. Esta palabra, juez, hoy no consigo ponerla sobre mí, como si no casara con Espejo. ¿Qué me está pasando? Pero me oigo llamarme así, juez, y estoy en la tertulia de Ernesto Vico, marqués de Saludeja. Estoy allí con Rafael. Te con-

taré eso en otra ocasión, recuérdamelo. Qué cosa tan extraña que yo haya sido juez. Juez.

Las tertulias se hacían los martes. Allí me pidió Rafael que lo presentara con la intención de cortejar a María Vico, la hija del marqués. Era María una muchacha azorada, de ojos azules y siniestros, que sabía de memoria pasajes de Las noches de Young y suspiraba con los libros de Walter Scott, Húmara o Patricio de la Escosura. En fin, toda esa cosecha de espadas, lágrimas y héroes. Tú conoces ese paño. Así era María, carne de novelón.

Como Rafael tenía modales precisos, vestía con sobriedad, hablaba poco y dibujaba con tino, podía moverse en los salones de Ernesto Vico sin hacer mal papel. Envarado, eso sí; distante, un poco como de cartón, ¿me entiendes?, con su careta de dignidad. Pero digo yo que María encontraría en él algún remedo de sus libros y eso los metió a los dos en un galanteo blanco, sin pasión aparente.

Es verdad que, cuando Rafael conversaba, tenía exactitud y yo entonces atisbaba chispas de la antigua elocuencia de la que me hablaron en Madrid, pero lo normal en él era la distancia, la actitud de escucha, el ojeo continuo de María que se tensaba sobre el piano para hilvanar un desvaído Rondó alla turca o quizá de algún vals de Chopin que, entre sus manos, tenía la dureza del cuero.

Por otra parte, Rafael gozaba de la inclinación de Ernesto Vico, entre otras cosas porque demostraba una paciencia al parecer indestructible a la hora de escucharlo. El marqués se las daba de mundano, ¿sabes?, uno de esos personajes pelmas, un tanto alcoholizado, al que se le temía por lo repetido de sus chismes. Sin embargo, Rafael lo escuchaba sin cansancio, ¿te das cuenta?, ahí tienes a eso que se llama un hombre práctico, un autómata incapaz de pestañear ante la farfolla vinosa de un papanatas. Siempre estaba dispuesto Rafael a oír una vez más lo inseparable que era la baronesa Dudevant de la botella de punch y de los diplomáticos orientales o las largas narraciones, en madejas infinitas, de los devaneos londinenses del marqués con Miss Missolonghi, muchacha *rebelde que, según Ernesto Vico, se vestía de bohemia o de* dandy *y fumaba opio.*

Pero ¿a ti qué te puede interesar todo esto? Un marqués fantasioso y plomizo, un noviazgo de interés, un puñado de burgueses que se reúnen los martes para huir de un pueblo tan hermoso como aburrido y acaban dando bostezos en un salón con las paredes repletas de personajes horrorosos, todo ese repertorio de mártires y vírgenes que se pasean por los cuadros con los pechos cortados, con las llagas al aire o con sus propias cabezas debajo del brazo.

Hay un verano, el de 1836, que lo recuerdo de modo especial porque ese año me ató a la familia Seisdedos con varios nudos. Una mano, la de Rafael, que empezó a apretarme en una primera cita en Madrid, se estrechó con fuerza sobre mí ese verano. Y ya no me soltaría.

Compré tierras a medias con Rafael de las que desamortizó el gobierno de Mendizábal en unas circunstancias en las que mis relaciones, sería largo que te lo explicara, añadieron una buena ventaja a la ya ventajosa oferta del gobierno. Tres mil quinientas fanegas, en la comarca de Peal de Becerro, fincas de trigales y olivos, reputadas de primer orden por el ojo implacable de Rafael.

Esas tierras pasarían a mi propiedad en el año cuarenta y dos como parte de la dote de Margarita, pues ya habíamos convenido mi matrimonio con ella tras una negociación, enojosa por la contumacia de su hermano, sobre cortijos y aranzadas que vendrían a asegurar el futuro de Margarita a mi lado.

Por entonces, ella era una niña de quince años a la que Rafael había traído a educarse a Úbeda en un internado para señoritas, regido por una dama de la nobleza, una solterona huesuda y de pechos inmensos, quizá falseados con rellenos.

Yo la espiaba a menudo, a Margarita, cuando doña Amparo llevaba a sus siete pupilas a la misa diaria del convento de Santa Clara o salían a pasear, apelotonadas y huidizas, las mañanas de domingo por los vericuetos de las calles con continuas paradas ante palacios e iglesias sobre los que doña Amparo extendía sus explicaciones con un manoteo entusiasta que hacía bostezar a las niñas.

No te puedo decir que Margarita tuviera otro atractivo que el de la candidez. Era una chiquilla tímida y gruesa, de sonrisa como embutida en la expresión carrilluda, cuyos esfuerzos para ocultar su cojera bajo el vuelo del miriñaque resultaban inútiles. Solía andar descolgada del grupo apoyándose siempre en el brazo de la misma compañera, una niña agigantada con la expresión de hielo, que para esperarla retardaba el paso de tal modo que parecía que tropezara contra el aire.

¿Quisieras decirle a Bastida que nos traiga agua nueva de pozo? Es la garganta, ¿sabes? Se me seca continuamente la garganta, aunque no hable. Día y noche. Como si tuviera un tizón en medio de la boca.

Veo de cerca a Margarita y le hablo por primera vez en una comida concertada con su hermano. Llega ella cogida del brazo de Rafael, entran en el mesón, hablan con el posadero y éste me señala. Vienen hacia mí, Margarita sonriendo, una niña con un sombrero de palma, ridículo. Sé que estoy sentado a la mesa, sé que estoy nervioso. Quizá tengo miedo. La mano de Rafael. Ellos se van acercando y algo va a comenzar cuando los dos terminen de llegar y se sienten a la mesa. Avanzan, saludan, saludo. Y tengo miedo.

Ese mismo año de 1836, llegó a Úbeda para curarse de una enfermedad, se decía que venérea, un actor de la localidad que arrastraba cierto renombre. Se llamaba Antonio Prieto. Era corpulento, velludo y amanerado, metido siempre en pantalones y levitas muy estrechos, como prestados por un prendero vengativo. Tenía manos de piedra y una voz de campana con la que sabía ponerle música a las palabras.

Llegó Prieto y era como un puñado de páginas de los libros que le gustaban a María Vico. Pronto se adueñó de las tertulias del marqués de Saludeja y de las miradas de su hija.

Los martes, día de las soirées, *venía siempre con retraso, se quitaba la capa de un tirón, redondeándole el vuelo, y recorría los corrillos con saludos que demoraba con el presbítero Vega o con Lucas Espadas, el cronista local; se paraba con unos y con otros pero acababa siempre sentándose al lado de María y, con sus ojos lunáticos y su cara pajiza, se inclinaba hacia ella para musitarle historias de cómicos. Ya tarde, cuando la tertulia había recorrido los últimos hechos de la infame guerra levantada por don Carlos contra los derechos de la niña Isabel, y el marqués había tenido oportunidad de repetir alguna de sus anécdotas, más bien inverosímiles, sobre su vida en París y Londres, se le solía pedir a Antonio Prieto que recitase pasajes de Bretón o Hartzenbusch. Tenía fuerza Prieto, vibraba recitando con su resuello de hombre cargado de peso. Eso es lo que lo traicionaba, la gordura, le costaba trabajo tener esplín, ir a la moda de los artistas tuberculosos. Había en él genio, pero atrapado por una grasa que le pujaba debajo de la ropa y hacía que sus pantalones colán parecieran pellejo de embuchado.*

Lo que más recuerdo de él fue un regalo que nos hizo, seguro que a ti te hubiera gustado estar allí. Asistimos, en diferentes veladas y meses antes de su estreno en el teatro del Príncipe de Madrid, a una lectura de El Trovador *cuyo texto poseía Prieto por haberlo estudiado para su estreno fallido en el teatro de la Cruz, donde trabajaba. Fueron cinco o seis martes de* El Trovador, *inolvidables.*

Cómo me gustaría ahora ser aquél. Ser juez. Pasear por Úbeda, por el Rastro, por el Real o por la Corredera. Todo es Renacimiento allí, ¿sabes?, y hay allí una belleza que engrandece a quien la mira. Recorrer la plaza del Llano mientras aquel esplendor de los edificios te rodea. Te conoce la gente, te abren paso, murmuran tu nombre. Eres Cándido Espejo, juez. Eres un hombre joven a quien se respeta o teme. Todo es hermoso y limpio a tu alrededor, te llamas Espejo, te gusta llamarte así, y aún ni siquiera sabes dónde está exactamente Aroca.

Sí, sí: El Trovador. *Antonio Prieto. Llega Prieto a la tertulia del martes. Imagina a un hombre afable, pero sin brillo. Todo va ro-*

dando con normalidad: palabras, tisanas y licores, cigarros puros, aburrimiento. La tarde es previsible: nos toleraremos. Le estoy comentando al cronista Espadas que algo debería romper lo consabido, y, mientras se lo digo, Prieto pide que se apaguen los quinqués, que se despeje el fondo del salón y que se coloquen los candelabros en el suelo. De pronto, adquiere Prieto autoridad, aun antes de actuar. Nos sentamos en filas: murmullos y algo de escepticismo ya que nadie sabe de los méritos de Prieto nada más que a través de gacetilleros. Y esa ralea, tú lo sabes, se soborna con mendrugos.

Así que estábamos sentados, esperando. Se reflejaba la luz en el raso rojo de las paredes, un resplandor grana ante el cual, de repente, aparece Prieto como agigantado y empieza a moverse a contraluz con los papeles en la mano y un fingimiento de voces, desde la de Azucena a la de Nuño, admirable.

Impresionaba verlo. Son cosas que se graban: las voces saliendo de la penumbra, todas de un solo hombre, el cabello largo hasta taparle las orejas, el pañuelo negro que le daba varias vueltas al cuello y la cara blanqueando. Se multiplicaba Prieto al utilizar espadas y abanicos, capas y manteletas, sombreros y papalinas, que se ponía y quitaba en un trasiego incesante, saltando de un lado a otro, girando, arrodillándose o estirando el cuerpo con orgullo.

Era todo un fatasmeo de sombras. Metamorfosis, brillos y sonidos. Esa sensación de irrealidad de los caleidoscopios.

Cuando acababa Prieto la representación de cada martes, los criados levantaban los candelabros en torno a él y reaparecía tímido, inclinándose para recibir nuestro aplauso con la levita abrochada hasta el cuello y el cabello, muy largo, chorreando de sudor. Yo le veía las manos quietas junto a las caderas, la mirada cobarde y la expresión melancólica, y era imposible adivinar el ímpetu que acababa de sacudirlo.

Ése es el poder del teatro: que te hace crédulo y quieres que te haga, que te dejas engañar para ser muchos hombres, todos los que estás viendo, mientras estás sentado. Te trae el olvido de ti el teatro y el recuerdo de lo que no eres. Un libro puede construir un mundo y tapar otro. Así debe ser nuestra biografía: como el salón en penum-

bra del marqués de donde salen voces inventadas pero con mucha más convicción que los susurros de los que miran y quieren ser engañados. ¿Por qué sonríes? ¿Acaso estoy yo disparatando otra vez? ¿Es eso? No te me escabullas, dime la verdad, hijo.

Para la primavera de aquel año, Rafael Seisdedos había ya llenado el álbum de María Vico de máximas y dibujos, y frecuentemente la acompañaba a la salida de misa del Salvador en lentos paseos por la plaza del Llano. En más de una ocasión, había sido invitado a la calesa del marqués para recorrer el paseo de coches, que se hacía las tardes de los sábados y domingos por el ensanche de la ciudad, desbordando las murallas desde la Puerta de Toledo hasta el Hospital de Santiago, aunque muchos carruajes solían ir más allá y se adentraban en la carretera de Baeza.

Una tarde, que habíamos visto torear a Montes desde los balcones de la casa que yo tenía en la plaza del Mercado, observé de cerca los coqueteos de doña María con Rafael. Arrumacos, sonrisas, manos que se juntan; en fin, boberías de enamorados; lo habitual, pero que en ellos parecía una mala representación.

Cuando acabó la corrida, Rafael nos convocó para brindar y nos dijo que era inminente el hecho de pedir la mano de María Vico. Fue una rara debilidad de un hombre práctico, de un hombre como él que estudiaba las baldosas antes de pisarlas, pero habían aparecido algunas nubes después de un período de sol abrasador, Montes hizo una lidia de apoteosis y María, que era fea y fría, esa tarde estaba llena de calor, como si la pasión del ambiente se le hubiera metido dentro y se le transparentara por debajo de las mejillas.

Lo cierto es que Rafael menudeaba cada vez más sus visitas a Úbeda, que se instalaba en la posada del Arco durante días o que aparecía por la ciudad los martes sólo para tener la oportunidad de ver a María en las tertulias del marqués y, esa misma noche, regresaba a Aroca cambiado de caballo en la Venta de la Madera donde dejaba al suyo exhausto.

Lo que te voy a contar ahora es un hecho de infamia. Te lo diré en pocas palabras: Rafael formalizó su relación con María Vico y, poco después, ella rompió su compromiso para exhibir una inclinación vergonzosa por Antonio Prieto. ¿Qué se podía esperar de una muchacha así? ¿Acaso era posible confiar en alguien cuyo libro de cabecera era Contigo, pan y cebolla *del insoportable Gorostiza? Dímelo tú. ¿No eres tú de mi opinión? Te aseguro que ella se merecía ese libro infame, y él, Rafael, se merecía a María Vico, tan desafortunada en lo físico, tan boba, con tanto dinero y con la cabeza tan a pájaros.*

Ese asunto de Prieto tuvo el oprobio añadido de que trascendió y se acarreó por las bocas de la ciudad. Entonces, nada más enterarme, me fui a buscar a Rafael y le dije:

—Arregla esto cuanto antes, limpia tu nombre.

Un nombre. Eso es lo que importa porque los nombres llegan mucho más lejos que quienes los llevamos. Bastaría con eso, con dejar un nombre. Dos o tres palabras alineadas y pulcras, como bloques de mármol. Lo demás, sobrino, lo que hay detrás de los nombres, es siempre mentira. O no existe: materia orgánica que se descompone, huesos en una fosa, oscuridad, nada.

¿Qué te estaba diciendo?, ¿de qué te estaba hablando yo? No consigo acordarme, ¿te lo podrás creer? Dime, por favor, qué es lo que te estaba yo diciendo.

Le exigí a Rafael que limpiara sus apellidos, unos apellidos que acabarían siendo parte de los míos, pero lo encontré tan remiso que fui yo mismo quien tuve que llevar todo adelante. Con Prieto, y con los padrinos que se vio obligado a buscar, no tuve mejor respuesta pero conseguí al fin concertarlos para un encuentro a primera sangre, marchando al disparar, y a treinta y cinco pasos. Tal fue el tipo benigno de duelo que eligió Rafael y no por piedad. Te lo puedo asegurar.

Sin embargo, nunca se llevó a cabo porque Prieto no se presentó a batirse el día convenido. Aguardamos por espacio de dos horas en las proximidades de la Fuente de la Alameda y, al dispersarnos, la imprevista tranquilidad que había mostrado Rafael en la espera me confirmó el presentimiento de que acabábamos de protagonizar una farsa.

Hasta el día siguiente no pude arrancarle al presbítero Vega el fondo del asunto: Rafael había pagado a Prieto el precio mezquino de tres mil reales para que desapareciera de la ciudad.

Hay años nefastos, como si el tiempo andara enfermo o sin fuerzas, dando tumbos, sin poder tirar de ti. Fue un año maldito, el de 1836. Poco después de lo que te digo, en el mes de agosto, ocurrieron las muertes de Saturio y Elías Seisdedos. Muertes de lupanar, sucias, llenas de crudeza y premeditación.

Date cuenta: estaba a punto de emparentarme con una familia cuyos miembros más eminentes habían sido degollados cerca de los muslos de las prostitutas y cuyo primogénito pagaba con dinero el punto de su honor.

Date cuenta: yo aún creía.

Así pues, quise romper mi compromiso. Estaba lleno de decisión, te lo puedo asegurar: en cuanto supe la noticia me puse en camino hasta aquí. Recuerdo que me impresionó esta cortijada gigantesca encaramada en lo alto del poblado, debajo de ella, las casuchas me parecían pedruscos de cal y yo mismo y lo que me había traído hasta aquí, qué absurdo, ¿no?, se me antojó de pronto como algo sin la menor importancia.

Cuando el sirviente que me guiaba por todos estos vericuetos consiguió ponerme delante de Rafael, había ya sentido el poder de esta casa, el tiempo y las voluntades sumadas para hacerla como es: inútil y necesaria; y, cuando la abandoné, pensé sin ninguna lógica que de ella había sacado Rafael su contundencia y yo mi apocamiento porque, en la entrevista, no pude estar a mi altura, sentí de nuevo su desprecio y acabé aceptando mi boda a cambio de que la dote de Margarita fuera aumentada.

Hacía apenas una semana del doble asesinato y seguramente debido a ello lo encontré muy abatido, sin reparar entonces que ya serían definitivas la expresión de pómulos cadavéricos, la blancura invariable en el vestido, las canas que por primera vez observé le en-

treveraban el pelo retinto y ese bastón de caoba al que ese día se agarraba, como a un cetro del que sacara la altivez con que me contestó:

—Lo mires como lo mires, la muerte de los míos te engrandece porque murieron por defender su hacienda; por eso, estoy pensando que no es el honor lo que te trae hasta aquí sino el negocio.

Se detuvo un rato mientras me echaba encima todo el odio de sus ojos oscuros. Cuando continuó, paladeaba las sílabas para que no me cupiera duda del alcance de su amenaza. Dijo:

—Te conozco, Cándido Espejo, y me conoces lo suficiente para saber que para mí no es lo mismo María Vico que Margarita Seisdedos y que destrozaría a cualquiera que se atreviera a ofender un solo pelo de su persona.

Estuve seguro de que cumpliría lo que estaba diciendo y, sobre todo, estuve seguro de quién era yo. Quiero decir que hay momentos que te traen de golpe la lucidez y yo comprendí al instante mi miseria. Era yo, ¿me entiendes?, quien se dejaba menospreciar, ¿entiendes lo que te estoy diciendo?, quien lo miraba sin decir nada y, luego, me miraba a mí mismo dándome perfecta cuenta de que ya no encontraba fuerza para darle respuesta y de que me iba a quedar delante de él quieto, casi sonriente, mientras sólo podía preguntarme por qué lo consentía, por qué me dejaba humillar, por qué tenía miedo.

Todavía siento el peso de esa debilidad. Hay siempre dos o tres momentos cruciales y fallidos en la vida de cada uno. Son como esquinas del tiempo. Esos momentos tienen consistencia, forma, huelen a humedad o a penuria. Se tocan, volvemos sobre ellos incesantemente, los remiramos, los oímos. Entramos en su interior y les vemos la entraña y, aunque los años y la distancia nos digan que ya estamos lejos, no es cierto. Los llevamos a cuestas y pesan y nos van doblado cada día un poco más la espalda.

Yo lo supe. Todo, a partir de ese momento, iba a ser como te acabo de decir. Y apenas pude balbucear que se dejara de bravatas y recordarle mi condición política y jurídica y lo mucho que tenía que perder si se me enfrentaba. Rafael me interrumpió con una brutalidad que no he podido olvidar:

—Al grano, Espejo: Margarita es coja y le sobran algunas libras de peso. Ya había previsto que eso me costaría algo más de lo pactado, así que tengo para ti un buen regalo de bodas. Cuando salgas, Venancio te llevará a las cuadras y te enseñará los seis potros irlandeses que serán tuyos el día que tiren de vuestro coche de novios.

Seis potros irlandeses. Qué me importarían a mí seis potros irlandeses. A mí, que ni siquiera, como tú, supe nunca montar a caballo.

Mi boda con Margarita se celebró en el año cuarenta y dos, en un día lluvioso de octubre que deslució la ceremonia. Rafael no estuvo presente porque por entonces ese hombre como de humo, en el que había muchos hombres, había ya gastado sus mejores personajes y estaba empeñado en el papel ultrajante del rufián que vive de su barragana.

En el diario de Rafael Seisdedos se recoge como un roto en una larga línea lo sucedido en la tarde del entierro de Anselmo Feliú, cuando la presión del error y la culpa le hicieron que aceptara darle al padre Expósito la escritura de Los Vientos. Rafael escribe sobre ese hecho desde una mirada de espectador, igual que si contemplara un acto ajeno que se hubiera pegado a su vida pero al que su mente se negara a darle la legitimidad de lo propio.

En consecuencia, cuando un año más tarde el cura repitió su visita buscando más tierra para pagar su silencio, la negativa de Rafael fue tan contundente que acabó agarrándólo por los hombros y descuajándole el escapulario de un manotazo.

El padre Expósito lo miró con lento desprecio, se recompuso las ropas y salió engallado, agrandando el cuerpo entre el gesto que le acomodaba el sombrero de teja y el roce sobre las baldosas de los pliegues del manteo.

Por aquella época, el cura ya había formado una partida con hombres de Los Vientos para exigir tributos a los hacendados y despojar a los viajeros y a las recuas de mercaderes cuya mala estrella los pusiera delante de sus trabucos y tercerolas. Operaba en la sierra de Segura y en la de Alcaraz, pero esporádicamente se movió a lo largo del camino de Jaén, llegando hasta Baeza.

Durante el año treinta y siete, alguna vez el padre Expósito entró en Aroca levantando el lábaro a la cabeza de sus peones para instalarse por un tiempo en la casa parroquial. En esas ocasiones, ofició sus últimas misas, pero lo hacía solo, de madrugada, rehuyendo la expectación que levantaba entre las gentes del pueblo.

Ciertos personajes tienen capacidad para nutrir la poquedad de los otros y a ellos se adhieren proyecciones del odio o del deseo. El padre Expósito tuvo esa cualidad de ser blanco de atribuciones y sobre él he oído una maraña de casos que multiplican su vida y la hacen portentosa e imposible. Hay quien, sin ninguna verosimilitud, lo presenta como un cristino —lleno de una pasión, juzgada por algunos como excesiva, por la reina niña, Isabel II— empeñado en un rastreo incesante de los carlistas del general Gómez por las sierras andaluzas; otros, como un hombre destruido por el vino y el dolor de los bastardos; aun otros, como un místico sin nervio dejándose morir en los silencios de Los Vientos. Aciertan más quienes ven en él a un desaprensivo, marcado por la avaricia y por la llaga de la venganza de su padrastro, que no cejaría hasta hacer suya la última aranzada de la sierra.

Rafael Seisdedos aún hacía esfuerzos por borrar su último encuentro con el padre Expósito cuando en un mismo día tuvo dos noticias seguras de que el sacerdote no conocía el olvido y comenzaba a tomarse la revancha.

Mientras mojaba el pan en su aceite del desayuno, los aldabonazos de Fausto lo sacaron de la cocina para enterarse de que alguien había talado por la noche las tres fanegas de cepas que desde su bisabuelo habían producido el único vino de las lindes. En el crepúsculo, llegó Antonio Mate y arrojó ante sus pies una oveja que traía atada en la grupa de su mula; el pastor la volteó haciendo palanca con el cayado y el animal evidenció una panza tirante por una lívida hinchazón.

—Alguno que no es de ley —escupió con desprecio Mate— nos ha envenenado al descuido las aguas del abrevadero.

Rafael Seisdedos comprendió en el acto que no había otro modo de sortear las cornadas del padre Expósito que haciéndolo su aliado. Comprendió también que eso lo obligaba a meterse en una poza del tiempo cuyas aguas no hubiera querido que nunca lo mojaran: *es como si la voz de mi padre tuviera todavía el poder de prolongarse para hacer de la mía lo que no pudo hacer en vida: un eco de la suya.*

A la mañana siguiente, echó algo de comida en las alforjas y se puso en marcha hacia el cortijo de Los Vientos. Llegó a primera hora de la tarde y desde una de las torres un hombre armado, a quien no conocía, le dio el alto y le pidió humillantes explicaciones. Rafael aguantó erguido sobre el caballo sin decir palabra hasta que salió Roncal, el capataz, destocándose el calañés, le tomó las riendas y entre un caracoleo sumiso le pedía excusas y lo fue conduciendo hasta el interior.

Con el ánimo alterado, tuvo que esperar dos días a que regresara el sacerdote. En tanto, vio llegar a la cortijada una familia de campesinos que traía lechones como presente y dos mujeres enlutadas que hicieron su vivaque en el corral, dispuestas a aguardar el tiempo que hiciera falta la llegada del padre Expósito. Vio a Rosa, la hija de Eloy, de quien se decía que era la última amancebada del cura, atravesando el corral entre el hoceo de los cerdos mientras recogía los bordes de su bata de moaré y vigilaba las pisadas de sus zapatillas chinescas para esquivar los cagajones y el agua fermentada por los orines.

El padre Expósito llegó antes del amanecer. Desde la cama que ocupara en algunas temporadas, en la habitación que abría sobre la puerta principal, Rafael oyó el golpeteo de los cascos de los caballos y las voces malhumoradas de su hermanastro que se imponían sobre las demás en gritos secos, ahuecados por la noche.

Todavía estaba tanteando sobre la mesa en busca del eslabón y el pedernal para encender la vela, cuando se abrió de golpe la puerta y apareció la media cara del cura meciéndose en el fulgor del candil:

—Has tardado en venir, Rafael. Te he estado esperando, pensaba en ti, aguardaba tus noticias diciéndome que ya iba siendo hora de que tú y yo nos dijéramos unas cuantas palabras, sin prisas, como hermanos, Rafael.

(Me lo encuentro en mi cama, demacrado, parpadeando de sueño, ¿se da cuenta?, como si uno fuera un novio de media noche y él una damisela. Ésa era mi ventaja, la de la situación, ¿comprende?: había arrancado a mi hermanastro de Aroca, lo había traído a lo mío y lo tenía ahora ahí, acurrucado entre mis sábanas, con ojos de mochuelo deslumbrado.)

Medio incorporado sobre las sábanas, Rafael tarda en hacerse cargo de sí. En su diario, tan poco dado a las descripciones, recoge algunos detalles que me interesan y no porque le den exactitud a la escena sino más bien por lo contrario, por lo que tienen de teatralización de la misma, delatando un ojo de pintor que se demora en recoger aspectos plásticos relegando la corriente del relato: *lo veía moverse por el cuarto con cautela, al acecho, sosteniendo en alto la llama que le remordía la cara y le estiraba la sombra hasta romperla en los ángulos de las paredes y abrirla sobre la cal del techo en una grisalla de difuminos. Se había dejado la barba, olía muy recio, a animal de monte, y traía las puntas de la sotana recogidas sobre el pantalón de gamuza, atrapadas con el cinturón.*

El fin del bostezo de Rafael le abrió las primeras palabras:

—Eres tú el que llegas a deshoras, padre. Te mueves en la noche, merodeas por la sierra para agarrar un poco de aquí y de allí, recogiendo las migajas del camino, y te escondes para matarme unos cuantos corderos y dejarme sin vino, usando las mismas mañas que usan los bandoleros. Empiezas a conformarte con poco, apenas con lo que cabe en las alforjas de tus caballistas.

El cura parecía no oírlo, atento a desatar los lazos de las polainas y a descalzarse las botas herradas.

—Pero tu casta no es de las que se conforma con dar voces en una iglesia ni con dejar en cueros a los viajeros ni con esquilmar las cepas que cultivó tu padre. Dicen que el vuelo de los Seisdedos llegaba mucho más arriba.

Rafael se sentó sobre la cama. Lo imagino molesto, tratando de adueñarse de la inoportuna situación, traicionado por la camisa de dormir del cura que lleva puesta *—una de lino tosco, alcanforada en exceso, pero limpia—*, cuyo almidonado se quebraría entre las sábanas y lo investiría con una suerte de candidez apostólica. Cuando el padre Expósito le aproximó el candil para buscarle los ojos, Rafael sustrajo el rostro con una mueca de deslumbramiento.

(Le arrimo la luz y ahí está, siempre con su aspecto de santo o de escultura aunque estuviera, como estaba, recién arrancado del sueño. Brilla todo él, los ojos de lechuza, la camisa, las manos que sube hasta la cara hasta que aparta la cabeza. Dice: baja ese candil, no quieras intimidarme. Le pregunto que a qué ha venido porque tú, le digo, no te has tomado la molestia de llegar hasta aquí nada más que para darte el gusto de insultarme, pasear por mi casa y comerte mi comida; seguro que no has hecho el viaje nada más que para ponerte mi ropa de dormir y calentarme la cama.

Seguía sentado, como sonámbulo, hasta que le meto un poco de pólvora a las palabras. Le digo: tú estás aquí para decirme algo pero picoteas aquí y allá, das vueltas y no te resuelves a empezar. Nunca has ido de frente y ahora tampoco te veo la cara.)

Rafael Seisdedos tuvo que contener un golpe de ira que, sin embargo, como una garra, lo levantó de la cama y lo dejó sin rumbo por el cuarto. Se tomó unos segundos para apaciguar los conceptos:

—Óyeme. No voy a necesitar mucho tiempo. He venido a decirte que te estás equivocando, has empezado a atacar lo mío y ese camino puede llevar a derrumbaderos. Hay otros atajos de más provecho. He venido a recordarte que llevas ya un año metido en estas sierras y esto sigue en el mismo punto en el que yo te lo di y, cuando quieres medrar, tus ocurrencias son malas. Hay otros medios y tú los conoces. Yo no sé nada y nunca sabré. No voy a intervenir ni nadie va a saber lo que tú y yo estamos hablando ahora. Pero podrían arder unas cuantas fincas, podría ser un año malo para el campo, ¿te haces cargo?, un año que diera una cosecha de ceniza. Pongamos que tú y los tuyos bajáis a la campiña, pongamos que os enfadáis. Tú sabes las fincas que son. Tres o cuatro, no más. Las justas. Pertenecen a gentes con título que viven en Jaén o en Madrid. Cuando los precios bajen, yo compraría y luego tú y yo haríamos un reparto cabal.

—Ahora te oigo la voz, Rafael. —El cura abría la barba en una sonrisa erizada de carbones—. Ahora empieza a sonarte la sangre que llevas dentro, pero ten cuidado de que no te tumbe la conciencia, no quiero que luego te vengan aprensiones que te sienten en una silla, delante de una ventana, mientras vuelves la espalda para que a mí me señalen la frente, como todavía lo hacen por culpa de tus pecados. No debe haber retrocesos ni titubeos y, además, debes asegurarme tus palabras.

A los dos días, Rafael Seisdedos mandó un jinete a Los Vientos con cincuenta mil reales y un recibo que el cura firmó sin leer. Al domingo siguiente, ardieron dos cortijadas en la campiña alta y, el martes de esa semana, fueron plomeados los vaqueros de don Fermín Hernández que lograron salvarse a uña de caballo pero no pudieron recuperar ninguna de las veintiocho reses que ese día habían sacado a los pastizales.

Sin embargo, la noticia de estos hechos aún no se había desactivado cuando en el hervidero de la siesta las mujeres de Aroca acudieron a las ventanas para ver pasar a los escopeteros del padre Expósito que se apresuraban, oscuros y sudorosos, por la cuesta que llevaba a la casa parroquial. Traían al sacerdote sobre unas parihuelas que habían tendido entre dos caballos y azuzaban a los animales con una violencia muda y rencorosa.

El cura venía tapado hasta el cuello con una manta de albarda y sólo era visible en la cara, encostrada de polvo húmedo, y en los ojos ansiosos y fijos.

Se supo en seguida que en un encuentro con los migueletes, cerca de Sabiote, había sido alcanzado por un impacto de postas, de las de media onza, y se le incrustaron tres a lo ancho del pecho. Le dieron de lejos, cuando huía cresteando una loma, pero el disparo le dejó de por vida un morbo en los pulmones por donde, según se comentaba, se le iba el flujo de la respiración. Desde entonces, fue ya el hombre disminuido que yo conocí en Jaén: la voz asmática, sin resuello, y una fatiga que le trababa los pasos y lo hacía boquear con ansiedad, como si mordiera el aire.

A raíz del disparo de los migueletes, apenas aparecía por Aroca y, cuando lo hacía, iba casi siempre solo, moviéndose con sus pasos renqueantes y como perdido en el pañuelo de las cuatro callejas hasta que acababa metiéndose en casa de algún conocido. Alguna vez se lo vio borracho sobre su cabalgadura, semejante a una inmensa babosa a punto de resbalarse por la panza del animal. El pastor Deza cuenta haberlo atado en una ocasión a su poderoso caballo mulero y haber dejado luego que el animal buscara su rumbo remontando las trochas de la sierra durante las seis horas necesarias para llegar a Los Vientos.

Cuando Rafael Seisdedos intentó recuperar el dinero adelantado y fue en busca del sacerdote, lo encontró sentado en un sillón de terciopelo, semidesnudo, con el torso cinchado por un peto de cuero sobre el que oscilaba su escapulario de la Virgen del Carmen. Rosa, su amancebada, le aventaba la cara con el abanico en un empeño incesante por meterle aliento entre los dientes mientras le hundía la mano libre entre las ondas del cabello.

El padre Expósito se incorporó en el asiento atenazando el apoyabrazos con aquellas manos de vasta aspereza entre las que los objetos litúrgicos parecerían siempre a punto de romperse; antes de que el cura comenzara a hablar, Rafael confirmó lo que serían sus palabras en la energía que le vio abultársele de golpe en la mirada.

Lo escuchó esperando que las sílabas se desenlazaran en ese tiempo estirado, lleno de hipidos y agujeros, que el cura creaba alrededor de su boca cuando hablaba:

—¡Mala jugada hiciste con tus dineros, Rafael! Aunque dirás que la mía fue peor y tendrás razón, que ya me ves, renqueando, plomeado como un jabalí con este fajón de inválido para que no se me escape el aire y me llegue el fuelle a la garganta. Por eso me da el barrunto de que tú no has venido a pedirme nada sino a ver a tu hermano, a preguntarle por la salud y a compartir media arroba de vino con él.

(Ya sabe cómo son estas cosas; de pronto, yo era el desperdicio del que acababa de ser, y el que acababa de ser era muy poco, se lo puedo asegurar, si lo comparamos con el que había sido. Se trata de los naipes de la vida y no hay que lamentarse porque una partida de cinquillo puede dar muchas vueltas. De modo que no vaya a traducir lo que le digo en términos de compasión ni mucho menos se le ocurra presentarme como víctima. No caiga conmigo en esas simplezas de los escritores de dividir al mundo y a los hombres en montones, a un lado las piedras y, al otro, las lentejas.)

A Rafael Seisdedos no deja de impresionarle el estado en el que se halla el cura: *estaba refugiado en la parte más fresca del cortijo, en una sala habilitada en los sótanos. Se habían llevado allí algunos muebles de la casa parroquial y la estancia presentaba un aspecto híbrido entre bodega y sacristía. Lo encontré muy delgado, los hombros en ángulo, muy agudos; la cara salediza, el pecho disminuido por una especie de loriga que lo constreñía, y todo él me pareció de azogue y como ahogado en su propio sudor.*

No tarda mucho Rafael en comprender el error de su visita y estaba ya dándose la vuelta, cuando lo retuvo la voz del padre Expósito:

—Además, he hecho un último favor a la familia. He buscado un asesino para Anselmo porque de nuevo estaban atizando su cadáver, las lenguas me apuntaban y el loco Valor seguía pregonando mi nombre a quien quisiera oírlo, así que le di pruebas a ese infeliz de que habías sido tú el que mandó a Anselmo a los infiernos, sabiendo que te tiene voluntad y nunca alzaría la voz contra ti. Me equivoqué, pero sólo a medias, porque ahora es él el que va cargando con tu culpa. De modo que, si algo te debía, con esto te lo pago. Anselmo tiene su asesino y tú asegurada la inocencia.

Apenas hubo acabado de decir la última frase, derribó el cuerpo sobre el sillón lamiéndose el sudor en torno a la boca mientras apretaba los párpados haciendo patente el dolor que se le retorcía en el entrecejo. Antes de que Rafael pudiera reaccionar, el cura cayó, o simuló caer, en un sueño instantáneo entre ronquidos angustiados.

Ese mismo día, Margarita le contó a Rafael que Valor iba dando una serie de detalles todos congruentes con las circunstancias del homicidio de Anselmo Feliú. Explicaba con tanta exactitud cómo decía haberle dado muerte que Rafael comprendió que Valor lo había estado espiando el amanecer del crimen. En las palabras de Margarita, que reproducían las de Valor, Rafael Seisdedos reconoció uno a uno los gestos que no habían dejado de vivir en su cabeza: el modo de ocultar el hacha entre las ropas, el galope para descargar desde el caballo el primer tajo a un Anselmo alarmado ante sus gritos, la cara atónita y silenciosa, las nuevas heridas abiertas en el cuerpo caído que buscan la venganza en la simetría.

Poco después, Rafael se enteró de que Valor iba enseñando a quien quería verlo el amuleto que siempre llevara al cuello Feliú y de que había sacado a unos cuantos parroquianos de la taberna de Espadañán para llevarlos al pie de un olivo, cerca del ejido, donde desenterró una hachuela de poda con adherencias de óxido y rastros inequívocos de sangre.

A Valor se lo llevó un atardecer un piquete de cuatro dragones al mando de un teniente. Lo habían atado entre dos caballos con sogas de pozo y se bandeaba de un lado a otro recorriendo, con ese exceso en los movimientos que lo caracterizaba, el ángulo que le permitían las ataduras. Con la mandíbula saliente, fija en una sonrisa de orgullo, se mecía entre las miradas de los curiosos mostrando su satisfacción por la relevancia que inopinadamente adquiría ante sus convecinos, en todo ausente a la sordidez del internado para enajenados de Jaén que lo aguardaba.

Cuando Venancio, el capataz de El Torreón, entró en el despacho para contarle la noticia, Rafael estaba leyendo una carta de Cándido Espejo en donde le comentaba que el actor Antonio Prieto había vuelto a Úbeda y parecía interesado de nuevo por María Vico, la hija del marqués de Saludeja.

Rafael miró al capataz sin definir la expresión, como si no la hubiera oído, porque se estaba dando cuenta de que, por más esfuerzos que hacía, le era imposible recordar la cara rehundida de Valor o aquellos ojos sin hacer, que nunca encontraban apoyo en ninguna parte.

Rafael Seisdedos conoció a Ana Bárcena el 16 de septiembre de 1840. Ese hecho fue sólo posible por un encadenamiento de circuntancias que hacen pensar en el azar, pues todas ellas tienen algo de excepción, como si las horas de aquel día se hubieran salido de su cauce para trazar un meandro en torno a lo previsto.

El martes 15, Rafael apenas pudo dormir, la noche se le llenó de dudas y de presencias, y los breves lapsos de sueño más que traerle olvido le multiplicaron la incertidumbre. Se levantó cansado y tan inquieto por confirmar en la prensa los rumores sobre la caída de la regente María Cristina que, desde el amanecer, todavía sin vestir y desde la ventana de su dormitorio, estuvo repasando el valle con el catalejo por si divisaba al postillón que una vez al mes traía el correo a Aroca.

Había rumores sobre el levantamiento de la milicia urbana de Madrid con la finalidad de que los ayuntamientos dejaran de ser elegidos por la Corona. Se rumoreaba que Espartero estaría detrás del motín y que el capitán general Aldama había sido ya derrotado por los insurgentes en la plaza de la Villa y estaba refugiado en el Retiro, apenas con dos escuadrones de coraceros.

Por otro lado, Rafael hacía conjeturas sobre si *Los Amigos del Agro del Reino de España* habría incluido en su último boletín el artículo que les envió sobre injertos con escudete en cerezos. Era un trabajo basado en dos años de manipulaciones en árboles de invernadero y tenía ansiedad por verlo impreso.

A las diez, estaba apostado en el mirador de la plaza y sólo dejaba de controlar el camino del valle para entretener los nervios en cortos paseos por delante de la iglesia. A las once, decidió ir en busca del correo, pero llegó a la Venta de la Madera sin haber visto nada más que un punteo de campesinos a los bordes del camino.

Ni el posadero Ribas ni el postillón, que todavía aguardaba la llegada de las sacas, tenían noticias de las causas del retraso de la diligencia.

—Acaso, con los disturbios, no salga hoy ningún coche de Madrid —aventuró Ribas mientras tendía en una mesa un mantel recio de almidón, cruzado por las cuadrículas de los pliegues.

Estuvo observando Rafael al ventero ordenar el servicio, sacarse los cubiertos del bolsillo, levantarlos al reluz, empañarlos con su vaho y pasarles luego un paño sucio antes de depositarlos, esmerándose en buscar la simetría, en los flancos del plato.

—En seguida tiene lista su comida —le sonrió Ribas agitando sus dedos aceitosos, de surcos oscuros, ante su cara.

Comió Rafael con escrúpulo pero con progresivo apetito y, después de las patatas hiladas con huevos, del cabrito y de los dos vasos de vino de Torreperogil que ese día se permitió tomar, se sintió sin ánimos para reemprender el regreso ni para dar una vuelta, como había previsto, por los olivares de la campiña. Le pidió una cama al posadero para reposar la comida y cayó en un sueño desacostumbrado, sólo roto mucho después por el retemblido del suelo y el estruendo de la diligencia. Se incorporó con un gemido de desazón, sin saber dónde estaba. Tuvo que mirar varias veces el reloj para aceptar que era medianoche y que lo más sensato era resignarse a esperar el día ayudándose con la lectura de la prensa mientras consumía algunas pipas del tabaco de Virginia que por entonces fumaba.

Las noticias no le parecieron demasiado alarmantes: las milicias urbanas habían cavado por todo el país trincheras en las puertas de las ciudades y de los ayuntamientos. El general Concha acababa de rendir sus tropas a los rebeldes y O'Donnell se disponía a hacerlo. Pero estaba Espartero capitalizando la revuelta y eso le daba seguridad a Rafael de que, sin reina regente o con ella, no se alterarían los derechos ni se tocaría la propiedad. Se hablaría de libertades, sonarían algunos tiros y serían cambiados los nombres de los ministros. A lo sumo, se retocaría la ley de ayuntamientos aunque sin demasiado detrimento para el poder de la monarquía. Por lo demás, el boletín de agricultura no le había publicado su artículo sobre injertos.

Un duermevela desasosegado agotó el resto de la noche y lo retuvo en la cama más de lo conveniente, hasta que un sol pastoso le tocó la cara y, en el acto, supo lo tardío de la hora. Estaba sudando y las voces provenientes del piso inferior sonaban sin el sigilo del despertar.

A partir de ese momento, en el diario de Rafael Seisdedos se va troceando el tiempo y se reconstruyen con morosidad las sensaciones, como si tuviera necesidad de analizar el proceso del destino y comprender cada uno de sus pasos, tan confundibles con los otros pasos de lo cotidiano.

Mientras esperaba el desayuno, Rafael vio en la media luz de la cocina a Ana Bárcena hablar con la mujer del posadero. Entonces, ella no fue nada más que una mancha azul. Más tarde, cuando Ana ocupó una mesa no lejana a la suya, se fue apropiando de algunos detalles: su albornoz de viaje apenas tenía uso; debajo de él, un vestido de muselina arqueaba sus pliegues sobre la silla para resbalar en destellos cobalto hasta los encajes de la enagua y el brillo de los botines. Su cara quedaba al resguardo del sombrero y sólo de tarde en tarde, cuando ella levantaba la cabeza para beber, podía adivinar un rostro fino y adolescente.

La vio limpiarse con la servilleta, ponerse en pie, quitarse el albornoz, avanzar con la levedad que hacían predecir la angulación de los hombros y la longitud del cuello. Al mirar hacia el fondo del local acompañando los pasos de la mujer, percibió el olor a rancio, a escabeche y a embutidos. Ante el espejo de luna, rodeado de cajas de arenques, sacos de legumbres, quesos y barriles de vino sobre los que goteaba la pringue de las chacinas, el posadero, Gonzalo Ribas, se apoyaba en la barra para hablar con la mujer. Inclinaba la calva sobre el hombro de ella y adelantaba los labios para soltarle su bisbiseo.

Rafael la miraba a hurtadillas confirmando que, sin duda, era muy joven. Dieciocho años, se dijo, quizá diecisiete. Adivinaba el cuerpo liviano bajo el vestido que la estiraba en líneas azules y le levantaba el talle hasta cerca del imaginado tajo del escote. Vuelta y acodada en la barra como estaba, sobresalía el dibujo de su cadera derecha en un quiebro que hacía tenue la espalda.

Le vio en el espejo los ojos rodeados de una piel blanquísima y del círculo que formaban los mechones de pelo castaño y el ala y las cintas del sombrero; en torno a su cabeza, las miradas de los parroquianos convergían en el mismo punto que la de Rafael, en medio de una tensión que hacía audible el taconeo de Ana cuando cambiaba de postura.

Recreando ese momento, escribe: *¿Por qué la mirada se empecina en un cuerpo que nunca se verá más? Si ya los ojos saben, ¿qué pretenden en su continuo viaje hacia la mujer?, ¿qué otro conocimiento buscan con su tenaz actividad?, ¿qué es lo que quieren los ojos si no pueden llevar su posesión más allá de repetir la captura de la imagen ya tantas veces capturada?*

En contra de este intento de meter el mar en el círculo de una idea, la mirada de Rafael no deja de desviarse hacia la muchacha, la rodea, aísla partes de su figura, busca memorizarla. Vuelve a hojear el *Diario de Madrid* y *El Huracán* con un inesperado malhumor que no venía de las noticias, en el fondo tranquilizadoras, de la capital. Le molestaba el silencio codicioso, las caras amontonadas en el espejo. Le molestaba ser una de esas caras.

Cuando Ribas salió con la mujer cargando su baúl con una animosidad excesiva para su edad, los presentes reiniciaron una actividad que tardó en encontrar su sentido de sucesión. Se tomó Rafael aún un tiempo en acabar su plato de queso, masticando con lentitud, bebiendo su zarzaparrilla caliente a sorbos despaciosos, procurando abrir el tiempo necesario para no encontrar a la mujer a la salida. A pesar de ello, al sacar el caballo de las cuadras, Ana continuaba en la puerta de la venta y se vio obligado a pasar junto a ella. Ni siquiera la miró, pero Ribas lo detuvo, tomó las riendas del animal y se levantó de puntillas para informarle sobre la recién llegada. Lo que le dice el posadero no añade nada a lo que ya cree saber, excepto el nombre. La muchacha viene de un pueblo de La Alcarria, le susurra Ribas, y es una nueva pupila para el burdel de Maribaila.

Ana Bárcena le dejó a Rafael un olor a agua de rosas y a pomada de cacao, y la sensación de fragilidad extrema, aumentada por una estatura no tan elevada como la esbeltez del cuerpo le había hecho suponer en la distancia.

Pasado ya el Guadalquivir, se cruzó con el birlocho de Maribaila, quien le hizo señas de alto y alzó la voz para preguntar si había llegado la diligencia de Madrid. Rafael hundió espuelas ignorándola y llegó a El Torreón sin poder encajar dentro de la palabra prostituta el aspecto delicado de Ana Bárcena.

Como una prolongación de ese pensamiento, no tardó mucho en enterarse de que la juventud y el aspecto sutil de la recién llegada desorientaba a los hombres. Le contaron que Enrique Puentes, uno de los madereros de Aroca, se había dejado arrastrar por el alcohol voceando en la taberna de Espadañán que la nueva era mucha mujer para los pelantrines de esas tierras, gentes de faca y tocino, cuyas manos no notarían el tacto de sus pechos como no nota el hocico el roce de los pétalos; por eso, decía Puentes, empiezan a merodear por el caserón de Maribaila, la ojean a distancia, y vuelven a sus casas todavía preguntándose si será verdad que se puede pagar por ella.

Pero las reformas de El Torreón no le dejaron a Rafael demasiado tiempo para otras consideraciones. Desde hacía un año el caserío estaba siendo removido por cuadrillas de albañiles y carpinteros, empeñados en transformar toda el ala de poniente de la cortijada, la que se adosa a la torre y mira al valle, en un interior con aire de vivienda urbana. Como otra zancada que lo alejara de la vida de intemperie de los Saturios, Rafael había ordenado picar la cal de las columnas para que apareciera el esplendor de la piedra, se esforzó en proyectar cuartos de baño y habitaciones espaciosas en cuyas dimensiones se sumían otras anteriores, imaginó arcos y cielos rasos, paredes enteladas, zócalos de madera o las primeras chimeneas francesas que se verían en la región. El Torreón tomaba ya el aspecto actual, ese aire de imposible civilización que tanto me sorprendiera cuando llegué a Aroca: el esmerado interior de las dependencias de los Seisdedos enquistándose en la aspereza del pueblo o en el mismo seno de la cortijada cuya parte trasera mantiene su funcionalidad rural.

Aquellas últimas semanas de septiembre se dejó, pues, llevar por la mecánica de unos días ordenados según las tareas: las mañanas las ocupaba en la constatación implacable de que el trabajo de los albañiles y tapiceros se ajustara a sus proyectos y, por las tardes, atendía a los desmontes iniciados hacía poco en las lomas lindantes con las tierras bajas de la campiña.

El 23 de septiembre, después de la comida, estuvo revisando los trabajos de Piecastillo. Como otras veces, ignoró las miradas torvas de los peones que lo ensartaban entre murmullos dichos al socaire de las zanjas. Paseó tieso en la levita blanca y en los ajustados pantalones de lino, como endurecido por la luz de la siesta, bajo la chistera el rostro ácido, estorbado por el pañuelo que continuamente sube a enjugarlo. Llamó a Venancio, el capataz de El Torreón, para exigir más diligencia, discutir la exactitud del nivel del primer bancal y sentenciar hasta dónde tendría que llegar el desmonte al día siguiente.

Recorrió con él la zona de tierra removida, escarbando, señalando, apuntalando frases con el bastón en ademanes de satisfecha exactitud. En medio del sol de las cinco de la tarde, del jadeo de las yuntas de bueyes, del trasiego de gritos y de polvo que levantaban los arrieros desatascando las carretas, Rafael no descomponía la figura, inmune a la confusión de cuerpos y herramientas, al sudor que enloda los torsos de los jornaleros y llena de erupciones las mejillas de Venancio cuando levanta la cara para decirle algo que no consigue entender porque está sintiendo el mismo resquemor que cuando vio a Ana de espaldas, acodada en la barra, mientras en el espejo las cabezas la desean.

Esa noche se pregunta en su diario cómo en una situación así puede traicionarlo el pensamiento. No es razonable que de pronto se le imponga no una mujer sino una idea que creía ya inactiva. *Ojalá*, añade, *eso no tenga otro significado que el de un mero capricho de la mente.*

Sin embargo, en los días que siguieron, se ve obligado a hacer nuevos apuntes sobre Ana porque notó que algo que no podía concretar estaba robándole el reposo. Escribe que no es hermosa, la cara recortada, el pecho escurrido sobre unas caderas quizá demasiado anchas, pero hay algo en ella que lo perturba: tal vez el lazo granate que pendía de su sombrero o esa mirada intacta sobreviviendo entre la excesiva pintura.

El día 29 inició una nueva costumbre, que pronto se muestra inútil. Nada más levantarse, salía a la calle buscando en sus paseos por los alrededores de Aroca un baño de serenidad. Pero regresaba a la casa malhumorado, estirando los pasos de zancuda, sin amagar apenas el saludo al cruzarse con los campesinos que destocaban sus chambergos y desentrañaban el embozo de las capas para dejar caer los buenos días ante su paso.

El día 7 de octubre es profuso en anotaciones de inquietud. Es un martes lluvioso y decide olvidarse de los albañiles y de los desmontes para recuperar la interrumpida disciplina de los libros. Sin embargo, de buena mañana recibe a un comerciante de grano y no puede advertir su insospechado desinterés por el trato hasta que ya ha firmado la venta de parte de la cosecha de trigo a un precio sin regateos que lo encajonó luego en una discusión sin razones consigo mismo; entonces, llegó a sentirse realmente turbado a causa, escribe, de esa comezón que le vivía por dentro y lo reducía a un estado de blandura o inconsistencia, como salido de la fatalidad.

Sube al cuarto de la torre hacia las diez y, como solía, se encierra a estudiar un tratado sobre fluidos, pero pronto lo deja para meterse con gusto en la lectura de los romances de Agustín Durán. El libro de Durán —a quien creo responsable de ciertas desmesuras en la prosa de Rafael— lo conmueve, intenta incluso un texto de imitación que considera insatisfactorio y se obliga a reintentarlo varias veces metido en una extraña pesadumbre.

Retoma la pintura por la tarde pero de un modo intermitente porque el miedo al fracaso le hace soltar los pinceles una y otra vez sin haberse atrevido a añadir un solo trazo. Se describe a sí mismo ante el inmenso lienzo que, inconcluso, todavía hoy llena la pared norte del estudio de la torre. Es el retrato de familia del cual sólo pudo acabar las cabezas de sus componentes, seis manchas de color perdidas en la extensa superficie blanca. Tiene Rafael los grabados de los suyos prendidos en la paleta y el pincel extraviado entre los dedos en el esfuerzo sucesivamente fallido de empastar la encarnadura de su propia nariz. Está inmóvil ante su retrato, contemplándose: su cara sin cuerpo volando en el lienzo. Siente un vacío tal que se le antoja que su cabeza duplica a la otra cabeza flotante del cuadro y que también está suspendida en el aire del desván, apenas mantenida por la estela blanca de su levita.

El 19 de noviembre de 1840, día de su cuadragésimo cumpleaños, fue fijado por Rafael como la fecha de la finalización del luto por las muertes del treinta y seis. Se habían acabado poco antes las obras de remozamiento de El Torreón y Rafael quiso unir esos tres hechos en un mismo significado de frontera con un pasado marcado por la turbulencia de los Saturios. La vivienda familiar era ya un espacio dominado por la larga cultura, decantada por los siglos, de ebanistas o herreros, una horma para imponer costumbres de razón y comedimiento a gentes que se asentarían en el mundo con la eficacia de su trabajo y sabrían llevar su compostura como quien ciñe una coraza ante la embestida de los avatares.

El buscado carácter miliar del 19 de noviembre lleva a Rafael a anotar el avance de ese día con escrúpulo, empleando hasta siete páginas para registrar sus impresiones con un oído atento a las huellas que el paso de las horas van dejando en su conciencia. Ese estado de vigilancia sobre sí, de clara alarma por la suerte de sus emociones, se evidencia con una rápida lectura de las páginas a las cuales aludo, pero lo que llama más la atención es que en el texto los acontecimientos no existan con valor en sí mismos, sino como meras causas de la evolución de su ánimo. El cumpleaños allí es un esquemático relato de signos o de avisos, un armazón de puntos que proyectan su sombra sobre quien lo protagoniza; el día está descarnado, como sin cuerpo, constituido por una red de hechos abstractos que nunca toman desarrollo y no tienen más valor que el de ir originando el mapa sentimental de Rafael.

No me ha sido difícil, sin embargo, reconstruir los vacíos ya que ese día lo recuerda Margarita con una memoria intacta, casi arqueológica, pues está conservado en su mente bajo los estratos de muchos años posteriores de atonía. Por entonces ella roza los veinte años, ignora lo que es la culpa, y vive el 19 de noviembre como un foganozo de color en medio del mundo monocromo de Aroca, como el atisbo de un trozo de edén del que nunca más volverá a tener directa noticia.

Rafael Seisdedos despertó el día de su cumpleaños antes del amanecer, arrastrando el ya habitual cansancio de los malos sueños. Pidió que le prepararan el baño y se sumergió en el agua caliente sin prisas mientras trataba de definir su predisposición para las horas venideras y se esforzaba para que el jabón y el estropajo le devolvieran la energía robada por las sábanas. Antes de desayunar, se fue al invernadero y estuvo cuidando sus plantas, deteniéndose en las que representaban algún hallazgo o una suerte de conquista, como la flor del paraíso, aclimatada tras varios años de trabajo, o un híbrido de cerezo y peral cuyos frutos eran blancos y amargos, de pulpa casi líquida. Pasó allí una hora larga y, al salir a los corrales, creyó sentirse reconfortado, dueño de sí y de la mañana. Prendió con placer la primera pipa del día mientras miraba la espalda de la casa: un desquiciamiento de tejados en distintos niveles sobre los cuales descollaba la torre, rotunda contra el amanecer. La pensó como un inmenso árbol enraizando su nombre en lo hondo de la tierra y se dijo que era urgente restaurar la frialdad de su voluntad, que no le sería difícil retomar el curso de sus intereses y dejar que sus hábitos le devolvieran su entereza. Pero, al tiempo que las sílabas le salían de la boca entreveradas con el humo de la pipa, se vio como en un espejo: atildado y solo, la cara inflamada por las pesadillas, evidenciando de buena mañana los miedos de un hombre inseguro que trata de borrrar sus dudas sin más armas que las de hablar consigo mismo por el huerto.

De cualquier modo, desayunó con placer y el café que se permitió tomar lo hizo sentirse animoso para entrar en los cuarenta años con un impulso que significara algo más que el comienzo de una soltería definitiva. Había que trazar una raya, cerrar el pasado, agarrar la vida con la mano de la razón.

Antes de que llegara la fiesta de cumpleaños, Rafael ya había sido sacado de sus costumbres de hombre solitario para ser metido de golpe en una cadena de encuentros no deseados. Con unos días de antelación, habían ido llegando desde Linares una turba de bulliciosos Torralba, la parentela de la abuela Nieves, a quienes ella trataba con tanta amabilidad como desconocimiento porque confundía nombres y lugares creando situaciones embarazosas para todos. Por otra parte, amigas de internado de Margarita y algunos hacendados y cargos públicos del entorno habían convertido El Torreón desde la víspera en un camino de difícil tránsito.

No obstante, lo peor fue la celebración en sí. Rafael se arrepintió casi en seguida de haber dejado en manos de Nicolás Permana, ceremonioso poeta de Cazorla, los pormenores de la fiesta porque la grandeza con la que éste se aplicaba a las cosas mínimas se adueñó de la velada de un modo tan inagotable como estéril.

Hizo Permana que Margarita Seisdedos y sus vociferantes amigas se turnasen en el piano mientras él se multiplicaba, y pedía a los caballeros que hicieran lo mismo, para que ninguna muchacha quedara ociosa mientras sonaban valses, polkas y rigodones. En los momentos en que decidía que cesara la música, se encaramaba lleno de solemnidad en un taburete para recitar poesías patrióticas y fragmentos de *El Faro de Malta*, convertidos en caricaturas entre sus gestos melifluos y una voz de gallo que parecía prolongar al pecho buchón. Para la cena, había reservado un ripio sin fin, compuesto de su puño, cuyo no demasiado imprevisible título era *El encumbrado vuelo de don Rafael Seisdedos.*

Pero aún Permana no dio por agotada su actividad, pues todavía organizó juegos de sociedad, como el de la sortija o el de los despropósitos, y consiguió el delirio de los adolescentes dirigiendo el cotillón alemán que cerró la noche y en el que el ilustre poeta Nicolás Permana pedía que se interrumpiera la música de repente para vocear *las figuras* que deberían hacer las parejas.

Todo esto logró mantener la excitación de Margarita y provocar las risas desproporcionadas de la abuela Nieves, sacada por unos días de la capilla para entrar en un mundo amable e incomprensible; no obstante, acrecentó el malhumor de Rafael, ya echado a perder desde el mediodía cuando en el patio trasero el padre Expósito ofició una misa en su honor a la que acudieron, aparte de los trabajadores de la casa, los manigeros y aperadores de las fincas.

Vinieron circunspectos bajo los bordados de las chaquetillas de fiesta y la tensión de las fajas, abrazando cestas con palomas y cochinos lechales que dejaron trabados en los corrales. En plena misa, llegaron los mayorales de Los Cientos y algunos pastores de Las Frescas, que se quedaron en medio del pasillo de sillas sin saber qué hacer y sin llegar a resolver del todo la postura de sus manos una vez desposeídas del tacto acostumbrado de los cabritos que portaban.

Se comió hasta el atardecer y los dos barriles de amontillado consumidos, las guitarras y los tambores de los campesinos concedieron el olvido suficiente al corro en cuyo centro se cantaban fandangos o se bailaban boleros. Pero todo se fue definiendo como un ejercicio malogrado de entusiasmo porque la hilaridad parecía congelarse ante esa fila de sillas donde se sentaban los Seisdedos y sus invitados, semejantes a un benévolo tribunal vestido de etiqueta.

El padre Expósito, apartado del bullicio, miraba mudo a su alrededor desde una silla que había apoyado en una columna. Con la cabeza derramada sobre el pecho y como desgajada del desplome del torso, estuvo bebiendo un vino solitario hasta que se durmió y empezaron a oírse sus ronquidos rotos por esa casi asfixia que lo afligía.

Cuando a las siete de la tarde Nicolás Permana se acercó al patio para comunicar que en el salón todo estaba dispuesto para el baile, Rafael se adentró en el centro del corro. Él mismo se notó la torpeza de la sonrisa, la falta de hábito en el aliento que quiso transmitir, lo forzado de sus palabras de gratitud que buscaron la llaneza para decir a los campesinos que mataran otro par de borregos y continuaran divirtiéndose hasta que quisieran, pues había dispuesto jergones para que durmieran en los establos.

Los hombres del campo se miraron entre sí agarrándose a las cintas de sus sombreros de catite, zurcidos unos a otros en un hilo de indecisión que vacilaba entre la voluntad de alejarse y las obligaciones con el amo. Al cabo fue Roncal, el capataz de Los Vientos, quien expresó, con palabras vinosas y la incontinencia propia del que las ha insalivado durante mucho tiempo, lo que todos pensaban: la conveniencia de irse.

—Con su venia —concluyó Roncal— y si no se le tercia otra cosa, podemos ir pensando en hincarle las espuelas a los caballos, porque la noche es rastrera cuando uno la pisa en el descampado.

Después de la cena, Rafael estuvo observando con complacencia el aspecto que ofrecía el salón, muy parecido a como lo había ido imaginando en cada pormenor antes de las reformas. Con las manos en la espalda, alto y hosco, miraba los apliques proyectando sus mazos de velas sobre los espejos, el relumbre dorado de cornucopias y molduras, el resplandor de la nueva lámpara de araña echando la luz de sus sesenta bujías sobre los vestidos de las mujeres que entremezclaban sus colores en la fugacidad de la polka. Vivió un rato la sensación de obra cumplida, de ese tiempo nuevo que buscaba para sí y para los suyos, hasta que Margarita se le acercó arrastrando su cojera, casi desconocida con su alto peinado de rizos, para acosarlo con el ruego baldío de que se decidiera a bailar con ella.

En el recién estrenado gabinete, algunos hombres jugaban al monte o al tresillo. Allí estuvo escuchando, sin intervenir, la conversación que mantenía un grupo donde estaba Cándido Espejo sobre la huida de la regente y las posibilidades que esto abría de formar un gobierno progresista de la mano de Espartero.

Le molesta a Rafael el encono simplista que expresa el alguacil mayor de Segura de la Sierra:

—¡Ojo con el voto del pueblo porque ahí no hay más que desquite! ¿Pero qué van a votar los patanes sino zurriago para el clero y látigo para los ricos?

—¡Atentos a mi palmada! —oyó con irritación Rafael gritar a Nicolás Permana desde el contiguo salón—. ¡A mi palmada! ¡Hagan todos la figura de los enamorados!

No puedo imaginar a un Cándido Espejo joven, ni sin su sempiterna bata mugrienta. Rafael Seisdedos lo describe desapasionadamente, dice de él que es un hombre nervioso y huesudo, con un bien llevado frac de etiqueta. Interviene el juez en el corro, a caballo entre la pedantería y la profusión de fundamentos legales, sobre el origen divino de los señoríos de jurisdicción y de los territoriales mientras que sus guantes blancos dibujan en el aire los grandes conceptos que va describiendo con una voz sin relieve.

En el salón zumban las risotadas. El poeta Permana está en el centro ganado por una animación que lo lleva a moverse sin descanso. Se vuelve hacia el piano y agita el bastón para dirigir los compases del vals; en seguida, gira hacia los que bailan, los sigue con la mirada, tararea, mima unos segundos la danza para volver a esgrimir el bastón con gestos enérgicos de director de orquesta; grita:

— ¡Todos atentos a mi palmada! ¡Preparen la figura de las espadas! ¡A mi señal! ¡A mi señal! ¡Los últimos quedan descartados! ¡Presten oídos a mi señal!

A Permana la transpiración le hace la cara metálica bajo la lámpara en tanto, de cintura para abajo, queda metido en una mancha de sombra; bufa, sonríe a unos y a otros: «¡Preparados para la figura de las espadas!... ¡Atentos a mi señal!...» Inesperadamente, bate palmas, «¡Ahora!», cesa la música y las parejas se paralizan en las posturas de combatientes imaginarios entre pisotones, risas y abanicos caídos.

Rafael Seisdedos siente alivio al salir al frío del patio trasero que abre uno de sus lados a los corrales y al huerto. La noche ha traído niebla y en el espacio recorrido por vetas blancas se mueve una cuadrilla desmontando el altar donde se ofició la misa de la mañana. Hace un rato que ha pedido que le lleven allí recado de escribir porque, para esa hora, ya ha admitido su derrota. Ha pasado el día alimentando su fortaleza de ánimo pero intuyendo que se engañaba porque el tiempo, como el deseo, es tozudo y tan elástico que nunca llega a trocearse. Acepta que está irritado sin causas y sin coraje para investigarlas porque sabe que, si llegara al fondo, tendría que aceptarse como un hombre ajeno, lejano a ese otro que quiere ser. Un hombre a quien se le cuelan sus capacidades por los agujeros del sentimiento.

Se envuelve en la capa, se sienta ante la mesa, a refugio de la galería de arcos, y se acuerda, en esos momentos de lento quebranto, del enajenado Valor. Lo echa de menos con una extraña intensidad. Le gustaría tenerlo al lado mientras le habla de lo que se dispone a hacer y el loco sonríe simulando discernimiento y mueve a tirones la cabeza para devanar en seguida frases sin curso. Imagina el episodio de la detención de Valor, que no pudo ver, con un lenguaje que tal vez derive de una serie de pesadillas; en todo caso, lo expresa Rafael en un párrafo extraño, cuyo contenido parece implicar frecuencia y que, desde luego, remite a una dolorosa alucinación: *es como si los caballos de los soldados te siguieran aún arrastrando por los callejones de mi cerebro mientras tú me buscas y te agarras a las paredes y tus manos benéficas van abriendo desconchones en la cal.*

Cuando Venancio, el manigero de El Torreón, se acerca con el recado de escribir moviendo el quinqué entre la bruma, Rafael ve en la ráfaga de luz a Cándido Espejo y a Margarita por los últimos senderos del huerto: caminan del brazo, rígidos y silenciosos, como si fueran a alguna parte donde fueran necesarios. Él detiene el paso con deferencia y espera que Margarita se le iguale entre el balanceo de su cojera. En medio de la niebla, escribe Rafael, parecen irreales los borrones de sus cuerpos y el chirrido del armazón ortopédico.

Permanece tanto tiempo mirando la hoja en blanco que nota la mirada hinchada por el fulgor del quinqué. En el momento en que se decide a escribir, el papel está rizado por la humedad y le cuesta trabajo mover los dedos para mojar la pluma en el tintero. Sacudiéndose un escalofrío, comienza a redactar una nota donde le pide a Maribaila que le envíe esa misma noche a Ana, la nueva pupila, al molino aceitero de los Seisdedos.

A partir del día de su cumpleaños es cuando el diario de Rafael se hace detallado e intenso, pero también monocorde porque repite una única obsesión. Ana Bárcena se adueña de su escritura y, en buena medida, se la malogra pues la fuerza hacia desgarros e incontinencias, a la manera romántica.

Esta parte de su texto abunda en tales excesos que todo parece, más que vivido, imitado; no biografía sino mala literatura, uno de esos cascarones que han frecuentado Juan Arolas, Durán, Zorrilla o el mismo Espronceda. Sin embargo, nada es prestado en esas líneas o, en todo caso, sólo la piel del estilo, que, como un traje de época, casi tapa la verdad de unos hechos que van desestructurando a un hombre. Aunque también es cierto que existen no pocos párrafos donde se ajustan las palabras y se matiza tanto la obcecación del deseo que el texto se llena de una especie de misticismo puesto boca abajo pues el camino de perfección se recorre descendiendo, bajando hacia una luz tan poco divina como un sexo de mujer.

Pero en líneas generales hay tal crudeza cuando Rafael se acerca a sí mismo y se mira sin compasión que, por decoro, no puedo utilizar de un modo directo ese material que tan inesperadamente me regaló Margarita Seisdedos. Tampoco, por fidelidad hacia ella.

—Prométeme que respetarás las debilidades de mi hermano. Después, hazle justicia, Juan, déjalo que por sí mismo tome la grandeza que tiene —me pidió Margarita cuando yo aún no sabía lo que me acababa de dar y ella, en la puerta de mi habitación, me recorría con unos ojos móviles, llenos de futuro.

No obstante, sí incluiré algunos fragmentos con el fin de que en lo posible sea la voz de Rafael la que vaya contando, sin la impostura de la mía, su propio recorrido. No sólo seleccionaré las citas del diario con el criterio de no invadir demasiado la intimidad de quien lo escribió, sino que iré quitando de ellas algunas exuberancias porque en cierto modo se vuelven contra Rafael, caricaturizándolo.

Nada más despachar a Venancio, el capataz de El Torreón, con la carta para Maribaila, se puso Rafael en camino hacia el molino. Tuvo que esperar en la oscuridad un tiempo que no puede determinar pero que en su mente se dilata. En un primer momento, la espera le da oportunidad para dudar, piensa incluso en irse porque está seguro de que, si se queda, el giro hacia la razón, previsto para ese día de su cumpleaños, se producirá pero en dirección contraria: hacia las otras razones, a veces tan faltas de cordura, del mundo de los afectos. Ve con claridad que Ana Bárcena va a romperle sus hábitos de hombre escrupuloso, teme, llega a desatar las riendas del caballo y a poner el pie en el estribo.

Te esperé, Ana, en la oscuridad del molino recordando tu olor entre los olores del alpechín que encharcaba el suelo y hacía pegajosos mis pasos. Temía que fueras como eras en mi mente, que fueras idéntica al deseo. Paseé entre las filas de tinajas que removían sus sombras en los vaivenes del candil, viendo brillar los ojos de los burros, atados al fondo, en el pesebre, y supe que llegabas mucho antes de verte porque los perros ladraron ante lo desconocido. Oculto tras los burros, notándoles el miedo en las contracciones de su piel, observaba tu figura parada en el gajo del portón.

Esperaste allí, indecisa, con el reluz de la niebla marcándote el contorno. Te asustaba lo que no veías. Sobre todo, el hombre que te espiaría en cualquier lugar de la negrura, el mismo que quería que siguieras allí, vacilando en el portón, a esa distancia desde donde te miro y tu contacto es sólo un presentimiento que todavía no puede afectarme.

Cuando rompo la resistencia, tomo el candil y avanzo hasta ti. Veo de cerca tus pocos años, tan pocos que tuve que recordar para qué habías venido, en seguida, dices tu nombre mirándome en un parpadeo, y, al decirlo, tu voz aumenta mi ansiedad. Entonces, tu miedo se hizo más cercano, Ana, tu mirada cayó por el suelo y noté en tu modo de estar de pie que querías estar ya en otra parte.

Pero te arrastré hasta los trojes y en ningún momento la piedad me hizo vacilar porque quería que sintieras mi poder. Sufriste la rabia de mi debilidad. Te aplasté contra los montones de aceitunas mientras saltaba el zumo bajo tu espalda y miraba cómo tu carne y tu pelo se rebullían en esa fosa abierta en las aceitunas que te iba sumiendo a medida que mi cuerpo se hincaba en el tuyo para marcarlo.

Tus pechos eran del tamaño justo, tu ombligo y tu sexo exactamente como los había imaginado. El tacto de tus muslos, duros por el frío, tenían la lisura previsible.

Me sorprendió, de repente, tu grito. Un berrido como de ciervo que venía de un lugar más hondo que la garganta. Un tableteo de animal que no acaba de agonizar. Tardé en darme cuenta de que era el placer, y no el dolor, lo que te quemaba la voz. Parecía imposible que ese gemido, que apenas te dejaba respirar y nunca terminaba, viniera de la fragilidad de tu cuerpo. Y empleé toda mi furia para volver repetidamente sobre ti. Quise que no olvidaras, que sintieras mi fuerza en lo hondo de tu cuerpo como una herida que nunca cicatriza.

Mucho después, te veo desnuda, manchada de pringue de aceitunas, ponerte las medias de algodón, el ceñidor del pecho, las enaguas. Sigo tus movimientos al apretarte los lazos del corsé y pasarte el vestido por la cabeza. Lo estiras, moldeas sus pliegues hasta que quedas satisfecha de su vuelo de campana. Te envuelves en la capa y empiezas a recoger los bordes de tu ropa para que no arrastre por el suelo hasta que te das cuenta de que las manchas hacen inútil ese gesto.

Cuando te vuelves para irte, dices mi nombre y, al hacerlo, ya has aprendido que ese nombre se pronuncia apretando los dientes y que sus sílabas te abarcan.

Me quedé aún en el molino sintiendo que el vacío que me dejabas era mucho más grande que el de antes de tenerte. Esa certeza me crispó el ánimo porque imaginé, sin tapujos, el futuro. Tendría que llevarte en secreto, Ana, sintiendo tu poder en el pensamiento como una enfermedad inconfesable. Todo esto sucedió en el día de mi cumpleaños, un día que yo había querido que significara el comienzo de un modo de vida alejada de la pasión.

Ese primer encuentro inició una costumbre. Se veían siempre en el molino, cada vez con más frecuencia hasta que Rafael dio en ir a esperar a Ana todos los atardeceres, en muchos casos únicamente para maldecir su ausencia. Conoce de sobra las razones por las cuales ella no acude a la cita, pero se empeña en reconstruirlas, en imaginarlas de cerca. Escribe sobre eso desarrollando una multitud de quejas que matiza y sopesa y va obsesivamente afinando sólo para que se claven con más agudeza sobre él. Siente de un modo insufrible la humillación de la espera baldía, pero como una minucia comparada con sus causas.

Se describe repetidamente paseando por la nave del molino, lleno de repugnancia por el olor ácido, por la suciedad que ennegrece la cal de las paredes, por el chapoteo de sus zapatos de becerro en la viscosidad de la grasa. Mientras, conjetura quién habría retenido a Ana, baraja nombres de conocidos, inventa conversaciones, actos, recorridos por una casa, la de Maribaila, cuyos cuartos apenas recordaba.

Te imaginaba con alguien que hablaba tu lenguaje y tenía tu misma inmediatez. Te veía desembarazada, fresca, sin esa torpeza que ante mí te trababa la sonrisa y hacía que tus palabras fueran cuidadosas, como tanteando siempre en lo desconocido.

Esperaba mientras el pensamiento se me iba por las casas del pueblo, por todos los rostros que conocía. Te buscaba el pensamiento entre una multitud de manos que se deslizarían por tu carne con la misma avidez del agua sobre las acequias y se detendrían encima de tus pechos, de tu sexo o tus rodillas. Mi mente recorría el sendero que bajaba desde Aroca hasta el caserón de Maribaila, se metía mi mente en las habitaciones, en los pasillos, subía a la azotea y te encontraba quizá en el patio abrazada a algún conocido que taponaba tu boca con el alcohol de su aliento.

A la mañana siguiente miraba las caras de los que se me cruzaban, cualquiera de ellos habría podido tener el privilegio que a mí se me había negado, hasta el más tosco de los braceros podía aplastar mi orgullo con los callos de su pie.

Quise olvidarte y tu rostro aparecía, flotando, sobre la superficie del olvido. Encerrado en el desván, repetía con las minas de plomo una y otra vez las formas de tu carne, pintaba tus cabellos, las múltiples posiciones de tus ojos, reproducía tu sexo y tus muslos sobre el papel en una maraña de líneas muertas que sólo me conducían a la urgencia por sentir el calor de tu carne, su roce, la violencia de mis dedos hincándose en tu espalda.

Después, destrozaba los dibujos deseando que fueras sólo sueño, trazos en un papel que yo podía romper con el simple movimiento de mis dedos. Pero seguías viviendo en los pedazos y, más allá del rompecabezas que mis pies pisaban y mi mente recomponía, tú te estabas moviendo en alguna parte, llena de juventud, y alguien quizás te enardecía.

Trataba de reducirte a lo que eras: una prostituta que no conocía otra cosa que el instinto y las monedas. Habías vendido hasta el último de tus gestos y tal vez no fue sólo la miseria la que te llevó a esos camastros manchados por el semen de los gañanes.

No eras más que Ana Bárcena, la Castellana, *así, con ese apodo de ignominia te conocían en toda la región, hija de un arriero de Pastrana quien no hubiera dudado en matarte si le hubiera alcanzado la vida para ver dónde había llegado la tuya.*

Sin embargo, era inútil que la razón pusiera trampas a la evidencia. Dejé de verte y tú te dividías, te multiplicabas para mirarme desde todos los rincones de mi cuarto, rogaba a Dios, discipliné mi carne, pero todo tenía la naturaleza del humo porque la única verdad era tu cuerpo, y a él acudía con rabia mi deseo.

Quise que no existieras.

Tú no significabas, me decía, más que un placer a plazos. Eso es todo lo que podía admitir si no quería empezar a despreciarme. Pero sólo había para mí una cosa despreciable: tu ausencia.

Esperaba. El día no era más que la espera de la noche para verte. Pasaba el tiempo sostenido por hábitos que levantaban su hueco sobre la realidad de la noche. Acudía a los sitios acostumbrados, me movía, mi lengua articulaba las palabras necesarias y mis pies conocían los recorridos y las pausas exactas. Mi imagen me llevaba a mis asuntos y la inercia de la disciplina, que desde siempre me impuse, conducía mis actos con la misma ciega fidelidad que el corazón bombea la sangre y las arterias la propagan.

Seguía trabajando en el invernadero, luchaba por no perder la disciplina de los libros, acudía a los desmontes, a revisar la marcha de los cultivos o a tasar las cortas con los leñadores. Pero, cuando acababa el día, me era difícil recordar con exactitud los actos que lo habían ocupado, como si otro hombre hubiera suplantado mi voz o mis movimientos.

Esperaba la noche, Ana, tu llegada al molino. El día era la norma, una venda que iba envolviendo las horas iguales y las embalaba como cajas sin rótulo. Y la noche eras tú y el desorden de tus gritos.

Transcripción parcial de conversaciones mantenidas con Margarita Seisdedos en Aroca, los días 1, 3 y 4 de junio de 1874.

El caso es que, ¿te lo podrás creer?, mi hermano se trajo a vivir aquí a Ana Bárcena. Te lo estoy diciendo ahora, después de tanto tiempo, y aún me sorprende lo que digo. Cuando me enteré, creí que era una broma de las criadas, que era imposible que él hiciera una cosa así, tan severo, tan metódico, tan cargado de razones como andaba siempre.

Me dijeron que se había presentado por la mañana con los baúles de ella y que había mandado que se preparara uno de los cuartos de invitados de los que dan al segundo patio, que se rociara con agua de azahar, se cortaran claveles para los floreros y se metiera allí el tocador nuevo. Después, lo había revisado todo y todavía había hecho cambiar la colcha y las cortinas, poner un par de cuadros y sustituir el palanganero de madera por el de mármol de su propia habitación.

Subí, estuve mirando el cuarto y ni siquiera así llegué a creérmelo del todo. Había allí un orden, no sé cómo decírtelo, un cuidado en cada detalle, había tanta alegría allí, estaba tan bonita y tan llena de vida la habitación que pensé en seguida que Rafael esperaba a algún personaje muy importante, pero que él, tan triste como era, no podía haberla adornado de ese modo.

Fue un día frío de diciembre de 1840, rozando ya las Navidades. Cuando acabamos de cenar, pasó los cerrojos y aseguró las puer-

tas, como hacía siempre, pero debió de salir después porque muy tarde, con la noche alta, la trajo. Oí los cascos del caballo en el patio de la entrada, me asomé al corredor y vi cómo Rafael se estaba llevando al animal al establo con zalemas para apagarle el resuello y los relinchos.

Ana era linda, delicadita de cuerpo, de cabello claro y escurrido. Lo estaba esperando junto a una columna, muy quieta, sin atreverse a hacer ni un gesto. Llevaba una falda encarnada de miriñaque que le estrechaba el talle. Recuerdo que, desde donde yo la veía y a la luz de la luna, su falda tenía un rojo muy brillante, como una tulipa encendida en el boquete negro del patio.

A las pocas horas, muy temprano, Rafael me avisó para que fuera a desayunar. Había mandado que pusieran los manteles de hilo y la loza fina. Me reuní con él y con Ana en el comedor de invierno, en el de arriba. La abuela Nieves no acudió porque ya te dije que ella vivía en su mundo de la capilla y no sé si mi hermano llegó a avisarla siquiera.

Rafael estaba de pie, esperándome. Habló poco pero con empaque, con mucha lentitud, soltando despacio las palabras encima del mantel. Dijo que Ana era su invitada, que se iba a quedar a vivir en la casa y quería el máximo respeto para ella. Luego, se fue sentando, muy erguido, sin quitarme la vista. Ni yo ni nadie habló más y resonaban las cucharillas contra la porcelana con ese retintín que se te acaracola en el oído en los momentos de tensión.

Vista de cerca, Ana era bastante guapa, trigueña, muy tímida. Iba vestida como cuando la vi por la noche y, a la luz del día, su ropa resultaba bonita, elegante, pero sin esa magia de los brillos que te dije que tenía en el patio. Parecía muy joven, más que yo, quizá un poco flaca, de pómulos y hombros marcados, con esa esbeltez que espiritualiza y hace niñas a las mujeres. Hundía la frente en la taza de chocolate, no sabía cómo coger los cubiertos y la mano derecha hacía un ovillo con la servilleta y se le quedaba envarada, medio oculta por los encajes de los bordes, temblándole un poco.

Salieron los dos cogidos del brazo, tiesos, como si fueran a un baile de ceremonia; entonces, entró María, la criada que nos había puesto el desayuno, y me estuvo dando demasiados detalles de lo que se decía en Aroca sobre Ana, tantos que tuve que pararla. Pero María era así, buena, llana, un poco bruta para el trato.

Por la tarde, Rafael la llevó por toda la casa y le fue enseñando las habitaciones, los muebles, las lámparas, las vajillas. Me mandó recado para que los acompañara porque, ¿cómo te diría yo?, quería darle legitimidad, hacer solemne esa primera visita, igual que si Ana fuera una recién casada a quien se le entrega la llave de su nuevo domicilio. Nos parábamos a cada rato y mi hermano le iba explicando las reformas recién hechas en la casa. Se le empanzaba la voz a Rafael, se le ponía como más blanda, como más dulce: nunca lo había oído hablar así.

Subimos al desván para que ella viera los cuadros que ahora están en los armarios: los del loco Valor, paisajes, alguno mío de la infancia. Entre los dos, le fuimos dando las señas de cada una de las caras del retrato de familia, detalles de mi madre o del abuelo Saturio, y ella sin hablar, seria, con una sonrisa de pluma, que no terminaba de levantar. Después, fuimos a la biblioteca y estuvo mi hermano abriéndole libros y explicándole las láminas. Juntaban las cabezas, Rafael señalaba y ella, muy pálida, decía que sí con la barbilla sin atreverse a hablar, sin ni tocar siquiera los libros como si allí, debajo de sus ojos, hubiera un mundo al que temía y lo mirara con el mismo recelo de quien se asoma a un pozo.

Bajamos al huerto, a los corrales, a los establos, a las naves de los braceros. La presentó a las mujeres del servicio, a Venancio y a los peones, a la cocinera Fermina. Ellos abrían mucho los ojos y tartamudeaban sus saludos sin podérselo creer y, luego, cuando nos dábamos la vuelta, todavía se quedaban mirándonos, sin atreverse siquiera a moverse o a levantar los murmullos.

Durante el tiempo que estuvieron en El Torreón, el mismo que tardó la abuela en recobrar el pulso, apenas atravesaron la puerta de la calle.

Con frecuencia, se encerraban en la habitación durante horas y horas. Fermina le llevaba las bandejas de comida y, tras la puerta, se dejaban oír sus cuchicheos y el ruido de su pecado. Muchas veces se metían en el cuarto alto de la torre donde Rafael se esforzaba en leerle cosas y explicarle los laberintos de los libros; le enseñaba también a leer con un machaconeo de susurros, imitados a duras penas por ella con un eco acobardado que le salía corto y como buscando la voz segura de mi hermano para agarrarse.

A las dos o tres semanas de estar ellos allí, llegaron montones de vestidos y sombreros para Ana y para mí, y un día se presentó Bustamante, que era un zapatero de Cazorla, con cuatro pares de botines de cabritilla de la mejor calidad.

Las muchachas me decían que nos trataba a las dos por parejo para ganarme la voluntad y para disimular el despilfarro. Pero yo estaba por ayudarlos, me inclinaba por Rafael porque pensaba en su soledad, en que a sus cuarenta años sólo había vivido para el trabajo y para levantarnos a nosotros y, ahora que se le había colado hondo una mujer, bastante desgracia tenía con que con ella se le colara también el tormento del ridículo.

Un día, mi hermano me pidió que enseñara a Ana algo de urbanidad, los saludos, el uso de los cubiertos, la manera de andar y de sentarse, y cosas así.

Yo era todavía casi una niña y me daba como grima estar con ella, pero también un poco de lástima porque la había estado observando desde que llegó y la veía perdida, amarga, sin atreverse a rozarte con la vista. ¿Sabes a qué me refiero, Juan? Ana tenía esa sensación de estar de más, de invadir algo. Se encogía cuando estaba sin mi hermano y se pegaba a él en cuanto aparecía, apretándole mucho la mano, como hacen los cachorrillos con sus madres.

En los días en los que Rafael empezó a salir al campo, yo me metía muchas veces en su habitación a escondidas y ella me enseñaba sus tinturas para el pelo, los polvos de carbón para los dientes y los corsés de encajes, pero yo era tan ingenua que me daba aprensión tocarlos, qué tonta, como si en las ballenas y en las cintas de raso hubiera una especie de azogue que se te pudiera pegar a los dedos.

Fíjate lo simple que yo era que, cuando me tocaba las mejillas para que yo viera cómo se utilizaba el blanco de afeite, no podía evitar el sentir una quemazón igual que si te estuviera arrastrando un bicho por encima de la piel.

Ana hablaba poco y nunca de sus cosas. Sólo una vez me dijo que Rafael quería casarse con ella y lo dijo apagando la voz, avergonzada; sin embargo, y aunque no mentaba para nada su pasado, a mí no dejaba de bailarme en la cabeza. Cuando le enseñaba modales, ella trataba de seguirme pero el cuerpo se le iba por sus fueros y era difícil encontrarle el acomodo del recato.

No es que fuera hembra frescachona o de hechuras saledizas pero las formas no se le escondían, le brotaban, no podía tapárselas por más que probábamos posturas de decoro. Como yo, por el defecto de mi pierna, no podía enseñarle las maneras del andar, ella sola paseaba ante el espejo de luna, estudiándose los pasos, atándoselos, pero por más que yo le decía, se le iban sin remedio.

Con todo esto, apenas conseguí nada, casi lo único fue que aprendiera el manejo de los cubiertos o los saludos, o quitarle la costumbre viciosa de pintarse con tinturas granates las uñas de los pies. Con el trato llegué por momentos a olvidar lo que ella era y hasta llegó a pasárseme por la imaginación la locura de que podría ser que el tiempo todo lo limara y Ana terminaría teniendo un sitio entre nosotros.

Me di cuenta de que empezaba a tomarle cariño porque se me achicaba el alma al verla tantas horas encerrada en el cuarto, tumbada en la cama, dormitando, haciéndose peinados y probándose y probándose vestidos para enseñárselos al espejo de luna.

Una cosa que me extrañó de ella fue lo limpia que era. Estaba siempre lavándose las manos con arenilla y jabón, y, todas las noches, tomaba pediluvios. Algunas mañanas la vi cómo se vestía. Era como una ceremonia que me fascinaba porque hacía todos los gestos muy seria, muy segura, sabiendo. Verla mientras se arreglaba era como ver a una prisionera que sólo pudiera defenderse de su cautiverio con la dignidad del aseo, ¿entiendes lo que te digo?, como si eso fuera lo único que le quedara suyo. Echaba mucho tiempo. A veces, horas.

Se frotaba todo el cuerpo con una franela, se lavaba la cara con la esponja y, después, se iba peinando despacio el pelo rubiasco, muy fino, quizá demasiado lacio, y se lo abrillantaba con un aceite de al-

bayalde aromático. Y todavía se echaba una pomada de cacao por toda la piel y se repasaba con polvos de arroz. Abría el armario lleno de colores, lleno de vestidos. Los iba tomando de las perchas y me los enseñaba:

—¿Cuál te gusta más? ¿Cuál te pondrías tú hoy, Margarita?

—Todos —le decía siempre yo, porque todos eran preciosos.

Mientras ella se ponía las medias y el ceñidor, yo separaba uno del montón que había dejado sobre la cama y le ayudaba después a abrochárselo. La verdad es que, cuando acababa de vestirse, estaba aún más linda, tan guapa que parecía mentira, y te daba hasta lástima que tanta hermosura no pasara más allá de los ojos de Rafael.

Salía de la habitación sólo cuando mi hermano llegaba, repulida como una perla, deslumbrante. Todos los días paseaban por la casa, atildados y tiesos, deteniéndose aquí y allá para que Rafael le diera cuentas de los entresijos de la familia y ella se fuera haciendo al tamaño de nuestro molde. Se cogían del brazo y vuelta a pasear hasta que los cuatro muros maestros los devolvían a su habitación. Era un ir y venir que se me antojaba eterno, como si estuvieran expiando una maldición en los círculos que bajan al infierno.

Yo creo que Rafael se avergonzaba de Ana porque, hasta el final, no se atrevió a sacarla a la calle, pretendía ahogar lo que era un secreto a voces, lo que era la comidilla y el hazmerreír en toda la comarca, quería que no existiera lo que los demás no podían ver, como si aquello no sonara, como si aquello no tuviera ya el cuerpo de una riada que chocaba contra los muros de la casa.

No sé qué hubiera hecho hoy, Juan. Pero me hubiera gustado entonces tener más años y que la vida, las gentes y todo no fuera tan estrecho.

Cuando se recibieron en la casa dos o tres anónimos diciendo barbaridades, comprendí que sólo había una salida y hablé con mi hermano para convencerlo de que volviera a poner las cosas en su sitio, pero Rafael había ido tan lejos que ya ni quería ni sabía volver.

Se juntó, además, que en esos días Cándido vino con pruebas de que Rafael nos había estado engañando con la administración. Los Vientos no estaban arrendados al padre Expósito, sino que se los ha-

bía regalado a nuestras espaldas. Trajo, además, copias de facturas de una joyería por no sé cuántos cientos de duros.

Fue la abuela Nieves, a la que creíamos loca, la que tuvo que imponer el sentido común. Cuando Cándido le contó todo, pareció no reaccionar, como si no se hubiera enterado o no le importara lo más mínimo. Se puso los lentes y estuvo mirando durante un buen rato los papeles, oyendo sin alterarse, sin hacer un gesto ni decir nada, pero al día siguiente salió de su cuarto con su mejor traje, limpia y erguida, como si nunca hubiera tenido esa flojera de los sesos que la llevó casi a vivir en la capilla y a tratar a la Virgen como si fuera Antonia Peña.

Me estaba esperando en el salón para pedirme que me quedara a su lado porque había mandado llamar a Rafael. Sentí miedo, Juan. Ese miedo de los presentimientos, de las cosas terribles que dentro de unos segundos ya no van a tener arreglo.

Mi hermano ni siquiera se tomó la molestia en desmentirnos. No dijo ni una palabra. Nos apartó con el brazo para irse mientras nos miraba con un desprecio vivo, con un desprecio tan recio que todavía hoy me está doliendo en lo hondo de la mente.

Últimamente he tenido ocasión de ver muchas veces los dibujos que Rafael le hizo a Ana Bárcena durante las semanas en las cuales vivieron aquí. En los armarios del estudio está el espléndido óleo del que hablé, pero hay otros muchos bocetos que lo igualan en frescura y precisión. En cierto modo, en ellos se narra una historia sin salida: una muchacha se muestra una y otra vez, y un hombre la contempla y fija lo que ve en un pliego. El deseo toma forma de dibujo, pero el dibujo no agota el deseo y éste se multiplica en nuevas concreciones que no llegan a colmarlo. Ana posa en diferentes posturas, intenta sonrisas o sostiene objetos, cambia sin conseguir nunca romper su melancolía y sin que ninguno de los apuntes deje de señalar la pasión de la mano del dibujante. Todo acaba ahí: en un desajuste entre la mirada y lo mirado. Alguien que anhela —sería mejor escribir: ama— y eso lo mejora hasta el punto de concederle exactitud a sus emociones. En frente, alguien que no logra verdaderamente sonreír. Casi puede leerse en los dibujos un futuro ya presupuesto en ellos.

Por lo demás, se repiten los desnudos, los disfraces de odalisca o a la griega y las ambientaciones exóticas. La belleza, clara y elástica, de Ana Bárcena se va extendiendo sin obstáculos ni traiciones en cada una de las obras. No hay duda de que fue una mujer llena de proporción, de gesto magnético y de una fina sensualidad que despunta en el arqueo de los labios o de la espalda, pero que se dulcifica en la adolescencia de los pechos o en el esbelto desarrollo de las piernas.

Mi rastreo minucioso por los armarios del desván tiende siempre a reducirme a Rafael. Es observable allí una simbología simplista de dos mundos: uno, de maquetas y dibujos técnicos, relacionados con proyectos agrícolas; otro, hecho con las imágenes de Ana, que ejemplariza una pasión sometida por el rigor del arte. Se trata en realidad de un mismo mundo, el de la exigencia, y, sin embargo, con facilidad lo pienso como dos, separados por una fecha, el 16 de diciembre de 1840, día en el cual Rafael trae a Ana Bárcena a esta casa. En esa misma ilusión tropieza el cuaderno de Rafael.

Después del error —así lo llamaré— de Anselmo Feliú, tuve que reconstruirme. Me costó meses encontrar mi antigua serenidad. Discipliné mis pesadillas, me lavé la conciencia, me endurecí, Ana, hasta que un día pude regresar a mi trabajo con la fuerza de la purificación y volví a sentir la tierra como un cimiento, como una inmensa raíz que me sostenía.

Pero llegaste tú y, contigo, se desmoronó mi personaje.

Todo lo que no eras tú se abarataba y se iba plegando hacia algún rincón de la mente porque empezaste a avanzar por ella hasta llenarla. Mi pensamiento te tenía, ni siquiera te buscaba. No necesitaba el pensamiento salir de sí porque tú eras su materia. Tú eras su norma y su conducta.

Para el día que fue a recoger a Ana al prostíbulo de Maribaila, Rafael se ha convencido de que su deseo y el futuro son en cierto modo la misma cosa. Cree que la presencia de Ana en El Torreón será aceptada como algo natural por el mero hecho de que él la acepta y, de cualquier modo, porque no le será difícil imponerla. Está acostumbrado Rafael a no tener contestación, está acostumbrado a confundir la impotencia —incluso el odio— con el respeto.

La madrugada del 16 de diciembre llega a la mancebía. Tiene concertada con Ana Bárcena la hora en la cual ella debe estar esperándolo en la puerta, pero no hay nadie y se ve obligado a entrar y a vencer la resistencia de Maribaila. Se produce en seguida una escena bufa: las mujeres rodean a Ana, la retienen, tiran de su vestido, chillan, y Rafael siente un furor que está ya desbordándolo cuando algo lo enfría de pronto: las palabras de Ana.

—Págale —le pide.

Toma de golpe conciencia Rafael de en qué lugar está y ante quién. *Siento una especie de mareo, arcadas; siento que me hundo,* escribe. Acuden varios hombres armados que no conoce. No sabe Rafael si son los escopeteros de la casa o clientes que quieren merecer ante las pupilas, en todo caso, lo intimidan y llegan a exhibir sus armas. Hace entonces un gesto teatral, lleno de truculencia, de imposible orgullo y de cinismo: saca todo el dinero que lleva, escupe sobre él y lo arroja a los pies de Maribaila. Cuando deja el prostíbulo del brazo de Ana, se obliga a olvidar lo que acaba de vivir y todo lo anterior a ese momento: *me dije que el calendario empezaba justo cuando salimos al exterior y que no había ni un solo día detrás de la puerta de Maribaila.*

Pero cuando vuelven en el carruaje, que dejarán en el molino desde donde subirán a caballo las trochas que llevan a Aroca, ya siente vacilar su resolución.

Recuerdo el regreso, el frío. Llovía a trechos, tu vestido era rojo y tu perfil serio. Nos buscábamos los cuerpos en lo oscuro, oyendo en el entoldado de vaqueta el golpeteo de la lluvia. Te sentí mía y, como yo mismo, en medio de ninguna parte, justo en mitad de la noche y del camino. Ojalá, me dije, que no hubiera que volver nunca ni llegar nunca a ninguna parte.

Ya en la casa, nos esforzamos por construir un mundo dominable, empeñándonos en las cosas cotidianas con la finalidad nunca expresada de llegar al aprendizaje del olvido. Logré ignorar quién eras, quién habías sido, porque la voluntad de llegar a lo que serías nos ocupaba de tal modo que no vivíamos en el presente sino en el tiempo de la espera, en ese tiempo suelto y como en el aire que es sólo como el dardo que vuela sin tener ya memoria del arquero.

Entraste en mi casa descubriendo en cada cosa una amenaza, pero empezamos por lo simple. Recorríamos la cortijada a diario con la firmeza del que toma posesión de lo ganado, en un empeño de que lo nuevo te renovara. Hice que te aplicaras en que tus gestos tuvieran la elocuencia del que manda, te enseñé a no pedir, a esconder las debilidades como pústulas, a tener la dignidad de quien nunca afirma sus miserias.

Vinieron días difíciles en los cuales anduviste perdida; entonces, sólo mi voluntad de hacerte, de hacernos, Ana, nos mantenía. Sacaba ánimo de mi propio reto, y del deseo que de ti nacía, Ana, de la espesura de mi deseo.

Entrábamos en la habitación y allí era yo el aprendiz de los arcos que componen tu cuerpo, de tus muslos, el que recorría tus brazos y se detenía a conocer tus manos, tu sexo o tu cintura. Te poseía, Ana, me despojabas, tu conciencia era mía y toda mi sustancia se apretaba en el fondo de tus ojos.

Lo que acabo de copiar es una síntesis de cuatro páginas donde Rafael va acumulando impresiones sobre Ana en un espacio y en un tiempo cerrados. Hay varios párrafos en torno al sexo expresados con un lenguaje que ignora el pudor o el cálculo, abundantes en un instinto que roza la destrucción, cercano al misticismo. Nada parece fluir más allá de la mujer.

En la primera semana de su estancia aquí, Rafael descuida en absoluto su trabajo y le molesta encontrarse con Margarita o tener que hablar con las sirvientas. El cuarto que ha hecho preparar para Ana Bárcena se muestra inútil en su papel de mantener una apariencia de separación de los amantes porque, desde el primer momento, Rafael lo hace también suyo. En esa habitación cabe todo para él. Escribe: *cada vez que atravesábamos la puerta y pisábamos el pasillo era como empezar a perderte.*

Para el día de Nochebuena llevan ocho días en la cortijada. Hace semanas que Margarita planea la cena de esa noche y ha ido adornando el salón con cenefas de moaré y ramos de flores. El juez ha prometido venir con un grupo de amigos y Margarita vive con entusiasmo la espera.

Se viste antes del atardecer. La imagino ante el espejo imitando los gestos de Ana sin poder evitar que el recuerdo imponga comparaciones. Sabe ya que el juez no acudirá porque para esa hora tiene noticias de que, la víspera, una nevada ha cubierto las Lomas de Úbeda. No obstante, se baja animosa a la cocina, revisa cómo va la elaboración de los platos y luego trata de convencer sin éxito a la abuela para que se decida a acudir al salón y pueda hacer así los honores a la invitada de Rafael. Ni siquiera Margarita llegará a probar ninguna de sus complicadas recetas. Verá a su hermano ya tarde cruzar por el salón donde ella todavía espera acicalada hasta el exceso, con su vestido de estreno. Lleva Rafael un libro en la mano y, por un momento, mira con extravío los adornos de las paredes, la mesa dispuesta con su simetría de porcelanas y cubiertos y a Margarita que en la distancia le sonríe.

—¡Ah! —se acuerda de repente Rafael.

Y no hay preocupación o disculpa en su voz cuando añade:

—Nosotros ya hemos cenado.

Una tarde de enero saliste conmigo al pueblo. Fuimos al cementerio y pusiste flores en la tumba de mi padre y del abuelo. De mi brazo recorriste las callejas sin titubear en el aire de incredulidad que se arremolinaba a nuestro paso. Las gentes nos saludaban destocándose y amagando las cabezas; por primera vez, notaste que en sus miradas no había deseo y yo que nadie se atrevía a tener memoria de tu pasado.

Pero poco después todo empezó a desmoronarse. La abuela Nieves salió de su encierro de la capilla con la lucidez repentinamente recuperada, la rabia de la juventud y la determinación única de echarte de la casa. La abuela estaba volviendo de un futuro donde tú no cabías y por eso ni siquiera te miró. Era a mí a quien humillaba con el brío de sus ojos donde se crispaba el largo río de la familia. Sentí cómo tú notabas que el temor me endurecía el pecho y cómo mi miedo doblaba al tuyo porque era hijo de la certeza.

La abuela sólo me pidió que fuera a verla para darle explicaciones, pero en esas palabras supe que había ya un castigo que empezaba a consumarse. De pronto, la abuela alzaba su brazo contra nosotros, un brazo del que nadie hubiera sospechado que tenía más fuerza que para coser su mortaja y contra el que yo nada podía porque de él venía la fortaleza del mío.

Esa misma noche me aseé especialmente para ir a verla. La encontré en su sillón de la capilla. Tenía la piel muy pálida en medio de las refulgencias de las velas; a ráfagas, llegaba el aroma del incienso veteando el olor a cera que parecía que hubiera contagiado con su blancura hasta la misma carne de la abuela.

No me dejó hablar.

—Deberías vivir de rodillas, Rafael, y, ni aun así te llegaría la vida para limpiar el mal que nos haces.

En esos términos me habló pero, más que oírla, la recordé porque habló con la voz firme y su expresión volvió a quemarme con idéntica intensidad que quemaba la de mi padre.

Yo, Ana, podría haber arrasado hasta la menor brizna que estorbara nuestro paso, pero no podía nada contra esa mujer enquistada ya en su muerte que nos condenaba sin remedio.

—Tú ya no llevas nuestra sangre. Y, desde mañana, eso es lo que van a rezar los papeles.

Al día siguiente, desde la ventana del dormitorio los vimos salir. Antón, el porquerizo que vestía el traje de calesero, sujetaba por los hombros a la abuela y Margarita la mantenía firme por el brazo. Debajo de los sombreros y ropones de viaje llevaban las dos vestidos nuevos. El aguanieve racheaba el patio y hacía que se apresuraran para subirse a la berlina. Los caballos no dejaban de piafar en el suelo del amanecer hasta que giraron sobre la lanza del carruaje entre relinchos mientras el vaho les salía como sólido de los ollares y, cuando traspasaron el portón de la torre y Venancio echó el cerrojo, en el rectángulo del patio las huellas de las ruedas dejaron signos de una caligrafía de escarcha que nos avisaba de una soledad apenas hecha con nosotros mismos.

Me contó Margarita que vio las dos cabezas en la ventana con una sensación de angustia:

—Tras el cristal, tenían algo de animales en una jaula. Mi hermano le echaba el brazo por los hombros a Ana y juntaban las caras mirando hacia abajo con ansiedad, como si estuvieran en el puente de un barco a punto de hundirse. No pude mantener la mirada ni alzar la mano para decirles adiós porque era como si las dos cabezas se me cayeran encima. La abuela Nieves no hablaba. Al subirnos al coche, le dijo a Antón que íbamos a Úbeda pero yo ni siquiera sabía para qué y era inútil preguntarle porque estaba enrabietada, alta, con los ojillos fijos en el paso de los pinos. Hacía mucho relente, era muy temprano, había niebla y ella no paraba de temblar. Al cogerle las manos por dentro del manguito, me di cuenta de que eran puro hielo, y le castañeteaban tanto los dientes y estaba tan blanca que le toqué en la ventanilla a Antón para que nos volviéramos a Aroca. Fue la única vez que me miró y me dirigió la palabra en todo el viaje. Me dijo: «¡Ni se te ocurra volver a corregir una orden de Nieves Torralba!» Entonces, intuí para qué íbamos a Úbeda. Nunca, Juan, un hombre debe pagar con la tierra; si acaso hay culpa y no puede haber perdón, que pague de otro modo, pero en la tierra estás tú y tu memoria y es como las señales de nacimiento que uno trae al mundo.

Durante los seis días que estuvieron fuera la casa nos perteneció, pero las puertas cerradas, los ecos de nuestros pasos por los pasi-

llos y el empuje del frío que nos apretaba contra la chimenea eran ya como vivir ante el espejo de los años que vendrían. Aquellos seis días debieron tener el valor del afianzamiento y la legitimación, pero fueron en realidad el prólogo de la nada.

Desde la misma ventana del dormitorio, los vimos llegar, venían con Cándido Espejo y, sobre el techo del carruaje, se alargaba el nuevo arado de vertederas y las bombas hidráulicas que yo tantas veces había reclamado en Úbeda. La abuela Nieves dejó el estribo casi desdeñando los brazos del juez con un vigor que parecía aumentado desde que se fue.

Ya en la cama, escuchamos el trajín de la descarga de los equipajes, las voces, los ladridos de los perros alborotando en torno a las patas de los caballos. Oímos los preparativos de la comida, el canturreo de Fermina extendiendo los manteles, el leve entrechocar de loza y cubiertos, el deslizamiento de las sillas al ser dispuestas alrededor de la mesa y los pasos crecientes de Cándido Espejo que golpeó la puerta para convocarme a la comida.

Te pedí que te pusieras el vestido de terciopelo negro, aquel vestido que tanto me gustaba. Tu cara ganó firmeza al ser velada por la gasa que caía desde tu sombrero y, cuando cepillaste las hombreras de mi frac y anudaste el corbatín a mi cuello, la inquietud de tus dedos me trajo ya la seguridad de la derrota y empecé a sentir la nostalgia del instante inmediatamente anterior, cuando me habías ayudado a vestirme y era todavía real tu mano sobre mi hombro.

Entramos al comedor tomados del brazo, desafiando el silencio que, parecido a un aliento repentino, desbordó la sala y nos traspasó en el mismo marco de la puerta.

Los ojos paralizados de la abuela presidían la comida. En frente de ella estaba la única silla libre. Habló sin pausas, sin avivar el gesto, igualando las palabras en un mismo flujo helado:

—Tu hermana, y no yo, quiere darte una última oportunidad. Ella ha hecho un sitio para ti en nuestra mesa. Siéntate ahora y, después, procuraremos lavar la casa hasta que no quede ni el menor rastro del olor de aquella mujer. Si ahora no te sientas, vete y no te acuerdes nunca de nosotros.

Oí, como si fuera yo el que respiraba, el roce del aire resonando en tu nariz. Permanecimos quietos en el umbral, sólo las miradas de la abuela y mía se mantenían levantadas, tocándose. Al cabo, dijo:

—Puesto que parece que lo quieres, oye lo que te va a decir el juez Espejo y empieza a recordar bien mi voz porque ya no te hablaré más.

Cándido Espejo se levantó, carraspeó ligeramente sobre su pañuelo, extrajo del bolsillo un pliego lacrado y comenzó a leer el testamento.

Tuve que arrancarte del suelo, pasándote el brazo por la cintura, para que pudiéramos dar la vuelta y salir. Todavía permanecimos cinco días más en Aroca. Fue un período en el cual no encontré determinación sino para estar a tu lado sintiendo la presencia de la lluvia sobre los campos, apiñándonos, sucios, envueltos en las mantas, junto al brasero de cobre y comiendo a deshoras, ya fría, la comida que nos traía Margarita gimoteando sin lograr encontrarse la voz por más que la buscaba en el fondo de su llanto. No permití que nadie limpiara la habitación en ese tiempo. Viví, casi con complacencia, la suciedad, el abandono y ese turbio placer que nos aporta el fracaso.

Llamaron a la puerta con la aprensión sigilosa con la que solían hacerlo las sirvientas. Cuando me decidí a abrir, pude comprobar que nos traían otra nota de Cándido Espejo cuyo contenido era previsible: nos pedía otra vez que nos marcháramos, aunque había ciertas novedades porque su lenguaje tomaba cierto vuelo comprensivo para ofrecernos algo de dinero y se cargaba de un grotesco secretismo cuando hablaba de la posibilidad de rehacer el testamento a la muerte de la abuela.

Me encontré con mi pasado un día que el propio juez Espejo tocó a la puerta. Estaba allí con su levita ribeteada y su chaleco de batista escocesa, lleno de miseria y de vergüenza, con las manos cobardes, hurtadas entre los guantes de gamuza y el sombrero de copa.

Permaneció unos segundos removiendo la lengua contra el paladar, saliveando una indecisión que por fin resolvió en un discurso atropellado: venía a amenazarnos con el uso de la fuerza, con la justicia, dijo él, para que nos fuéramos de mi casa; entonces, reencontré la antigua tranquilidad de mi sangre, aquella estima por mi nombre que hacía que las personas cupieran en mi puño.

Recuerdo que lo alcé en vilo para aplastarlo contra la puerta. Su cuello bullía contra la palma de mi mano y me mojó el sudor de su piel hasta que, con las primeras bofetadas, se escurrió y se puso a correr por el pasillo resbalando y volviendo la cabeza, en una huida hecha a la medida de su calaña.

En el amanecer del 16 de febrero de 1841, Rafael Seisdedos y Ana Bárcena abandonaron Aroca. Su salida de la casa tiene mucho de furtivo y no hay en ella ninguna señal de despecho o nada que remita a la venganza. Salen, más bien, con la humildad del vencido, aprovechando la tregua de la madrugada.

En la habitación que ocuparon, todo es un revoltijo de desechos y suciedad, pero cajones y armarios rebosan de ropa de mujer, nueva, meticulosamente ordenada. Igualmente, en el cuarto en el cual duermo, el de Rafael, todos sus enseres parecen retener un tiempo aún sin desenlazar.

Margarita lo cuenta con una voz achicada en una especie de gemido:

—Se fueron casi con lo puesto. Se llevaron nada más que el caballo de Rafael y un puñado de duros, que estaban en la gaveta del escritorio. Hasta que por la mañana fui a llevarles el desayuno, no caí de verdad en lo que perdía.

Ignora Rafael adónde ir, no tiene proyectos y sabe que no hay ningún lugar que suponga olvido o algún modo de negligencia para ellos. Sin destino preciso, con una turbia sensación de huida, recorren caminos y posadas. Anota entonces en su diario que, de pronto, se siente anónimo, como sin cuerpo, y que debe iniciar el aprendizaje de ser un desconocido entre desconocidos.

En el mes de marzo ya se ha acostumbrado a frecuentar

las estafetas de correos, a escribir sórdidas cartas a Margarita solicitando ayuda. Ella se enterará de la existencia de esas cartas mucho más tarde, cuando lea el diario de su hermano. No sabe por qué no le llegaron a sus manos pero tiene sospechas, tal vez muy fundadas, de cómo pudieron llegar a interceptarse.

Poco después, en el mes de abril, Rafael empieza a someterse a lo que considera una forma de refinada humillación, la de hacer trabajos temporeros. Pero eso, intuye, es únicamente un preámbulo, todavía liviano, de lo que aún le espera.

Cuando empezaste a salir, dejándome solo en el cuarto de cualquier mesón, mi voluntad ya no existía. Si algo quedaba de mí era un oscuro rencor que se precisaba como un puño caído a destiempo sobre cualquier cosa, un rencor que nos perseguía de madrugada indagando en la evidencia de las monedas que traías, en las huellas de otros hombres que rastreaba en tus ropas o en tu cuerpo desnudo. Me rebelaba contra lo que yo mismo había aceptado, descarnando una y otra vez mi degradación ante tus ojos y los míos.

Algunas veces, llegué a oírte tras el tabique de la habitación donde te aguardaba. Desde el cuarto contiguo, me llegaban susurros, gemidos, reconocía tu voz, quizá tu modo de reírte, y te esperaba, Ana, te esperaba con la mente vacía como una bóveda en la cual resonaban sin fin tus gritos de orgasmo. Sólo me era posible pensar en una cosa: habría otros caminos que daban a otras posadas y, en ellas, siempre la misma cama desde donde yo oiría tus gritos que seguirían creciendo y creciendo en mi cabeza.

Es posible que la moral equivalga a una empecinada palabra o a un simple lienzo en blanco incapaz de resistir las punzadas de la realidad. Es posible que el hambre o la necesidad nos dicten el comportamiento y los códigos morales no sean más que una glosa de la conducta dominante. También puede ser que los valores de un hombre se puedan medir sólo en términos de beneficio, quiero decir de cualquier tipo de beneficio, inclusive los morales.

En cualquier caso, la conciencia de Rafael sufre un lentísimo declive cuya duración aproximada abarca una década. Se trata de una metamorfosis, a la manera del Lazarillo, de alguien a quien los dientes de la vida le comen los escrúpulos y le conceden un espíritu lleno de agujeros donde ya es posible convivir con las tormentas y almorzar con los antiguos demonios.

La idea romántica según la cual el arte nace de estados de agitación interior es aplicable a un hombre como Rafael, quien sin duda tuvo voluntad literaria al redactar su diario, porque lo cierto es que, según va aceptando su situación y el sufrimiento empieza a ser un recuerdo, escasean sus anotaciones. Desde los párrafos breves y quejumbrosos de 1841 y 1842, va cayendo en un progresivo vacío de escritura hasta casi su ausencia en el año cincuenta y cuatro, último que recoge el diario.

En todo momento mantiene Rafael, sin embargo, la lucidez sobre el proceso de su despojamiento. La mirada que echa sobre sí nunca deja de saber, aunque se va haciendo descreída en la misma medida que él va sumando claudicaciones o derrotas.

Cuando ya la vergüenza dejó de atormentarme y no me obligaba a buscar otra ciudad para evitar una infamante palabra que las gentes pronunciaban unida a mi nombre, pensé que ya era posible detener la huida.

El itinerario de pueblos y posadas desemboca en Madrid, en la primavera de 1845. Alquilan una primera casa en la calle Colegiata, sustituida por otras hasta acabar en un piso de la plaza de la Cebada, *amplio, lleno de sol y decorado con los colores subidos que nos convienen.* Allí vivirán hasta el año cincuenta y cuatro, el último que se registra en el diario. El establecimiento en este último piso parece suponer, más que una tregua, un fin de viaje:

Volví a vestirme con esmero y empecé a creer que la vida se tornaba benigna o razonable. Volví a frecuentar los cafés, leía el periódico o las novedades literarias y paseaba contigo las tardes de domingo.

Con un tesón que mi cinismo había hecho natural, pasaba las mañanas en la casa de postas observando el trajín de las diligencias, tratando de llevar hasta nuestra casa a los comerciantes y a los ganaderos, a los viajeros de paso o a los estudiantes recién llegados. Los reconocía por su envaramiento de hombres dependientes, por su aturdimiento un poco desvalido, con el que esperaban en el patio mientras el mayoral arrimaba la escalera al costado de la diligencia y se encaramaba a la baca para ir bajando el equipaje.

Sopesaba con la celeridad del hábito la calidad del repujado de sus baúles, la hechura de sus capas o el paño de sus gorras de viaje, ponderaba movimientos, modales y, determinado el hombre, hacía mi trabajo de mediero con la misma diligencia que en otro tiempo busqué el orden de mis hábitos. Sonriente, me acercaba al elegido para mostrar una amabilidad que hacía años dejó de parecerme abyecta: saludaba con sumisión, adulaba algún detalle de su indumentaria, me presentaba, en fin, mientras mi mano llamaba a los mozos de cuerda y mi boca preguntaba sobre el tiempo o los incidentes del viaje, hasta que algún signo inequívoco me hacía saber que había llegado el momento de insinuar la posibilidad de un hospedaje discreto en tu compañía.

A veces, les evocaba tu cuerpo, te describía con el contenido entusiasmo del mercader que conoce las excelencias de su producto y duda sobre la conveniencia de difundirlas. Ponía luego una tarjeta en unas manos que tal vez te poseerían y me alejaba con un poco de misterio, altanero, lleno de cálculo.

Desde 1849, sólo algún atisbo de memoria, como un tropiezo inesperado, rompe el transcurso ciego —y, por eso, inocuo— de la conciencia. En todo ese año, sólo tres o cuatro apuntes, semejantes al que ahora transcribiré, vienen a interferir la eficacia de la destrucción o el poder de la sobrevivencia. Son pequeños desgarrones en la trama compacta de los días, aunque dejan ver con claridad los sótanos de la conducta:

Ayer viví la ensoñación de creerte mía. No sé por qué me dolió mi cama solitaria de alcahuete. Al volver de la casa de postas, me di cuenta de que mi instinto había negado a los hombres en quienes descubrí un punto de atractivo o de decisión. Los vi como una amenaza, Ana, y sentí desasosiego cuando alguien tocó a nuestra puerta. Era el viajante con quien por la mañana había hablado. Cumplí, ¿cómo no?, mi misión subalterna con escrúpulo: me alegré con la justa moderación, tomé su gabán, lo hice pasar a la sala y le volví a ofrecer mi sonrisa y algo de beber mientras tú aparecías.

Ayer me vi como desde atrás, con un exceso de emotividad, y lo pagué con un dolor inoportuno. Estuve a punto de no conocer a ese hombre casi anciano en quien yo me había convertido porque, por un momento, lo estuve observando cómo esperaba paseando por la sala. Ese hombre estaba solo, bebía sin placer, se movía apagando las pisadas en la alfombra y se llegaba a la puerta del dormitorio para rastrear tus sonidos. Fue extraño, Ana. Algo me llenó de credulidad la mirada. Era como si Rafael Seisdedos no conociera a ese otro hombre de nombre postizo a quien se permitió despreciar. Era también como si el alcahuete sintiera su condición de alimaña bajo la mirada del otro.

Después, cuando estuve a tu lado, inventé de nuevo, sin mayores impedimentos, el olvido.

La anotación que reproduciré abajo no lleva fecha, aunque debe corresponder a un día de mediados de febrero de 1853, seguramente el 19. Ese día, por la tarde, Rafael ha estado buscando viajeros sin éxito en la posada de los Huevos, después se ha tomado un vaso de agraz caliente en el mesón del Soldado, vecino a su piso de la plaza de la Cebada, y ha merodeado por el patio con el fin de conseguir algún cliente de última hora: *me detuve algún tiempo para analizar a los que bajaban de los coches de punto, pero sin convencimiento, sin verdadera dedicación y sin verdaderamente querer hacerlo, como presintiendo la inutilidad de desplegar mi liturgia de proxeneta.* Cuando sale del mesón, es de noche y, a pesar de que empieza a llover, decide dar un paseo. El hecho es que, sin saber con exactitud por qué, prefiere mojarse, gastar tiempo sin rumbo, demorar la hora del regreso.

No me extrañó demasiado la soledad de la casa. Eran ya las diez y no encontré el habitual olor de los pucheros. Recorrí las habitaciones, sin llamarte siquiera, buscando alguna señal. No hacía mucha falta pero lo hice: registré la cómoda, los armarios, pregunté por ti a los vecinos, confirmé, al cabo, lo que ya sabía.

Cené algo de queso y me senté luego junto al balcón, ante la mesa desde la que ahora escribo. Te esperé sin lógica. Por costumbre. Llovía a ratos y, a ratos, las nubes se dividían y dejaban ver el cielo. Me pareció congruente con la noche que la luna estuviera en cuarto menguante y que me transmitiera una moderada sensación de caos al reflejarse sobre los charcos.

Hasta esta mañana no he recibido tu carta. La he abierto al anochecer. Con la letra amplia que yo conseguí que aprendieras, me escribías unas cuantas palabras. Me contabas que habías encontrado a alguien con quien iniciar otro tipo de vida, una vida normal, habías precisado. Te esforzabas en ser amable y no vacilaba tu letra —¿por qué tendría que hacerlo?— al mentirme cuando anotaste que aún me querías.

He plegado tu carta y la he mantenido algún tiempo en mi mano, apretándola, mientras no sé si deseaba o no que tú, como antes, cupieras en mi puño.

IV

Ayer aproveché los ratos de clarividencia de Cándido Espejo para hablarle de algunos cambios en la composición de su libro, aspectos relativos a un reparto más conveniente de capítulos y de episodios para tratar de buscar un cierto hilo de intriga que atraviese los hechos y emerja cuando la acción se ha demorado demasiado en asuntos menores. Me afané explicándole mi propósito sin demasiada esperanza de tener otra respuesta que uno de esos gestos indefinidos que ha dado en hacer: un despliegue de dedos sin aparente función, como si escarbara en el aire. Pero volvió a hablar con su antigua viveza, ya tan inusual en él que se me antojó prestada:

—No hace falta que seas tan insistente. De sobra te entiendo, sobrino. Quieres decir que aburriremos al lector, que nos hará falta meterle un poco de pulso al libro, ¿no es eso? A ver, hazme el favor de dejarme esa hoja.

Le pasé el esquema donde había preparado la nueva distribución, se caló los quevedos y metió su cabeza muy cerca del pliego con aparente solvencia, pero en seguida comenzó a sacudirla, a retraerla o a adelantarla entre vibraciones. Trataba Cándido Espejo de buscar la distancia adecuada sin llegar a encontrarla del todo:

—¡Me cuesta tanto leer! —lo oí todavía decir en un quejido tenue.

Estuve paseando por delante de la cama en espera de que me diera su opinión, cuando me di cuenta de que se había quedado dormido. El papel había resbalado al suelo y la cara del juez se hundía en la almohada con los lentes alzados, destellando sobre su frente como unos ojos insomnes. Eran tan plácidos sus ronquidos que no quise interrumpirlos. Fumando en el balcón, aguardando su despertar, se me fue buena parte de la mañana.

Desde el punto de vista práctico, hubiera sido mejor haber empezado esta anotación diciendo que hoy es 18 de diciembre y que los párrafos que preceden los anoté hace meses. Sin embargo, resumen con bastante ejemplaridad mi actual situación con respecto a mi trabajo de escritor asalariado. Podría aún concretar más y sintetizarla en una sola palabra: soledad.

En efecto, he perdido casi todo nexo con el juez, porque él apenas lo tiene ya con la realidad, y el proceso a través del cual yo me he ido convirtiendo en autor absoluto de su libro se ha consumado.

A mediados de octubre, entró Cándido Espejo en un estado permanente de aislamiento. Dejó de hablar, se debilitó su vista y se ha encerrado en una especie de urna de bondad desde donde te sonríe y te mira con unos ojos condescendientes que tienen mucho de puerta abierta o de claudicación ante quienes lo rodeamos.

Su sometimiento al gigante Bastida es total. Se dispone al aseo o se deja transportar hasta la mancha de sol del balcón o al cojín desde donde comulga con una dulce pasividad. Aunque podría decirse que, más que protegido, está amenazado por los brazos descomunales, de movimientos bruscos, de Bastida. Entre ellos, la cabeza del juez tiembla con algo de vilano flotando sobre una ola.

Últimamente, he ido a diario hasta su habitación con la única finalidad de complacerlo ya que no hay diálogo entre nosotros y, desde su recaída de octubre, su biografía ha avanzado sin su intervención, con muchas horas de tanteos en las cuales he ido aprovechando notas anteriores y taponando con un poco de sentido común y un bastante de imaginación los vacíos.

Me llego a visitarlo hacia medio día y, desde que me aproximo a su cama y sus ojos me reconocen, se esponja satisfecho sobre su almohada y se agranda su bigote empujado por una sonrisa de aceptación. En lo posible, procuro tratarlo como siempre, como si yo realmente acudiera a su cuarto a recoger sus palabras al dictado. De modo que lo saludo, me siento ante la mesa y le comento alguna trivialidad. Hasta que viene el cura de Santo Tomé para darle la comunión, Cándido Espejo va escuchando con mansedumbre lo que le leo: hincha o deshincha sus mejillas, agita los dedos, lagrimea o se sube el embozo, sin dejar de aparentar nunca interés o comprensión.

Diariamente, le he hecho oír los nuevos textos según los he ido creando para después retomar la lectura eligiendo algún capítulo de entre los que sé de su entera satisfacción. Su sonrisa lo ha atado a su libro desde su crisis de octubre; con ella ha ido expresando el visto bueno que no puede darme de otro modo y, con ella, me ha alentado a seguir perpetrando el error de nuestra historia familiar.

Lo último que logré discutir con él fue el título de su libro. Yo había dado por sentado un encabezamiento al uso donde figurara el nombre del juez, junto a una palabra con capacidad de resumen, como *Memorias* o algún equivalente, y las fechas del período abarcado. Pero aquella mañana Cándido Espejo me desveló sus intenciones más bien peregrinas:

—Debería ser una frase larga, con algún peso en sí misma, algo atractivo que aporte cierto aire literario.

Ofreció un par de ideas para precisar lo que había expuesto y, a partir de ahí, entramos en una disputa en la cual me encontré, de pronto, demasiado fuego. Realmente, llegó a alarmarme ese síntoma de apropiación de lo que no era más que una obra de encargo. Sin embargo, antes de que pudiera aceptar alguna de sus propuestas, le oí decir:

—Está bien. Sea.

—¿Sea qué? —pregunté sin situar todavía el sentido de su concesión.

—Pongamos el título que tú prefieres, esa palabra fría acompañando a mi nombre, con sus fechas metidas en un paréntesis.

Calló de golpe y luego expulsó el aire por la nariz con un gañido de ironía:

—Todo muy adecuado, más que para la portada de un escrito, para ser esculpido sobre mi lápida.

Estos últimos días he estado tratando de recordar cuáles eran exactamente sus disparatadas frases de titulación. No lo he conseguido del todo pero sí he podido componer algo semejante que he rotulado sobre la primera hoja de las trescientas doce que completan el texto.

Concluí la biografía del juez el 15 de diciembre y, desde que escribí la última frase y me levanté de la mesa, no he dejado de experimentar la misma desazón que cuando he acabado alguna de mis novelas, ese andar de pronto con las manos vacías viviendo con extrañamiento lo cotidiano, como si hubiera sido exiliado de una tierra propia y me fuera difícil el acomodo en otra parte.

Sin duda, el hueco abierto a partir del punto y final se debe a una progresiva asunción de las argucias con las cuales he estado trabajando y de una mente, la del juez, que me acostumbró a perpetrarlas. Ya he dicho que los desvaríos de Cándido Espejo y su mutismo actual me han forzado a escribir sobre sucesos, personas o datos que conocía mal. Lo he hecho con la máxima dedicación que mis capacidades permiten, buscando siempre aplicar la mecánica dulcificadora de las cosas con la cual el juez ha dirigido el libro mientras ha podido. He desempeñado, por consiguiente, su papel, me he dictado a mí mismo recordando su voz y he rodeado la crueldad, la violencia o el odio con premeditados recorridos.

El resultado es un volumen poco recomendable para quien quiera acercarse a la historia local, aunque es siempre verosímil y creo que limpio de ejecución. Si no se sostiene por su interés o amenidad, sí se puede encontrar en él un cierto sentido de la cordura que he procurado que no caiga en evidencias morales. Está armado con criterios de equidad que articulan el material narrativo en torno a dos columnas: la cronológica y las agrupaciones de apellidos. En la cúspide de toda esta arquitectura, se levanta, sesudo, contemplativo y siempre dispuesto a la condescendencia, Cándido Espejo. Su voz habla desde un yo sosegado, como un patriarca bueno que recuerda y acude con la medicina de la indulgencia allí donde las debilidades surgen. Ni siquiera aparece el juez en mis páginas con su mejor cara, sino con una pulida careta de estuco. Respecto a los Seisdedos, la visión es predecible: Elías y Saturio son adustos y heroicos, nunca abyectos; Margarita, ejemplar; Anselmo Feliú no existe y Rafael apenas sobrevive en un rincón del libro, aunque toma algún cuerpo como conocedor de asuntos agrícolas.

En definitiva, es una pieza llena de cinismo y de intención, elaborada por una mano voluntariosa con tal entrega que acaso ya no sea la misma que la que en estos momentos empuña la pluma, se detiene sobre el papel, vacila, y sigue escribiendo para expresar esta duda.

Hace tres días que concluí el trabajo y no me he decidido aún a entregarlo a Bastida, como concerté con el juez cuando éste aún podía concertar los engranajes de su mente. Desde entonces, ha sido Bastida quien me ha ido pagando los capítulos terminados, quien marca las páginas añadidas y apunta con enormes números el saldo y la fecha de entrega. No dice nada el gigante Bastida: suma con los dedos, separa los reales en montones, los corre hacia mi lado de la mesa y me devuelve el mazo de hojas, inverosímilmente geométricas entre sus manos de apeñascados relieves. Toda esta transacción humillante finalizará cuando Bastida tome la obra acabada, la una a un seco prólogo de responsabilidad exclusiva del juez y la lleve a la estafeta de Villacarrillo desde donde llegará a Valencia, a la imprenta de Eduardo Laínez, quien hace tiempo tiene instrucciones detalladas para hacer una estampación de lujo de nuestro bien aderezado adefesio. Lo cierto es que el baño de blancura que me ha supuesto un año de trabajo en la biografía del juez, y la paralela búsqueda de una verdad demasiado sórdida, han desactivado mi intención de escribir la novela que pretendía. Me he afanado en averiguar de cerca los hechos, he podido conseguir información de primera mano, conozco el espacio de la acción y a alguno de los protagonistas, hay en este cuaderno una buena cantidad de notas de utilidad para ese fin, y, sin embargo, algo en mí rechaza la idea de darle forma a este mundo brutal de Aroca, donde apenas hay matices y las personas se miden por su cualidad de víctimas o de verdugos.

Lo único que juega a favor de iniciar la novela es un cierto sentido nivelador, la necesidad de reparar la deuda contraída al comprometerme con la infamia cuando acepté colaborar con el juez. La novela podría corregir ante mí mismo aquella larga equivocación.

Siempre he pensado que el acto de escribir debiera ser no un repintar la realidad sino un descarnarla de sus capas de pintura para mostrar su naturaleza. La buena escritura consistiría en utilizar las frases como sondas para hundirlas en la materia y recuperarlas llenas de adherencias. No obstante y a medida que voy expresando las anteriores convicciones, me voy dando cuenta de que hoy ya no tienen para mí la contundencia de antes porque seguramente el amanuense Juan García ha arañado los principios estéticos del escritor Juan García. Tal vez también los éticos.

Por lo demás, mi estancia en Aroca termina. Ahora, que redacto esta última anotación, puedo ver mi equipaje preparado a los pies de la cama. Sobre la silla está la ropa que me pondré mañana para el viaje y aquí, junto a mi mano, en una esquina de la mesa, ordenan la regularidad de sus cantos, apresadas en la carpeta, las resmas que contienen la biografía del juez. Después del desayuno, entregaré el trabajo a Bastida, alguien me llevará a la Venta de la Madera y es seguro que sentiré una parecida desorientación a la de hace un año cuando, en un día de nieve, pernocté allí aún preguntándome por qué había aceptado acudir a Aroca y mi sueño se poblaba con los ojos de una mula agonizante.

Ni siquiera sabré mañana si tomaré la diligencia de Albacete y el tren hacia Madrid, o me subiré en la de Jaén para dejarla en Baeza, donde hay un motivo para atraerme, Lucía Lara, de quien conservo un recuerdo hecho de fragmentos y cuatro cartas abundantes en papeles perfumados y en palabras de progresiva cercanía.

Todo este tiempo he estado evocando a Lucía de un modo selectivo. Desecho esa imagen de placidez en la que la veo paseando del brazo de su novio o de alguien como su novio, que bien pudiera ser yo: recorremos la plaza porticada de Baeza, saludamos, giramos, volvemos sobre nuestros pasos y seguimos paseando sin fin con una satisfacción que nace de su propia esterilidad. Variantes de esa imagen me sugieren las cartas de Lucía.

Lo que busco recordar de ella es una cara que se ha reducido en mi mente a unos labios de espesa carnalidad agitándose entre mis dientes y a unos ojos como de agua atravesada por la luz. Probablemente, mañana me decida a comprobar hasta qué punto las necesidades de la soledad han mejorado la cara de Lucía.

Esta tarde, a eso de las seis, han traído el correo. No ha llegado correspondencia para mí pero, en cambio, con el retraso acostumbrado me he podido enterar por *La Voz del Santo Reino* de que el proceso de liquidación de la República, iniciado con el acto brutal de Pavía entrando a caballo en el Congreso, está a punto de concluir. Recoge el periódico unas manifestaciones de Alfonso, el hijo de Isabel II, hechas en la academia militar de Sandhurst, en las cuales se trasluce la inminencia de su regreso de Inglaterra para que unas manos, salidas de un uniforme, lo coronen como rey de España. Todo parece a punto para la restauración de la monarquía. En los salones del conde de Valmaseda o en el frente de Castro Urdiales, generales como Primo de Rivera, Concha o Martínez Campos han ido decidiendo que las palabras patria y pueblo son incompatibles. Cuando eso sucede, lo que ellos llaman patria se lo suelen apropiar a cañonazos. Por otra parte, se mantiene la constante de unos militares tan ineptos que sólo son capaces de vencer a ciudadanos inermes. Ni siquiera pueden con esos fanáticos de los privilegios y de la nostalgia de sí mismos que son los carlistas, quienes acaban de arrebatarles la Seo de Urgel.

El general Concha murió en junio, en la batalla de Monte-Muro, y Serrano acaba de partir de Madrid, lleno de gestos y de medallas, para hacerse cargo del ejército del Norte. Quizá le espere también otra bala perdida y la eternización de una guerra de inconmensurable estupidez.

Otra muerte traía el periódico, una muerte algo lejana ya en el tiempo pero que me ha golpeado con cercana violencia. El pintor Mariano Fortuny falleció el 21 de noviembre en Roma, al parecer de un incierto mal de estómago.

De él, de Fortuny, me hubiera gustado hablarle esta noche a Margarita pero se nos ha metido Rafael entre las palabras y, entre ella y yo, ese tiempo a plazos, como una cuña de desasosiego, que suele malograr las despedidas.

Cuando he llegado al comedor, ya me esperaba Margarita para la cena con una desazón que se manifestaba en sus paseos en torno a la mesa mientras componía el orden de los candelabros o la disposición del inmenso ramo de flores de monte que coloreaba el centro del mantel. Vestida con un hermoso traje de tafetán gris, el pelo recogido hacia atrás y una rosa de plata abrochando su escote, transmitía una sensación de fresca madurez, de plenitud cumplida, casi de novia tardía salida de varias horas ante un espejo. Me ha conmovido el esmero con el cual había dispuesto la mesa, sus mejillas maquilladas, la dedicación puesta en cada uno de los detalles para agasajarme con su cena de despedida.

—Tengo un regalo para ti —se me acercó apenas nos dimos las buenas noches.

Junto a mi plato, envuelto en papel de seda y encintado con un cordón, había un paquete que reconocí por su volumen: el diario de Rafael.

—Quiero que te lo quedes —me insistió cuando lo rechacé con la máxima amabilidad que pude.

Sé el valor que ella concede a ese paseo de Rafael por el infierno. Ha sido para Margarita el diario un objeto talismán y, de algún modo, en su forma casi cúbica está la forma de su conciencia. Llegó a sus manos en un paquete no precisamente encintado, no precisamente envuelto en el delicado papel azul en el cual me lo ha ofrecido esta noche.

—Era una caja de madera —me contó hace ya meses—, del tamaño de una maleta, con mi nombre escrito sobre las tablas. Fue en las Navidades del setenta y pensé que era algún regalo que mandaban del campo, pero cuando estaban desclavándola, antes de poder ver nada, se me agarrotaron las manos con tanta fuerza que el dedal que tenía puesto se me marcó en la palma.

Esa caja debió de tener mucho de ataúd porque venían en ella las últimas pertenencias de Rafael: ropa deformada por el uso, algunos objetos menores y lo que todavía para Margarita no era más que un voluminoso cuaderno forrado en piel de vaca.

—Tendrías que haber visto los trajes. Eran dos levitas de pordiosero, y unos botines cuarteados, con las suelas gastadas, sin ni siquiera cordones.

Margarita estableció luego la obvia comparación entre esas dos levitas y la ropa que aún se guarda en el armario de este mismo cuarto donde ahora escribo. No reparó en que lo que mediaba entre unas prendas y otras no era sólo el tiempo o la imposibilidad de ayudar a su hermano por desconocer en absoluto sus circunstancias, sino más bien una palabra inocente, asociada al aliento creador, a la dicha o a la fertilidad, una palabra llena de prestigio: amor.

En esa misma caja había un billete de Ana Bárcena en el cual contaba cómo se había ocupado del entierro y cómo su marido, un rentista viudo de Badajoz, había cumplido su promesa de enviar de por vida a Rafael quince duros mensuales para su manutención.

Por complacer a Margarita, he acabado aceptando su regalo. Sin embargo, hay tal exceso de pasión en el diario que no siento ninguna inclinación por retenerlo o por utilizarlo más allá de las notas que de él he entresacado. En el fondo, hoy uno preferiría que le fuera posible escribir sobre las bobas galanterías de la novela sentimental o, aún mejor, que las cosas y las gentes tuvieran la beatitud que tienen en las mistificaciones de Cándido Espejo.

La cena ha transcurrido sin que entre los dos pudiéramos levantar demasiado una noche que se nos ha ido escurriendo hacia la melancolía. Se interesaba Margarita por mis proyectos y al preguntarme o al sugerirme había en su voz el impulso de ilusión que caracteriza a la amistad, ese vivir a través del otro lo que no le es dado a uno mismo, esa vida vicaria del verdadero afecto. Sé que a partir de mañana le sobrarán las horas y los pasillos, y le pesará más el viaje hacia el pasado al cual yo la he inducido con mis falsificaciones y mis preguntas.

Hoy conoce Margarita con detalle la auténtica naturaleza de su marido y, sin embargo, he podido observar cómo sigue atendiéndolo con la suave eficacia de antes. Por las tardes, cose a su lado, lee para él, matiza la luz del balcón, le da agua o aviva la chimenea. No parece haber alterado su conducta con respecto al juez y, a pesar de lo anterior, no hay olvido en ella.

—¿Has entregado ya el manuscrito? —se ha atrevido por fin a hacerme la pregunta, ya la cena acabada, mientras se levantaba para servirme un coñac.

La botella rozó el borde de la copa, el líquido se agitó con violencia en su interior y, luego, oí un entrechocar de cristales cuando tapó la licorera. No he tenido necesidad de mirarla para saber que sus ojos eran intensos y buscaban a los míos, y aún no había podido aquietar el temblor de sus manos. Para llegar a esa pregunta Margarita ha tenido que acumular angustia o indecisión, ha tenido que luchar muchas veces por reprimirla; ha amontonado esperanzas, las ha deshecho luego y en ningún momento habrá dejado de desear que sea yo quien haga lo que su larga sumisión le impide.

La recordé pidiéndome que dejara de escribir las memorias de su marido. La recordé diciendo que ese libro era injusto. La recordé atendiendo a Cándido Espejo con solicitud, como si no supiera a quién subía el embozo o le tomaba la mano hasta que él se quedaba dormido. Esa clemencia de Margarita ante todos, incluso ante quienes la dañan, la hace superior y limitada, le da la grandeza de los magnánimos y la inmensa pequeñez de los dóciles: la hace esclava de casi todos porque son pocos los que pueden alcanzar la altura de su moral.

La he sentido, pues, a mi lado, necesitándome. Cuando ha hecho la pregunta —«¿Has entregado ya el manuscrito?»—, no he querido mirarla para no verme a mí mismo. Y, para no seguir viéndome, he contestado con calculada oscuridad y he precipitado la sobremesa con el pretexto del viaje.

—Mañana en el desayuno —se me atrancó la voz en tartamudeos—, te daré mi regalo de despedida.

No sé por qué he dicho eso ya que no tengo nada para

darle. Deseo conservar el boceto de su cara, preparatorio para el retrato al óleo que le pinté en mayo, porque en ese dibujo, en lo que representa, encontraré en el futuro la tierra más firme de Aroca. De hecho, ayer lo encolé sobre la última hoja de estos apuntes. No hay más que darle la vuelta a la presente página para encontrarse con él y con la suave fortaleza que transmite, debida sin duda a la utilización de sanguinas en la textura de la piel y de minas de plomo en los iris y las pestañas. Quiero que sea esa cara, con su dulzura sepia y sus ojos de quietud, la que cierre este cuaderno y así pueda abrir los otros cuadernos del recuerdo.

Acabo de buscar entre mis cosas y lo único que he podido encontrar es una acuarela en donde puede verse el valle del Guadalquivir como se vería desde la ventana que tengo delante si la noche no lo impidiera. Ahora son las tres de la madrugada y llueve. En el dibujo, hace sol y hay un verdear de pinos, trigales y olivos que salta sobre el río para ascender por un horizonte de lomas hacia la peña dominante de Iznatoraf. Quisiera encontrar algo mejor como regalo, algo que corrija mi ruindad ante una persona que ni siquiera conoce en su totalidad el alcance de ese término porque sólo asumimos la dimensión de las palabras cuando vivimos sus conceptos.

Me dio Margarita un buenas noches apagado y, cuando salí del comedor, la he imaginado con la mirada sobre mi espalda tratando de comprender mi precipitada despedida, sin saber que no puedo explicarle las causas de mi conducta porque, si yo decidiera de verdad averiguarlas, me encontraría con que mis razones acaso no sean una firma en un certificado empeñando mi palabra ni un trabajo sobre la mentira tan porfiado que ha acabado por hacerme suyo, sino un argumento construido con una cifra de cinco números y con una sola palabra: 40 000 reales.

Si el hombre que hace un año vino desde Madrid a Aroca hablara con quien escribe ante una ventana en esta noche de lluvia, le diría que todavía hay un camino de regreso, que muy cerca de su mano tiene un regalo para Margarita, que tome esa carpeta donde se aprietan trescientos veinte folios de ignominia y se la entregue mañana en el desayuno mientras le sonríe otra vez de corazón y le dice que a partir de ese momento es ella quien tiene que aprender a decidir.

Sí, tal vez mañana yo sea el que solía y el libro de Cándido Espejo nunca pase más allá de las manos de Margarita.